Manfred Rehbinder

Internationale Bibliographie
der rechtssoziologischen Literatur

Internationale Bibliographie der rechtssoziologischen Literatur

von

Prof. Dr. Manfred Rehbinder
Zürich

2., völlig überarbeitete Auflage

1977

J. Schweitzer Verlag · Berlin

CIP-Kurztitelaufnahme der Deutschen Bibliothek

Rehbinder, Manfred
Internationale Bibliographie der rechtssoziologischen Literatur. – 2., völlig überarbeitete Auflage. – Berlin : Schweitzer, 1977.
ISBN 3-8059-0488-6

Satz: Fotosatz Tutte, Salzweg-Passau · Druck: Karl Gerike, Berlin
Bindearbeiten: Dieter Mikolai, Berlin. Printed in Germany

Vorwort

Meine Bemühungen, die rechtssoziologische Literatur bibliographisch zu erfassen, gehen bis auf das Jahr 1964 zurück (Kölner Zeitschrift für Soziologie und Sozialpsychologie Bd. 16, S. 533–567). In der hier vorgelegten Fassung ist eine Publikation erstmals 1972 erfolgt. Für die jetzige Neuauflage war eine gründliche Überarbeitung und Ergänzung erforderlich. Die Bibliographie entspricht nunmehr dem *Stand vom Herbst 1976*.

Zwar sind an verschiedenen Orten Bestrebungen im Gange, rechtssoziologische Veröffentlichungen mit Hilfe der Datenverarbeitung zu erfassen. Keine dieser Bestrebungen ist aber bis heute soweit gediehen, konventionelle Unternehmen wie dieses ersetzen zu können. Allerdings macht das starke Anschwellen der Literatur eine Dokumentation im alten Stile immer fragwürdiger, zumal mir nicht mehr die guten bibliothekarischen Hilfsmittel der Universität Bielefeld zur Verfügung stehen. Ich bin mir daher durchaus bewußt, daß ich trotz Berücksichtigung einer Fülle von Hinweisen vieles übersehen haben kann, und darf dringend bitten, mir auch in Zukunft entsprechende Mitteilungen zukommen zu lassen, und zwar an die Adresse: M. R., Rechtswissenschaftliches Seminar, Cäcilienstr. 5, CH-8032 Zürich.

Aus sprachlichen Gründen können weiterhin nur Veröffentlichungen in englischer, französischer, deutscher, italienischer und spanischer Sprache erfaßt werden. Auch müssen Kriminologie und Kriminalsoziologie, soweit sie nicht von grundsätzlicher Bedeutung für die Rechtssoziologie im engeren Sinne sind, unberücksichtigt bleiben. Dennoch hoffe ich, daß die jetzige Neuauflage ihre Zweckbestimmung erreichen und international eine ähnlich gute Aufnahme finden möge wie die Erstauflage.

Durch die Verwendung eines Teiles meiner Kartei in einer englischsprachigen Publikation waren einige Karten im dortigen Sinne verändert worden und sind in dieser Gestalt durch ein Versehen zusammen mit den übrigen Karten in Satz gegangen. Da ein Neusatz erhebliche Aufwendungen verursacht haben würde, habe ich geglaubt, davon absehen zu können, zumal an der Richtigkeit der Angaben dadurch nichts geändert wurde. Ich darf jedoch für die aesthetisch unbefriedigende Mischung verschiedener Zitierweisen um Entschuldigung bitten.

Zürich, im März 1977 Manfred Rehbinder

Inhaltsverzeichnis

Systematik

1.0. Gesamtdarstellungen der Rechtssoziologie

Bonavides, Paulo, ,La Sociologia Juridica', in: Estud. Sociol. 2 (1962), pp. 177–184

Chambliss, William/Seidman, Robert B., Sociology of the Law: A Research Bibliography, Berkeley, Glendessary Press, 1970, 113 p.

Eichler, Hermann, Recht (Das Rechtssystem und die Rechtssoziologie), in: *Ziegenfuß, Werner,* Handbuch der Soziologie, Stuttgart 1956, S. 913–937

Fechner, Erich, ,Rechtssoziologie', in: Handwörterbuch der Sozialwissenschaften, Göttingen 1964, Bd. 8, pp. 762–768

Glastra van Loon, Jan F., ,De ontwikkeling van rechtssociologie', in: Mens en Mij 40 (1965), pp. 97–111

Gurvitch, Georges, Rechtssoziologie, in: *Eisermann, Gottfried,* Die Lehre von der Gesellschaft, Stuttgart 1958, S. 182–234

Herrfahrdt, Heinrich, ,Rechtssoziologie', in: Evangelisches Staatslexikon, Berlin 1966, pp. 1728–1733

Hirsch, Ernst E., ,Rechtssoziologie', in: *Eisermann, Gottfried* (ed), Die Lehre von der Gesellschaft, 2. Aufl. Stuttgart 1969, pp. 147–217

König, René, ,Recht', in: *König, René,* Soziologie, Frankfurt/M. 1967, pp. 253–261

Kraft Julius, Rechtssoziologie, in: *Vierkandt, Alfred,* Handwörterbuch der Soziologie, Stuttgart 1959, S. 466–478

Perrin, J.-F., ,L'enseignement et la recherche en sociologie juridique', in: Schweizerische Juristenzeitung 1970, pp. 232–235

Pina de Morais de Sousa e Brito, Maria Elisa, Sociology of Law. A Selected Bibliography. Lisbona 1972, Centro de Estudos Politicos e Sociais, 173 pp.

Pocar, Valerio/Losano, M. G., Sociology of Law 1960–1970. A Bibliographical Survey with KWIC Index, Turin, Cooperativa Libraria Universitaria Torinese 1970, 210 p.

Rehbinder, Manfred, ,Rechtssoziologie', in: Juristische Schulung 5 (1973), pp. 272–276

Selznick, Philip, ,Sociology of Law', in: International Encyclopaedia of the Social Sciences 9 (1968), pp. 50–58

Selznick, Philipp, ,The Sociology of Law', in: Journal of Legal Education 12 (1959), pp. 521–531

Trappe, Paul, ,Internationale Bibliographie zur Rechtssoziologie, 2. erw. Fassung', in: *Geiger, Theodor:* Vorstudien zur Soziologie des Rechts, Neuwied, Luchterhand 1964, 466 p.

Treves, Renato, ,Bilan Actuel de la Sociologie de Droit', in: Cahiers Internationaux de Sociologie 41 (1966), pp. 15–31

1.1. Geschichtliche Entwicklung

Davis, F. James, ,The Sociological Study of Law', in: *Evan, W. M.,* Society and Law. Glencoe (Free Press) 1962, pp. 3–148

Friedmann, Wolfgang G., Legal Theory, London, Stevens & Sons 1960, 564 p.

Friedmann, Wolfgang G., ,Sociology of Law', in: Current Sociology X/XI, 1 (1961–62), pp. 1–16

Kussbach, Erich, ,Rechtssoziologie in Ost und West. Ein Beitrag zur Standortbestimmung', in: Ost-Europa-Recht, 4 (1965), pp. 278–283.

Machado Neto, A. L., ,Conceito, tematica e formacao da sociologia juridica', in: Sociologia, 25 (1963): 399–407.

Nirchio, Guiseppina, Introduzione alla sociologia giuridica, Bd. 1, Palermo, A. Renna 1957, 312 p.

Seagle, William, Sociological Trends in Modern Jurisprudence, in: *Barnes, H. Bekker und F. B. Becker:* Contemporary Social Theory, New York 1940, S. 101–133.

Timasheff, Nicholas Sergejewitsch, Growth and Scope of Sociology of Law, in: *Becker und Boskoff,* Modern Sociological Theory in Continuity and Change, New York 1957, S. 424–449.

Trappe, Paul, Zur Situation der Rechtssoziologie, Tübingen, C. B. Mohr 1968, 23 p.

Treves, Renato, ,I precursori della sociolo-

gia del diritto', in: Quaderni di sociologia, 18 (4) 1969, pp. 419–445.
Treves, Renato, ,Considerazioni intorno alla sociologia giuridica', in: Estudios Juridico-Sociales, I. (Madrid 1960), pp. 323–331.
Valk, J. M. M. de, De Evolutie van het Wetsbegrip in de Sociologie, Assen, Gorcum & Comp. 1960, 180 p.
Zeisel, Hans, Sociology of Law 1945–55, in: *Zetterberg, Hans L.,* Sociology in the United States of America, Paris 1956, S. 56–59.

1.2. Rechtssoziologie einzelner Länder

Arnaud, Jean, ,Une Enquête sur l'état actuel de la sociologie juridique en France', in: Revue trimestrielle de droit civil ,70 (1972), pp. 532–556.
Auburtin, Angèle, Amerikanische Rechtsauffassung und die neueren amerikanischen Theorien der Rechtssoziologie und des Rechtsrealismus, in: Zeitschrift für ausländisches öffentliches Recht und Völkerrecht III (1932), S. 529–567.
Chiba, M./Ishimura, Z., ,The Study of Law and Society in Japan. A Bibliography of the Study of Law and Society written in Western Languages by Japanese Scholars', in: Tokyo Metropolitan University Journal of Law and Politics, 8 (1967).
Coleman, G., ,Scandinavian Legal Realists: A critical Review', in: Faculty of Law Review of Toronto, 18 (1960), pp. 152–162.
Currie, Brainard, The Materials of Law Study, in: Journal of Legal Education 3 (1951), S. 331–383, 8 (1955), S. 1–78.
Diaz, Elias, La Enseñanza de la Sociologia Juridica en España, in: Anales de la Catedra Francisco Suarez, Granada 13 (1973), S. 145–161.
Eckhoff, Torstein, ,Sociology of Law in Scandinavia', in: Scandinavian Studies in Law, 4 (1960), pp. 31–58.
Eckhoff, Torstein, ,La sociologia del diritto in Scandinavia', in: *Treves, Renato,* La sociologia del diritto, Milan 1966, pp. 39–77.
Ehrlich, Stanislaw, ,Le positivisme juridique, la sociologie du droit et les sciences politiques. Nouvelles tendences en Pologne', in: Information sur les sciences sociales, 5 (1) 1966, pp. 7–20.
Febbrajo, Alberto, Zur Situation der Rechtssoziologie in Italien, in: Kölner Zeitschrift für Soziologie und Sozialpsychologie H. 3 (1973), S. 619–628.
Garlan, Edwin N., Legal Realism and Justice, New York, Columbia University Press 1941, 161 p.
Glastra van Loon, Jan F., ,La sociologia del diritto in Olanda', in: *Treves, Renato,* La sociologia del diritto, Milan 1966, pp. 81–99.
Horvath, Barna, Neuere Richtungen der Rechtsphilosophie in den Vereinigten Staaten und in Skandinavien, in: ÖZöR 6 (1953), S. 65–93.
Jones, Ernest M., ,Some Trends in Legal Research', in: Journal of Legal Education, 15 (1962), pp. 121–138.
Kaupen, Wolfgang, ,Rechtssoziologie in Deutschland', in: Recht und Politik, 4 (1968), pp. 115–120.
Kawashima, Takeyoshi, ,La sociologia del diritto in Giappone', in: *Treves, Renato,* La sociologia del diritto, Milan 1966, pp. 103–120.
Kazimircuk, V./Tumanov, V./Stejnberg, V., ,Diritto e ricerche sociologiche nell ,URSS' ', in: *Treves, Renato,* La sociologia del diritto, Milan 1966, pp. 123–144.
Kulcsár, Kálmán, ,Ricerche di sociologia del diritto in Ungheria', in: *Treves, Renato,* La sociologia del diritto, Milan 1966, pp. 147–173.
Mandić, Oleg, ,La sociologia del diritto in funzione della sviluppo della sociologia in Jugoslavia', in: *Treves, Renato,* La sociologia del diritto, Milan 1966, pp. 177–183.
Orfield, Lester B., A Survey of Scandinavian Legal Philosophy, in: Wisconsin Law Review (1956), S. 448–495, S. 585–624.
Persson Blegvad, Britt-Mari, ,The Systematic Position of Sociology of Law in Current Scandinavian Research', in: Acta Sociologica, 10 (1966), pp. 2–19.
Podgorecki, Adam, ,La sociologia del diritto in Polonia', in: *Treves ,Renato,* La sociologia del diritto, Milan 1966, pp. 187–212.

Recaséns Siches, Luis, ‚La sociologia del diritto nella Spagna, nel Portogallo e nell ‚America Latina' ', in: *Treves, Renato,* La sociologia del diritto, Milan 1966, pp. 215–232.

Rehbinder, Manfred, ‚Entwicklung und gegenwärtiger Stand der Rechtstatsachenforschung in den USA. Ein Bibliographischer Bericht.' Munich, Verlag Dokumentation 1970, 47 p. ‚The Development and Present State of Fact Research in Law in the United States'. in Journal of Legal Education, 24 (1972), pp. 567–589.

Rotter, Frank, ‚Rechtssoziologie und juristische Ausbildung in der Bundesrepublik. Zur gegenwärtigen Situation', in: Zeitschrift für Soziologie, 1972, pp. 177–191.

Sicard, Emile, ‚Travaux Recents de Sociologie Juridique et Politique en Yougoslavie', in: L'Année Sociologique 17 (1968) pp. 393–411.

Sicard, Emile, ‚Sociologie du droit slave. Note sur quelques travaux de sociologie juridique yougoslaves', in: L'Année Sociologique, (1960), pp. 476–496.

Skolnick, Jerome H., ‚The Sociology of Law in America. Overview and Trends', in: Law and Society Supplement to the Summer Issue of Social Problems (1965), pp. 4–39. ‚La sociologia del diritto negli Stati Uniti d'America', in Treves, Renato: La Sociologia del diritto, Milan 1966, pp. 235–302.

Souto, Claudio, ‚Sociology of Law: A new Perspective in Brazilian Legal Education', in: Archiv für Rechts- und Sozialphilosophie, 58 (1972), pp. 237–251.

Terré, François, ‚Un bilan de sociologie juridique', in: La Semaine Juridique, (1966), pp. 2015–2016.

Terré, François, ‚La sociologia giuridica in Francia', in: *Treves, Renato,* La sociologia del diritto, Milan 1966, pp. 235–302.

Treves, Renato/Ferrari, Vincenzo (Hrsg.), L'insegnamento sociologico del diritto, Milano, Edizioni di Comunità 1976, 352 S.

Treves, Renato (ed.), La sociologia del diritto. Problemi e ricerche. Milan, Edizioni di Comunità 1966, 413 p. englisch: *Treves, Renato/J. F. Glastra van Loon (ed.),* Norms and Actions. National Reports on Sociology of Law, The Hague: Martinus Nijhoff, 1968, 304 p.

Treves, Renato (ed.), Nuovi sviluppi della sociologia del diritto, Milan, Edizioni di Comunità 1968, 332 p.

Treves, Renato, ‚La sociologia del diritto in Italia', in: *Treves, Renato,* La sociologia del diritto, Milan 1966, pp. 347–375.

Treves, Renato, ‚Recenti sviluppi della sociologia del diritto in Europa', in: Quaderni di Sociologia, 16 (1967), pp. 146–164.

Treves, Renato, ‚La sociologia giuridica in Italia e i suoi possibili sviluppi', in: Quaderni di sociologia, 11 (1962), pp. 280–297.

Valkhoff, J. Rechtssociologische elementen in de Nederlandse rechtswetenschap van de XIX eeuw. Haarlem, Willink & Zoon 1955, 133 S.

Vogel, Hans-Heinrich, Der skandinavische Rechtsrealismus. Frankfurt/M., A. Metzner, 1972, 81 p.

Versele, Séverin-Carlos (ed.), Sociologie du droit et de la justice, Brussels, Editions de l'Institut des sociologie de l'Université Libre de Bruxelles 1970, 194 p.

Walker, Laurens (Hrsg.), Developments in Law and Social Sciences Research, in: The North Carolina Law Review 52 (1974), S. 969–1089.

*Weiss, Manfred, D*ie Theorie der richterlichen Entscheidungstätigkeit in den Vereinigten Staaten von Amerika. Frankfurt/M., Athenäum 1971, 148 S.

Zwingmann, Klaus, ‚La sociologia del diritto nella Republica federale tedesca', in: *Treves, Renato,* La sociologia del diritto, Milan 1966, pp. 379–402.

1.3. Rechtssoziologie einzelner Autoren

Arnold, Thurman W., The Symbols of Government, New York, Harbinger 1962, 278 p.

Aubert, Vilhelm, Rettsosiologi, Oslo 1968, Universitet Forlaget, 266 p.

Aubert, Vilhelm, Proeven van rechtssocio-

logie, Rotterdam, Universitaire Pers, 1971, 258 p.
Barragan, R., Bosqueio de una Sociologia del Derecho, 2. ed., Mexico, Biblioteca de Ensayos Sociologicos, Instituto de Investigaciones Sociales, Universidad Nacional, 1965, 125 p.
Beutel, Frederick K., Some Potentialities of Experimentel Jurisprudence as a New Branch of Social Science, Lincoln, University of Nebraska Press 1957, 440 p. deutsch: Die experimentelle Rechtswissenschaft. Möglichkeiten eines neuen Zweiges der Sozialwissenschaft (übers. v. *U. Krüger*), Berlin, Duncker & Humblot 1971, 224 S.
Beutel, Frederick K., Experimental Jurisprudence and the Scienstate, Bielefeld, Gieseking-Verlag 1975, 404 S.
Carbonnier, Jean, Sociologie Juridique, Paris, A. Colin, 1972, 319 p.; deutsch: Rechtssoziologie, Berlin, Duncker & Humblot 1974, 293 S.
Carbonnier, Jean, Flexible droit. Textes pour une sociologie du droit sans rigueur, Paris, Pichon & Durand-Auzias 1969, 278 p.
Cardozo, Benjamin Nathan, The Growth of the Law, New York 1924 (dt.: Lebendiges Recht, München 1949).
Chacon, V., Introducao ao problema da sociologia do direito, Recife, Universidade do Recife 1959, 118 p.
Chambliss, William/Seidman, Robert B., Law, Order and Power, London, Addison-Wesley, 1971, 533 p.
Cohen, Felix S., The Legal Conscience, (Ed. Lucy Kramer Cohen) New Haven, Yale University Press 1960, 505 p.
Cornil, Georges, Le Droit privé. Essai de sociologie juridique simplifiée, Paris, Giard 1924, 147 p.
Cruet, Jean, La vie du droit et l'impuissance des lois, Paris, Flammarion 1908, 344 p.
David, P. R., Conducta, integrativismo y sociologia del derecho, Buenos Aires, Victor P. de Zavalia 1970, 207 p.
Diaz, Elias Sociologia y Filosofia del Derecho, Madrid, Taurus Ediciones S. A. 1974, pp. 449.
Dror, Yehezkel, ‚Prolegomenon to a Social Study of Law', in: Journal of Legal Education, 13 (1960), pp. 131–156.
Durkheim, Emile, De la division du travail social, 8. Aufl., Paris, Presses Universitaires de France 1967, 416 p.
Durkheim, Emile, Leçons de sociologie. Physique de moers et du droit, Istanbul, Basimevi 1950, 259 S.
Ehrlich, Eugen, Grundlegung der Soziologie des Rechts, München/Leipzig 1913, 3. Aufl. Berlin, Duncker & Humblot, 1967, 409 S.
Ehrlich, Eugen, Fundamental Principles of the Sociology of Law, New York, Russell 1962, 541 p.
Ehrlich, Eugen, Recht und Leben. Gesammelte Schriften zur Rechtstatsachenforschung und zur Freirechtslehre (hrsg. v. Manfred Rehbinder), Berlin, Duncker & Humblot 1967, 252 S.
Eisermann, Gottfried, ‚Probleme der Rechtssoziologie', in: Archiv für Verwaltungssoziologie, 2 (1965), pp. 5–8.
Fechner, Erich, Rechtsphilosophie, Soziologie und Metaphysik des Rechts', (2nd Edition), Tübingen, J. C. B. Mohr 1962, 303 p.
Frank, Jerome, Law and the Modern Mind, Garden City/New York, Doubleday & Co. 1963, 404 p., (New York 1930, 6. Aufl. 1949).
Friedman, Lawrence M., The Legal System. A Social Science Perspective, New York, Russell Sage Foundation 1975, 338 S.
Fuchs, Ernst, Gerechtigkeitswissenschaft. Ausgewählte Schriften der Freirechtslehre. Hrsg. Albert S. Foulkes u. Arthur Kaufmann, Karlsruhe, C. F. Müller 1965, 267 S.
Geiger, Theodor, On Social Order and Mass Society, Selected Papers, ed. Mayntz, R., Chicago, The University of Chicago Press 1969, 242 p.
Geiger, Theodor, Vorstudien zu einer Soziologie des Rechts. Neuwied/Rh./Berlin, Luchterhand 1964, 479 S. 2. Aufl. 1970.
Grasserie, Raoul de la, Les principes sociologiques du droit civil, Paris, Giard & Brière 1906, 434 p.
Grasserie, Raoul de la, Les Principes socio-

logiques du droit public, Paris, Giard & Brière 1911, 430 p.
Green, L. C., Law & Society, Essays in the Sociology of Law, Dobbs Ferry, Oceana Publication 1975, 502 S.
Gurvitch, Georges, Grundzüge der Soziologie des Rechts. 2. Aufl., Neuwied, Luchterhand 1974, 264 S. Eléments de Sociologie Juridique, Paris 1940, Sociology of Law, London 1947.
Gurvitch, Georges, Rechtssoziologie, in: *Eisermann, Gottfried*, Die Lehre von der Gesellschaft, Stuttgart, Enke 1958, S. 182–234.
Hägerström, Axel, Inquiries into the Nature of Law and Morals Hrsg. *Karl Olivecrona*, Stockholm, Almquist & Wiksell 1953, 377 p.
Hirsch, Ernst E., Das Recht im sozialen Ordnungsgefüge. Beiträge zur Rechtssoziologie. Berlin, Duncker & Humblot 1966, 360 p.
Hirsch, Ernst E., Macht und Recht, in: *Ernst E. Hirsch*, Das Recht im sozialen Ordnungsgefüge, Berlin 1966, S. 243–259. ferner in: *M. Rehbinder*, Einführung in die Rechtssoziologie, Frankfurt/M. 1971, S. 178–194.
Horvath, Barna, Probleme der Rechtssoziologie, Berlin, Duncker & Humblot 1971, 204 p.
Horvath, Barna, Between Legal Realism and Idealism, in: North-Western Univ. Law Review 48 (1954), S. 693–713.
Horvath, Barna, Rechtssoziologie. Probleme der Gesellschaftslehre und der Geschichtslehre des Rechts. Berlin, Verlag für Staatswissenschaft und Geschichte 1934, 331 p.
Huber, Eugen, Recht und Rechtsverwirklichung. Probleme der Gesetzgebung und der Rechtsphilosophie, 1921, 2. Aufl. Basel, Helbing & Lichtenhahn 1925, 463 S.
Irurzun, V. J., Sociedad y Derecho, Buenos Aires, Ediciones Troquel 1966, 127 p.
Jerusalem, Franz W., Soziologie des Rechts, Bd. 1: Gesetzmäßigkeit und Kollektivität, Jena, G. Fischer 1925, 424 S.
Jhering, Rudolf von, Der Zweck im Recht. 2 Bde. 4. Aufl. Leipzig, Breitkopf & Härtel 1904–1905, Bd. 1 = 445 S., Bd. 2 = 568 S.
Jørgensen, Stig, Law and Society, Aarhus, Akademisk Boghandel, 1972, 103 p.
Jorion, Edmond, De la Sociologie Juridique, Bruxelles. Institut de sociologie de l'Université Libre de Bruxelles 1967, 248 p.
Kantorowicz, Hermann, Rechtswissenschaft und Soziologie. Ausgewählte Schriften zur Wissenschaftslehre, (hrsg. v. Thomas Würtenberger), Karlsruhe, C. F. Müller, 172 S.
Kornfeld, Ignatz, Soziale Machtverhältnisse, Grundzüge einer allg. Lehre v. positiven Rechte auf soziolog. Grundlage. Wien, Manzsche 1911, 350 S.
Kristein, Barbara Frank (ed.), The Philosophy of Judge Jerome Frank. A Man's Reach. New York/London, Macmillan 1965, 450 p.
Kulcsár, Kálmán, A jogszoiológia problémai (Die Probleme der Rechtssoziologie), Budapest, Közgazdasagi és Jogi Könyvkiado 1960, 269 p.
Legradić, R., Sociologija prava, Beograd, Savremena administracija 1965, 312 p.
Le Hénaff, Armand, Le droit et les forces. Etude sociologique, Paris, Alcan 1926, 176 p.
Lévy-Bruhl, Henri, Aspects sociologiques du droit, Paris, Rivière 1955, 189 S., dtsch: Soziologische Aspekte des Rechts (übers. v. W. Hromadka), Berlin, Dunker & Humblot 1970, 136 S.
Lévy-Bruhl, Henri, Sociologie du droit, Paris, Presses Universitaires de France 1961, 127 p.
Lima, E. D., Principios de sociologia juridica, Rio de Janeiro, Feitas Bastos 1958, 402 S.
Llewellyn, Karl N., Jurisprudence. Realism in theory and practice, Chicago, University Press 1962, 531 p.
Luhmann, Niklas, Rechtssoziologie, 2 Bde., Reinbek, Rowohlt 1972, 205, 381 p.
Lundstedt, A. Vilhelm, Law and Justice, Stockholm, Almquist & Wiksell 1952, 48 S.
Lundstedt, A. Vilhelm, Legal Thinking revised. My views on law. Stockholm, Almquist & Wiksell 1956, 420 S.
Lundstedt, Anders Vilhelm, Die Unwissenschaftlichkeit der Rechtswissenschaft Bd.

1–2, (Bd. 1 u. 2,1 ersch.) Berlin, Verlag für Staatswiss. und Geschichte; Bd. 1: Die falschen Vorstellungen von objektivem Recht und subjektiven Rechten 1932, 364 S.; Bd. 2,1: Strafrecht, Vertragsrecht. Deliktische Haftung 1936, 335 S.

Miranda Rosa, Felippe Augusto de, Sociologia do Direito, Rio de Janeiro, Zahar Editores 1970, 202 p.

Nardi-Greco, Carlo, Sociologia giuridica. Roma/Torino/Milano, Bocca 1907, 480 S.

Nussbaum, Arthur, Die Rechtstatsachenforschung. Programmschriften und praktische Beispiele (hrsg. v. Manfred Rehbinder), Berlin, Duncker & Humblot 1968, 166 S.

Nussbaum, Arthur, Die Rechtstatsachenforschung. Ihre Bedeutung für Wissenschaft und Unterricht. Tübingen, Mohr 1914, 48 S.

Ofner, Julius, Recht und Gesellschaft. Gesammelte Vorträge und Aufsätze (hrsg. v. Walther Eckstein), Wien/Leipzig, Gerold 1931, 307 S.

Olivecrona, Karl, Gesetz und Staat (Om lagen och staten), Kopenhagen, Munksgaard 1940, 229 S.

Olivecrona, Karl, Law as Fact, (2nd ed.), London, Stevens, 1971, 320 p.

Opp, Karl-Dieter, Soziologie im Recht, Reinbek, Rowohlt 1973, 265 S.

Petrazycki, Leon, Law and Morality, Cambridge/Mass., Harvard Univ. Press 1955, 335 p.

Podgorecki, Adam, Law and Society, Boston, Routledge & Kegan Paul 1975, 302 S.

Pontes de Miranda, Systema de sciencia positiva do direito, 2 Bände, Rio de Janeiro, Ribeiro dos Santos 1922; 1. Introduçâo a sciencia do direito; 2. Investigaçâo scientifica e politica juridica.

Pound, Roscoe, Jurisprudence, 5 Bände, Minn., St. Paul, West Publishing Co. 1959.

Pound, Roscoe, Sociology of Law, in: *Gurvitch, Georges*, Twentieth Century Sociology, New York 1945, pp. 297–341.

Queiroz Lima, Eusebio de, Principios de sociologia juridica, 1922, 5. Aufl. Rio de Janeiro, Freitas Bastos 1941, 434 p.

Queiroz, J. G. de, Sociologia e direito, Goiânia, Imp. da U. F. G. 1967, 213 p.

Radin, Max, Legal Realism, in: Columbia Law Review 31 (1931), pp. 824–828.

Raiser, Thomas, Einführung in die Rechtssoziologie, Berlin, J. Schweitzer Verlag 1972, 100 p. 2. Aufl. 1973

Recasens Siches, Luis, Lecciones de sociologia, Mexico, Editorial Porrúa 1948, 738 p.

Rolin, Henri, Prolégomènes à la Science du Droit. Esquisse d'une sociologie juridique, Brüssel, Alcan 1911, 167 p.

Ross, Alf, Towards a Realistic Jurisprudence; a criticism of the dualism in law. Kopenhagen, Munksgaard 1946, 304 p.

Ross, Alf, On Law and Justice. Berkeley/Los Angeles, University of California Press 1959, 383 p.

Rottleuthner, Hubert, Rechtswissenschaft als Sozialwissenschaft, Frankfurt/M., Fischer Taschenbuch-Verlag 1973, 266 S.

Ryffel, Hans, Rechtssoziologie. Eine systematische Orientierung. Neuwied/Berlin, Luchterhand 1974, 414 S.

Sanchez De La Torre, A., Sociologia Del Derecho, Madrid, Ed. Revista de derecho privado 1965, 365 p.

Sauer, Wilhelm, Die Wirklichkeit des Rechts, Berlin, Rothschild 1929, 42 S.

Sawer, Geoffrey, Law in Society, Oxford ,Clarendon Press 1965, 215 p.

Schindler, Dietrich, Verfassungsrecht und soziale Struktur, 4. Aufl., Zürich, Schulthess & Co., 1967, 162 S.

Schur, Edwin M., Law and Society. A Sociological View. New York, Random House 1967, 239 p.

Schuyt, Cees J. M., Rechtssociologie, Een terreinverkenning. Rotterdam, Universitaire Pers Rotterdam, 1971, 216 p.

Sinzheimer, Hugo, Arbeitsrecht und Rechtssoziologie hrsg. v. *Kahn-Freund und Ramm*, Frankfurt/M., Europäische Verlagsanstalt 1976, Bd. 1 = 457 S.; Bd. 2 = 355 S.

Souto, Claudio, Fundamentos da sociologia juridica, Recife, Faculdade de filosofia da UCP 1968, 228 p.

Stanfield, R. E., Basic Principles of Socio-

logy of Law, in: Journal of Social Studies 14 (1957), pp. 14–22.
Stone, Julius, Social Dimensions of Law and Justice, Stanford, Stanford University Press 1966, 933 p.
Tarde, G., Les Transformations du Droit. Etude Sociologique 5. Aufl., Paris, Alcan 1906, 208 p.
Timasheff, Nicholas Sergejewitsch, An Introduction to the Sociology of Law, Princeton, Harvard Univ. Committee on Research in the Social Sciences 1939, 418 p.
Vaccaro, Michel-Ange, Les Bases sociologiques du droit et de l'Etat (Le basi del diritto e dello Stato), Hrsg. v. J. Gaure, Paris, Giard & Brière 1898, 480 p.
Vaccaro, Michelangelo, Genesi e funzione delle leggi penali. Ricerche sociologiche, Torino, Bocca 1908, 232 p.
Weber, Max, Rechtssoziologie (hrsg. v. Joh. Winckelmann), Neuwied, Luchterhand 1960, 346 S. 3. Aufl. 1973.
Weber Max, Max Weber on Law in Economy and Society, ed. by Max Rheinstein. Cambridge, Harvard University Press, 1954, 363 pp.
Werner, Fritz, Recht und Gericht in unserer Zeit, Köln, C. Heymann, 1971, 452 p.

1.4. Sammelbände

Aubert, Vilhelm (ed.), Sociology of Law: Selected Readings, Harmondsworth, Penguin Books, 1969, 365 p.
Barkun, Michael (ed.), Law and the Social System, New York, Lieber-Atherton 1973, 128 p.
Davis, F. James et al., Society and the Law: New Meanings for an old Profession, New York, The Free Press 1962, 488 p.
Evan, William M. (ed.), Law and Sociology, New York, Free Press 1962, 225 p.
Friedman, Lawrence M./Macaulay, Stewart (ed)., Law and the Behavioral Sciences, New York, Bobbs Merrill 1969, 1059 p.
Ganong, C. K./Pearce, R. W., Law and Society, Homewood, Irwin, 1965, 164 p.
Grossman, J./Tanenhaus, J. (eds.), Frontiers of Judicial Research, New York, Wiley 1968, 492 p.
Hazard, G. C. jr. (ed.), Law in a Changing America, Englewood Cliffs, Prentice Hall 1968, 207 p.
Hirsch, Ernst E./Rehbinder, Manfred (Hrsg.), Studien und Materialien zur Rechtssoziologie, Cologne 1967, Nachdruck 1971, Westdeutscher Verlag, 412 p.
Jones, Harry W. (ed.), Law and the Social Role of Science, New York, Rockefeller Univ. Press 1966, 243 p.
Maeijer, J. M. M. et al. ,Rechtssociologie en jurimetrie, Deventer, Kluwer 1970, 137 p.
Naucke, Wolfgang/Trappe, Paul (eds.), Rechtssoziologie und Rechtspraxis, Neuwied, Luchterhand 1970, 344 p.
Persson Blegvad, Britt-Mari (ed.), Contributions to the Sociology of Law, Copenhagen, Munksgaard, 1966, 190 S.
Persson Blegvad, Britt Mari (ed.), Retssociologi i norden, Nyt fra samfundsvidenskaberne No. 16, Handelshojskolen i Kovenhavn, 1968, 158 p.
Rehbinder, Manfred, Einführung in die Rechtssoziologie, Frankfurt/M., Athenäum Verlag 1971, 211 p.
Sawer, Geoffrey (ed.), Studies in the Sociology of Law, Canberra, 1961, 233 p.
Schwartz, Richard D./Skolnick, Jerome H. (eds.), Society and the Legal Order. Cases and Materials in the Sociology of Law, New York, Basic Books 1970, 652 p.
Simon, Rita James (ed.), The Sociology of Law. Interdisciplinary Readings, San Francisco, Chandler 1968, 688 p.
Simpson, Sidney Post et al., Cases and Readings on Law and Society, 3 Bände St. Paul, Minn. 1948/49.
Treves, Renato (ed.), La sociologia del diritto. Problemi e ricerche, Milan, Edizioni di Comunità 1966, 413 p. englisch: *Treves, Renato/J. F. Glastra van Loon* (ed.): Norms and Actions. National Reports on Sociology of Law, The Hague: Martinus Nijhoff, 1968, 304 p.
Versele, Séverin-Carlos (ed.), Sociologie du droit et de la justice, Brussels, Editions de l'Institut de sociologie de l'Université Libre de Bruxelles 1970, 194 p.
Zolezzi Ibarcena, L., Introduccion a la sociologia del derecho, Materiales de enseñanza. Lima, Pontificia Universidad Catolica del Peru, 1970, 429 p.

1.5. Sekundärliteratur

Allen, Carleton Kemp, Law in the Making, 7. Aufl., Oxford 1964.

Arévalo Menchaca, Victor Fernando, Die egologische Auffassung der Rechtssoziologie, Diss. Berlin 1966, 130 p.

Arnold, Thurman, Judge Jerome Frank, in: University of Chicago Law Review 24 (1956–57), pp. 633–642.

Ball, Harry V./Simpson, George Eaton/Ikeda, Kiyoshi, ‚Law and Social Change: Sumner Reconsidered', in: American Journal of Sociology, 67 (1962), pp. 532–540.

Baum, Berthold, Leon Petrazycki und seine Schüler. Der Weg von der psychologischen zur soziologischen Rechtstheorie in der Petrazyckigruppe, Berlin, Duncker & Humblot 1967, 125 p.

Baxi, Upendra, Durkheim and Legal Evolution: Some Problems of Disproof, in: Law & Society Rev. 8 (1974), pp. 645–652.

Berns, Walter, ‚Law and Behavioral Science (Beutel)', in: Law and Contemporary Problems, 28 (1963), 1, pp. 185–212.

Bickel, Cornelius, ‚Kritische Theorie und Rechtssoziologie. Ein Beispiel positivistischer Rechtssoziologie im Licht der kritischen Theorie betrachtet: Theodor Geigers „Vorstudien zu einer Soziologie des Rechts",' in: *Naucke/Trappe,* Rechtssoziologie und Rechtspraxis, Neuwied 1970, pp. 29–78.

Bonsmann, Paul, Die Rechts- und Staatsphilosophie Gustav Radbruchs, Bonn 1966.

Braybrooke, E. K., ‚The Sociological Jurisprudence of Roscoe Pound', in: *Sawer, Geoffrey,* Studies in the Sociology of Law, Canberra, 1961, pp. 57–109.

Casper, Gerhard, Juristischer Realismus und politische Theorie im amerikanischen Rechtsdenken. Berlin, Duncker & Humblot 1967, 206 p.

Cattaneo, Mario A., Diritto e società nel pensiero di H. L. A. Hart, in: Sociologia del diritto 1974, S. 61–84.

Cavalli, Alessandro, ‚L'origine sociale dei giudici tedeschi: ricerche e discussioni', in: Quaderni di sociologia, 17 (3) 1968, pp. 268–285.

Clifford-Vaughan, Michalina/Scotford-Morton, Margaret, ‚Legal Norms and Social Order: Petrazycki, Pareto, Durkheim', in: British Journal of Sociology, 18 (1967), pp. 269–277.

Cohen, Felix S., Transcendental Nonsense and the functional Approach, in: Columbia Law Review 35 (1935), pp. 809–849.

Damm, Reinhard, Systemtheorie und Recht: zur Normentheorie Talcott Parsons', Berlin, Duncker & Humblot 1967, 189 S.

Danzig, Richard, A Comment on the Jurisprudence of the Uniform Commercial Code (Llewellyn), in: Stanford Law Review 27 (1975), pp. 621–635.

David, P. R., El Derecho en las normas de convivencia y su representatividad en el ordinamento social (Max Weber), Buenos Aires, 1969

David, P. R., La Formacion de la personalitad social desde el punto de vista del derecho (Durkheim), Buenos Aires, 1969.

Davy, Georges, Le droit, l'idealisme et l'expérience, Paris, F. Alcan 1922, 168 S.

Dill, Forrest D., ‚Judicial Policy-Making: A Critique of the Behavioralist Approach (Th. Becker, Gl. Schubert)', in: Berkeley Journal of Sociology, 12, (1967), pp. 149–164.

Dombek, Bernhard, Das Verhältnis der Tübinger Schule zur deutschen Rechtssoziologie, Berlin, Duncker & Humblot 1969, 99 p.

Duprat, G. L. u. a., Gründer der Soziologie, Eine Vortragsreihe (*Karl Marx, Emile Durkheim, Max Weber*), Jena, Fischer 1932, 158 S.

Esser, Josef, Franz Klein als Rechtssoziologe. Die Überwindung des dogmatischen Schuldenkens im Prozeßwerk Franz Kleins, in: Festschrift zur 50-Jahrfeier d. österr. Zivilprozeßordnung 1898–1948, S. 36–50.

Fassò, G., ‚Sociologia e diritto nella filosofia civile del Romagnosi', in: Gli Economisti, 20 (9–10), 1961, pp. 559–578.

Febbrajo, Alberto, Sociologia del diritto e funzionalismo strutturale nell'opera di

N. Luhmann, in: Sociologia del diritto 1974, S. 303–332.

Fikentscher, Wolfgang, Roscoe Pound, Von der Zweckjurisprudenz zur „Sociological jurisprudence", in: Festschrift für Karl Larenz zum 70. Geburtstag, München, Beck Verlag 1973, S. 93–108.

Fikentscher, Wolfgang, Maurice Hauriou und die institutionelle Rechtslehre, in: Festschrift für Ludwig Raiser zum 70. Geburtstag – Funktionswandel der Privatrechtsinstitutionen –, Tübingen, Mohr 1974, S. 559–575.

Frankfurter, Felix, Of Law and Men. Papers and Addresses of Felix Frankfurter, (ed. Philip Elman), Hamden, Connect. 1956.

Friedman, Lawrence M., On Legalistic Reasoning, A Footenote to Weber', in: Wisconsin Law Review, 1 (1966), pp. 148–171.

Friedrichs, Nellie, Erinnerungen an Theodor Geiger, in: Kölner Zeitschrift für Soziologie und Sozialpsychologie Sonderheft 3 (1973), S. 530–531.

Fuchs, Wilhelm, Die Zukunft der Rechtswissenschaft. Rechtswissenschaft als Gerechtigkeitswissenschaft. Zugleich eine Auseinandersetzung mit A. v. Lundstedt. Stuttgart, Kohlhammer 1933, 87 S.

Fuller, L. L., American Legal Realism, in: University of Pennsylvania Law Review 82 (1934), pp. 429–462.

Geis, Gilbert, ‚Sociology and Sociological Jurisprudence. Admixture of Lore and Law (Roscoe Pound)', in: Kentucky Law Journal, 52 (1964), pp. 267–293.

Gilmore, Grant, ‚Legal Realism: Its Cause and Cure', in: Yale Law Journal, 70, (1961), pp. 1037–1048.

Gits, Carlos, Recht, Personen en Gemeenschap. Een sociologische en existentieel-phenomenologische ontleding van het juridische verschijnsel, Leuven, van het Hoger Instituut voor Wijsbegeerte 1949, 417 p.

Glueck, Sheldon, ‚Roscoe Pound and Criminal Justice', in: Crime and Delinquency, 10 (1964), pp. 299–352.

Goedecke, Robert, ‚Holmes, Brandeis, and Frankfurter: Differences in Pragmatic Jurisprudence', in Ethics, 74 (1964), pp. 83–96.

Goedhart, Dietrich, Soziales Recht. Eine Untersuchung zur Rechts- u. Sozialphilosophie J. G. Fichtes und P. J. Proudhons, Diss. München 1966, 96 S.

Goodhart, A. L., ‚Mr. Justice Frankfurter 1882–1965', in: The Law Quarterly Review, 81 (1965), pp. 198–204.

Hayakawa, T., ‚Karl N. Llewellyn as a Lawman from Japan sees him', in: Rutger's Law Review, 18 (1964), pp. 717–734.

Helfer, Christian, ‚Rudolf v. Jhering als Rechtssoziologe', in: Kölner Zeitschrift für Soziologie und Sozialpsychologie, 20 (1968), pp. 553–571.

Hilterhaus, Friedhelm, Zum Rechtsbegriff in der Soziologie Max Webers, Diss. Köln, 1965.

Hull, Clark L., Moore and Callahan's „Law and Learning Theory": A Psychologist's Impressions, in Yale Law Journal 53 (1943–44), pp. 330–337.

Kästner, Karl-Hermann, Anton Menger: (1841–1906) Leben und Werk, Tübingen, J. C. B. Mohr 1974, 261 S.

Kearny, E. N., Thurman Arnold, Social Critic: The Satirical Challenge to Orthodoxy, Albquerque, Univ. of New Mexico Press, 1970, 164 p.

Kaestner, Alexander, Das Problem einer Geo- und Ethnojurisprudenz. Zur Kritik der Lehre von Manfred Langhans-Ratzeburg, Leipzig, R. Noske 1931, 79 S.

Kelsen, Hans, Eine Grundlegung der Rechtssoziologie (Auseinandersetzung zwischen Kelsen und Ehrlich über Aufgaben und Möglichkeiten der Rechtssoziologie), in: Archiv für Sozialwissenschaft und Sozialpolitik 39 (1915), S. 839–876; 41 (1916), S. 844–849, 850–853; 42 (1916–17), S. 609–611

Kelsen, Hans, ‚Eine „Realistische" und die Reine Rechtslehre. Bemerkungen zu Alf Ross: On Law and Justice', in: Österreichische Zeitschrift für öffentliches Recht, 10 (1959–60), H. 1, S. 1–25.

Kessler, R. A., Lester F. Ward as Legal Philosopher, New York 1956.

Knauthe, Karlheinz, Kausales Rechtsdenken und Rechtssoziologie. Eine Würdigung der Lehre von Müller-Erzbach, Berlin, Duncker & Humblot 1968, 112 p.

Kraft, Julius, Vorfragen der Rechtssoziologie, in: Zeitschrift für vergleichende Rechtswissenschaft, 45 (1930), S. 1–78.

Littlefield, Neil O., ‚Eugen Ehrlich's Fundamental Principles of the Sociology of Law', in: Maine Law Review, 19 (1967), pp. 1–27.

Loeffelholz, Thomas, Die Rechtsphilosophie des Pragmatismus. Eine kritische Studie. Meisenheim am Glan, A. Hain 1961, 156 p.

Loos, Fritz, Zur Wert- und Rechtslehre Max Webers, Tübingen 1970, J. C. B. Mohr, 150 p.

Malinowski, Bronislaw, A New Instrument for the Interpretation of Law (Llewellyn), in: Yale Law Journal 51 (1942), S. 1236–1254

Marica, George, Emile Durkheim. Soziologie und Soziologismus, Jena, G. Fischer 1932, 174 S.

Meller, Norman, ‚„Legislative Behavior Research" Revisted,' in: Western Political Quarterly, 18 (1965), pp. 776–795.

Morris, Clarence, Law, Reason and Sociology (Max Weber), in: University of Pennsylvania Law Review 107 (1958), pp. 147–165.

Müller, Eckhart, Anton Mengers Rechts- und Gesellschaftssystem, Berlin, J. Schweitzer Verlag 1975, 117 S.

Nassauer, Kurt, Die Rechtsphilosophie William James'. Diss. Bern, Grunau 1943, 101 S.

Northrop, F. S. C., Petrazycki's Psychological Jurisprudence. Its Originality and Importance, in: Pennsylvania Law Review 104 (1956), pp. 651–662

Nussbaum, Arthur, Some Aspects of American Legal Realism, in: Journal of Legal Education 12 (1959), pp. 182–191.

Olivecrona, Karl, The Legal Theories of Axel Hägerström and Vilhelm Lundstedt, in: Scandinavian Studies in Law 3 (1959), pp. 125–149.

Opalek, Kazimierz, Leon Petrazycki's Theory and the Contemporary Theory of Law, in: Archivum Iuridicum Cracoviense Vol. VI (1973), S. 59–81.

Partridge, P. H., ‚Ehrlichs Sociology of Law', in: Australasian Journal of Philosophy, 39 (1961), pp. 201–223.

Passmore, J., ‚Axel Hägerström and his Disciples', in: *Sawer, Geoffrey,* Studies in the Sociology of Law, Canberra, 1961, pp. 111–136.

Paul, Julius, The legal realism of Jerome N. Frank. A study of fact-skepticism and the judicial process, Den Haag, Nijhoff 1959, 177 S.

Philipps, Ina, Interaktionsmodell und Normentstehung. Zum Beitrag Talcott Parsons' zur Rechtssoziologie, Diss. Saarbrücken 1971, 139 S.

Pocar, Valerio, ‚Diritto e legislazione nel pensiero sociologico di Karl Renner', in: Rivista internazionale di filosofia del diritto, 47 (3–4) 1970, pp. 411–452.

Pocar, Valerio, Diritto e conflitto sociale nel pensiero di Ludwig Gumplowicz, in: Sociologia del Diritto 1 (1975), S. 27–43.

Pocar, Valerio, ‚Recenti antologie di sociologia del diritto', in: Quaderni di Sociologia, 21 (1972), pp. 111–117.

Pospisil, Leopold, E. Adamson Hoebel and the Anthropology of Law, in: Law & Society Review 7 (1973), S. 537–559.

Pot, H. J., Maatschappij en recht (Lundstedt, Wertheim), Haarlem, H. D. Tjeenk 1960, 134 p.

Pound, Roscoe, The Call for a Realistic Jurisprudence, in: Harvard Law Review 44 (1930–1931), pp. 697–711.

Pound, Roscoe, Contemporary Juristic Theory, New York, Harper 1940, 83 p.

Raiser, Thomas, Einführung in die Rechtssoziologie, Berlin, J. Schweitzer Verlag 1972, 100 S., 2. Aufl. 1973

Ramm, Thilo, Ferdinand Lasalle als Rechts- und Sozialphilosoph, Wien, Westkulturverlag Anton Hain 1953, 225 S.

Recasens Siches, Luis, ‚Panorama del pensamiento juridico en el siglo XX. (2 vol.), Mexico, Editorial Porrua, 1963

Rehbinder, Manfred, ‚Karl Llewellyn als Rechtssoziologe', in: Kölner Zeitschrift für Soziologie und Sozialpsychologie, 18 (1966), H. 3, pp. 532–556.

Rehbinder, Manfred, ‚Roscoe Pound (1870–1964)', in: Juristenzeitung, 1965, pp. 482–484.
Rehbinder, Manfred, ‚Max Webers Rechtssoziologie: Eine Bestandsaufnahme,' in: König/Winckelmann: Max Weber zum Gedächtnis, Opladen 1963, pp. 470–488.
Rehbinder, Manfred, ‚Zum Tode von Arthur Nussbaum', in: Juristenzeitung, 1965, pp. 225–226.
Rehbinder, Manfred, Die Begründung der Rechtssoziologie durch Eugen Ehrlich. Berlin, Duncker & Humblot 1967, 122 p.
Reich, Norbert, ‚Anton Menger und die demokratische Rechtstheorie', in: Recht und Politik, 1972, pp. 93–101.
Reich, Norbert, Sociological Jurisprudence und Legal Realism im Rechtsdenken Amerikas, Heidelberg, C. Winter 1967, 143 p.
Riebschläger, Klaus, Die Freirechtsbewegung. Zur Entwicklung einer soziologischen Rechtsschule, Berlin, Duncker & Humblot 1968, 124 p.
Rosenberg, Mitchell J., Jerome Frank: Jurist and Philosopher, New York, Philosophical Library, 1970, 274 p.
Ross, Alf, Über den Begriff des „geltenden Rechts" bei Theodor Geiger, Leipzig 1950.
Rossmanith, Günther, Rechtsgefühl und Entscheidungsfindung: Hermann Isay (1873–1938), Berlin, Duncker & Humblot 1975, 145 S.
Rotter, Frank, ‚Theoretische Rechtssoziologie in Westdeutschland', in: Archiv für Rechts- und Sozialphilosophie, 58 (1972), pp. 253–266.
Rumble, Wilfried E., American Legal Realism. Skepticism, Reform, and the Judicial Process, Ithaca, N.Y., Cornell Univ. Press 1968, 245 p.
Sawer, Geoffrey, (ed.), Studies in the Sociology of Law, Canberra, 1961, 233 p.

Sander, Fritz, Zum Problem der Soziologie des Rechts (Jerusalem), in: Archiv für Sozialwissenschaft und Sozialpolitik 55 (1926), S. 800–818.
Sawer, Geoffrey, ‚Law as Socially Neutral: Karl Renner', in: *Sawer, Geoffrey,* Studies in the Sociology of Law, Canberra, 1961, pp. 137–166.
Schelsky, Helmut, ‚Das Jhering-Modell des sozialen Wandels durch Recht', in: Jahrbuch für Rechtssoziologie und Rechtstheorie, 3 (1972), pp. 47–86.
Schubert, Glendon, ‚Behavioral Research in Public Law', in: American Political Science Review, 57 (1963), pp. 433–445.
Schwartz, Richard D., Legal Evolution and the Durkheim Hypothesis: A Reply to Professor Baxi, in: Law & Society Review 8 (1974), S. 653–668.
Stoljar, S. J., ‚Weber's Sociology of Law', in: *Sawer, Geoffrey,* Studies in the Sociology of Law, Canberra, 1961, p. 56.
Stone, Julius, ‚Roscoe Pound and Sociological Jurisprudence', in: Harvard Law Review, 78, 8 (1965), pp. 1578–1584.
Stone, Julius, ‚Law and Society in the Age of Roscoe Pound, a Memorial', in: Israel Law Review, 1 (1966), 1, pp. 173–221.
Treves, Renato, ‚La Sociologie du droit de Georges Gurvitch', in: Cahiers Internationaux de Sociologie, 45 (1968), pp. 51–66.
Trubek, David, Max Weber on Law and the Rise of Capitalism, in: Yale Law School Working Paper Nr. 12 (1972), 45 p.
Twining, William, Karl Llewellyn and the Realistic Movement. London, Weidenfeld and Nicolson 1973, 574 p.
Twining, William, Law and Anthropology: A Case Study in Inter-Disciplinary Collaboration, in: Law & Society Review 7 (1973), S. 561–583.
Ven, J. J. M. van der, Zur Aufgabe der Rechtssoziologie. Eine Auseinandersetzung mit Hugo Sinzheimer, in: ARSP 44 (1958), S. 241–251.
Villeneuve, S., ‚Durkheim: Reflexions sur la Methode et sur le Droit', in: Archives de Philosophie du Droit, 1969, pp. 237–255.
Villey, M., ‚Etudes Recents sur Ehrlich et le Sociologisme Juridique', in: Archives de Philosophie du Droit, 1968, pp. 347–356.
Vogel, Hans-Heinrich, Der skandinavische Rechtsrealismus, Frankfurt/M., A. Metzner, 1972, 81 p.
Volkomer, Walter E., Passionate Liberal: The Political and Legal Ideas of Jerome

Frank, Den Haag, Nijhoff, 1970, 233 p.
Wertenbruch, Wilhelm, Versuch einer kritischen Analyse der Rechtslehre Rudolf von Jherings, Berlin, de Gruyter 1955, 112 S.
Wigdor, David, Roscoe Pound, Philosopher of Law, Westport, Conn., Greenwood Press 1974, 356 S.
Willrodt – v. Westernhagen, Dörte, Recht und soziale Frage: die Sozial- und Rechtsphilosophie Anton Mengers, Hamburg, Fundament-Verlag Sasse 1975, 215 S.
Winckelmann, Johannes, Legitimität und Legalität in Max Webers Herrschaftssoziologie, Tübingen, J. C. B. Mohr 1952, 120 S.
Zimmermann, Werner G., Valtazar Bogisić 1834–1908. Ein Beitrag zur südslawischen Geistes- und Rechtsgeschichte im 19. Jahrhundert. Wiesbaden, F. Steiner, 1962, 530 p.
Zitscher, Wolfram, ‚Die Normentheorie in der Rechtssoziologie Theodor Geigers und der Grundsatz „nullum crimen sine lege",' in: Jahrbuch für Rechtssoziologie und Rechtstheorie, 1, 1970, pp. 235–255.

2.0. Forschungsbereiche und Forschungstechnik der Rechtssoziologie

Ahlander, Björn, Är juridiken en vetenskap? Stockholm, Geber 1950, 193 S.
Aubert, Vilhelm, Rett og samfunns forskning (Recht und Gesellschaftsforschung), Oslo, Universitetsforlaget 1958, 48 p.
Baumgärtel, Gottfried, Aufgaben, Grenzen und Methoden der Rechtstatsachenforschung im Bereich der Justizreform, in: Zeitschrift für Zivilprozeß 1973, S. 164–176.
Beutel, Frederick K., Some Implications of Experimental Jurisprudence, in: Harvard Law Rev. 48 (1934), pp. 169–197.
Dammann, Klaus/Winter, Gerd, ‚Kognitive Distanz oder defensive Ignoranz? Bemerkungen zu einem Versuch, den Rechtsstudenten die sozialwissenschaftliche Rechtsforschung vorzuenthalten', in: Juristenzeitung, 1970, pp. 679–82.
Dengerinck, J. D., ‚De ontmoeting tussen sociologie en rechtswetenschap, Poging tot nadere omschrijving van de aard en taak van de rechtssociologie', in: Rechtsgeleerd Magazijn Themis, 1963, pp. 3–85.
Eisenmann, Charles, Les Sciences sociales dans l'enseignement supérieurs du droit, Genf, Unesco 1954, 141 S.
Evan, William M., ‚Some Approaches to the Sociology of Law,' in: *Evan,* Law and Sociology, 1962, S. 1–11.
Groppali, Alessandro, Filosofia del Diritto, Milano, Ambrosiana 1944, 479 S.
Houtte, Jean van, ‚Rechtssociologie. Object, Taak en Verwezenlijkingen', in: Tijdschrift voor Privaatrecht, 1 (1964), pp. 551–587.
Jolles, H. M., ‚De legalisiering van de rechtssociologie en het rechtssociologisch onderzoek', in: Mens en Mij, 36 (4) 1961, pp. 270–279.
Krystufek, Zdenek M., Law and Sociology, in: Colorado Law Review Vol. 45 (1974), S. 269–277.
Lautmann, Rüdiger, Soziologie und Rechtswissenschaft, in: *Dieter Grimm,* Rechtswissenschaft und Nachbarwissenschaften, Bd. 1, Frankfurt/M., Athenäum 1973, S. 35–49.
Lautmann, Rüdiger, Soziologie vor den Toren der Jurisprudenz. Zur Kooperation der beiden Disziplinen. Stuttgart, W. Kohlhammer, 1971, 121 p.
Legaz y Lacambra, Luis, Rechtsphilosophie, Neuwied/Berlin, Luchterhand 1965, 798 p.
Legros, Pierre, ‚Droit et sociologie', in: Revue d l'Institut de Sociologie, (Solvay) 1970: p. 225–231.
Llewellyn Karl N., Conditions for, and the Aims and Methods of Legal Research, in: American Law School Rev. 6 (1930), pp. 670–678.
Llewellyn, Karl N., On What Makes Legal Research Worth While, in: Journal of Legal Education 8 (1956), pp. 389–421.
Machado Neto, A. L., ‚Conceito, Tematica e formacao da sociologia juridica', in: Sociologia, 25 (1963), pp. 399–407.
Oetjens, Hermann, ‚Kritischer Rationalismus und Rechtssoziologie', in: Nauk-

ke/Trappe: Rechtssoziologie und Rechtspraxis, 1970, pp. 11–28.
Pot, H. J., Maatschappij en recht; geschouwingen over de maatschappelijke werking van het recht als studieobject der rechtswetenschap. Haarlem, H. d. Tjeenk 1960, 134 p.
Raiser, Thomas, ‚Was nützt die Soziologie dem Recht?' in: Juristenzeitung 1970, pp. 665–671.
Rehbinder, Manfred, ‚Die Rechtstatsachenforschung im Schnittpunkt von Rechtssoziologie und soziologischer Jurisprudent', in: Jahrbuch für Rechtssoziologie und Rechtstheorie, 1, 1970, pp. 333–359.
Röhl, Klaus Friedrich, Das Dilemma der Rechtstatsachenforschung, Tübingen, Mohr 1974, 324 S.
Rotter, Frank, ‚Dogmatische und soziologische Rechtsvergleichung. Eine methodologische Analyse für die Ostrechtsforschung', in: Osteuropa-Recht, 1970, pp. 81–97.
Rumpf, Max, Rechtswissenschaft als Sozialwissenschaft, Nürnberg, Krische 1929, 31 S.
Rumpf, Max, Was ist Rechtssoziologie? in: AcP 122 (1924), S. 36–51.
Timasheff, Nicholas Sergejewitsch, Wie steht es mit der Rechtssoziologie?, in: Kölner Zeitschrift 8 (1956), S. 415–421.
Trappe, Paul, Zur Situation der Rechtssoziologie, Tübingen, C. B. Mohr 1968, 23 p.
Valkhoff, Johan, ‚Place et signification de la sociologie juridique', in: Philosophy and Christianity. Festschrift für Herman Doyeweerd, Kampen 1965, pp. 277–293.
Vinke, Peter, ‚Wat is en waarom rechtssociologie?,' in: *Maeijer, J. M. M.* et al., Rechtssociologie en jurimetrie, Kluwer, Deventer 1970, pp. 11–24.
Zeisel, Hans, ‚The Law', in: *Lazarsfeld, F. / Sewell, W. H. / Wilensky, H. L.*, The Uses of Sociology, New York, 1967, pp. 81–99.
Zeisel, Hans, Empirische Rechtsforschung – ein natürlicher Zweig der Jurisprudenz, in: Juristen-Zeitung 1974, S. 561–564.

2.1. Gegenstand der Rechtssoziologie und ihre Abgrenzung von den übrigen rechtswissenschaftlichen Forschungsbereichen

Achterberg, Norbert, ‚Gedanken zur Einführung rechtssoziologischer Lehrveranstaltungen in den Rechtsunterricht', in: Juristenzeitung, 1970, pp. 281–283,
Ahlander, Björn, Är juridiken en vetenskap? Stockholm, Gebers 1950, 193 S.
Anzilotti, Dionisio, La filosofia del diritto e la sociologia. Firenze, N. Bonducciana 1892, 221 S.
Arévalo Menchaca, Victor Fernando, Die egologische Auffassung der Rechtssoziologie. Diss. Berlin 1966, 130 p.
Azuara Péerez, L., La sociologia del derecho como ciencia, in: Ciencia politica social. 5 (17), 1959, S. 443–451.
Ballweg, Ottmar, Rechtswissenschaft und Jurisprudenz, Basel, Helbing & Lichtenhahn 1970, 158 p.
Baratta, Alessandro/Campbell, Colin M. et al., La sociologia del diritto: un dibattito, in: Sociologia del diritto 1974, S. 245–302.
Batiffol / Bobbio / Carbonnier u. a., Methode sociologique et droit. Rapports présentés au colloque de Strasbourg. Paris, Dalloz 1958, 230 p.
Bingham, Joseph W., Science and Law, in: Green Bag 25 (1913), pp. 162–169.
Black, Donald J., The Boundaries of Legal Sociology, in: Yale Law Journal 81 (1971/72), S. 1086–1100.
Bunge, Carlos Octavio, El derecho. Ensayo du una teoria cientifica de la Etica en su fase juridica. Madrid 1909. 6. Aufl. Madrid, Imp. y Edit. Espasa-Calpe S. A. 1927, 597 p., 2 Bde.
Bustamente y Montoro, Antonio S. de, Sociologia juridica. Universidad de la Habana, 2. Aufl. 1948, 173 p.
Cairns, Huntington, Law and the Social Sciences, New York (Hartcourt) / Londn (Routledge) / Toronto (Carswell) 1935, 279 p.
Cairns, Huntington, The Theory of Legal Science, New York, University Press 1941, 155 p.

Cattaneo, M. A., ‚Sociologie juridique et philosophie du droit', in: L'Année Sociol. 1961, pp. 355–363.
Cerroni, U., ‚Diritto e sociologia', in: Societa, 16 (1) 1960, pp. 23–43.
Cezarini Sforza, Widar, Idee e problemi di filosofia giuridica, Milano, A. Giuffrè 1956, 341 S.
Cossio, Carlos S., Jurisprudence and the Sociology of Law, in: Columbia Law Review 52 (1952), pp. 356–381, 479–501.
Cossio, Carlos, ‚Ciencia del derecho y sociologia juridica', in: Estudios juridicos-sociales (Homenaje al Prof. Luis Legaz y Lacambre), vol. 1, 1960, pp. 259–322.
Drobnig, Ulrich, Rechtsvergleichung und Rechtssoziologie, in: RabelsZ 18 (1953), S. 295–309.
Ehrlich, Stanislaw, ‚Rechtspositivismus, Rechtssoziologie und politische Wissenschaften', in: Der Staat, 5, 1966, pp. 407–422. ‚Le positivisme juridique, la sociologie du droit et les sciences politiques. Nouvelles tendences en Pologne', in Information sur les sciences sociales, 5 (1), 1966, pp. 7–20.
Ekeloef, Per Olof, Är den Juridiska Doktrinen en Teknik eller en Vetenskap? Lund, C. W. K. Gleerup 1951, 50 S.
Emge, Carl August, ‚Die Bedeutung der rechtssoziologischen Sachverhalte für die Dogmatik', in: *Hirsch/Rehbinder:* Studien und Materialien zur Rechtssoziologie, Berlin 1967, pp. 182–196.
Evan, William M. / Grisoli, A. / Treves, R., ‚Sociologia del diritto e diritto comparato', in: Quaderni di Sociologia, 14 (1965), pp. 376–392.
Fechner, Erich, ‚Die Bedeutung der Gesellschaftswissenschaft für die Grundfrage des Rechts', in: *Werner Maihofer:* Naturrecht oder Rechtspositivismus, Darmstadt 1962, pp. 257–280.
Feuerbach, Paul Johann Anselm, Über Philosophie und Empirie in ihrem Verhältnis zur positiven Rechtswissenschaft. Mit einem Vorwort zum Neudruck von Wolfgang Naucke. Darmstadt, Wiss. Buchgemeinschaft 1969, 100 S.
Feuerbach, P. J. Anselm / Mittermaier, Carl Joseph Anton, Theorie der Erfahrung in der Rechtswissenschaft des 19. Jahrhunderts. Zwei methodische Schriften, hrsg. von Klaus Lüdersen. Frankfurt, Suhrkamp 1968, 155 S.
Geis, Gilbert, ‚Sociology and Sociological Jurisprudence: Admixture of Lore and Law', (Roscoe Pound), in: Kentucky Law Journal, 52, 1964, pp. 267–293.
Gould, Wesley L. / Barkun, Michael, International Law and the Social Sciences, Princeton, N.Y., Princeton Univ. Press, 1970, 338 p.
Grimm, Dieter (Hrsg.), Rechtswissenschaft und Nachbarwissenschaften, Frankfurt/M., Athenäum-Fischer-Taschenbuch-Verlag 1973, Bd. 1, 287 S.
Groppali, Alessandro, Sociologia e teoria generale del diritto, Milano, A. Giuffre 1958, 113 S.
Groppali, Alessandro, Sociologia e Diritto, Milano, Casa Editrice Ambrosia 1945, 144 S.
Haff, Karl, Rechtsgeschichte und Soziologie, in: Viertelj. Schr. f. Sozial- und Wirtschaftsgeschichte, Bd. 22, Stuttgart 1929, S. 1–15.
Hagen, Johann J., Rechtssoziologie und Rechtswissenschaft, in: Demokratie und Recht 1 (1976), S. 24–30.
Hall, Jerome, ‚Comparative Law and Jurisprudence', in: Buffalo Law Rev., 16 1966, pp. 61–66.
Hall, Jerome, Comparative Law and Social Theory, New York, Louisiana State University Press 1963, 167 p.
Haussleiter, Otto, Jurisprudenz und ‚verstehende Soziologie', in: Kölner Vierteljahreshefte für Soziologie 3 (1923/24), S. 110–123.
Heldrich, Andreas, ‚Sozialwissenschaftliche Aspekte der Rechtsvergleichung', in: RabelsZ, 34, 1970, pp. 427–442.
Herrera Figueroa, Miguel, Sociologia y derecho, Madrid, Tucumán, Edit. Richardet 1955.
Hirsch, Ernst E., ‚Die Rechtswissenschaft und das neue Weltbild', in: *Hirsch,* Das Recht im sozialen Ordnungsgefüge, Berlin, Duncker & Humblot, 1966, pp. 65–87.
Hirsch, Ernst E., ‚Was kümmert uns die

Rechtssoziologie?', in *Hirsch*, Das Recht im sozialen Ordnungsgefüge, Berlin, 1966, pp. 38–54.

Hubert, René, Science du droit, sociologie juridique et philosophie du droit, in: Archives de philosophie du droit et de sociologie juridique, 1931, S. 43–71.

Husson, Leon, La Science de Droit et la Sociologie, in: Revue de l'Institut de Sociologie Solvay 2 (1958), S. 287–308.

Jerusalem, Franz W., Kritik der Rechtswissenschaft, Frankfurt/M., Knecht-Carolus-Druckerei 1948, 559 S.

Kalinowski, Georges, ,Rapporti tra la sociologia del diritto e la filosofia del diritto', in: Quaderni Di Sociologia, 17 (1968), pp. 227–239.

Kantorowicz, Hermann, Rechtswissenschaft und Soziologie. Ausgewählte Schriften zur Wissenschaftslehre (hrsg. von Thomas Würtenberger), Karlsruhe 1962.

Kelsen, Hans, Zur Soziologie des Rechts, in: Archiv für Sozialwissenschaft und Sozialpolitik 34 (1912), S. 601–613.

Kelsen, Hans, Die Grenzen zwischen juristischer und soziologischer Methode, Tübingen, J. C. B. Mohr 1911, 64 S.

Kelsen, Hans, Eine Grundlegung der Rechtssoziologie (Eine Auseinandersetzung zwischen Kelsen und Ehrlich über Aufgaben und Möglichkeiten der Rechtssoziologie), in: Archiv für Sozialwissenschaft und Sozialpolitik, Bd. 39 (1915), S. 839–876, Bd. 41 (1916), S. 844–849, 850–853, Bd. 42 (1916–17), S. 609–611.

Lazarro, G., ,Sociologia e Diritto Privato', in: Rivista Trimestrale di Diritto e Procedura Civile, 18, June 1964: p. 728.

Leonardi, Franco, Sociologia giuridica e teoria generale del diritto, in: Rivista int. fil. dir. 28 (1951), S. 724–752.

Llewellyn, Karl The Theory of Legal Science, in: North-Carolina Law Rev. 20 (1941), S. 1–23.

Luhmann, Niklas, ,Funktionale Methode und juristische Entscheidung', in: Archiv für öffentliches Recht, 94 (1969), pp. 1–31.

Minemura, T., ,Dogmatic Legal Science and Sociology of Law', in: Archiv für Rechts- und Sozialphilosophie, 56 (1970), pp. 351–366.

Naucke, Wolfgang, ,Wissenschaftsbegriff – Rechtssoziologie – Rechtspraxis. Bemerkungen zu einem konkret-humanen juristischen Pragmatismus', in: Naukke/Trappe: Rechtssoziologie und Rechtspraxis, 1970, pp. 79–124.

Persson Blegvad, Britt Mari, ,The Systematic Position of Sociology of Law in Current Scandinavian Research', in: Acta sociologica, 10 (1–2) 1966, pp. 2–19.

Recasens Siches, Luis, Tratado general de filosofia del derecho, 3. Aufl. Republ. Argentina, Mexico, Editorial Porrua 1965, 717 p.

Recasens Siches, Luis, Vida humana, sociedad y derecho. Fundamentación de la filosofia del derecho. Mexico, Fondo de cultura ecnóica 1939, 386 p. 2. Aufl. Mexico 1945, englisch: Cambridge, Harvard Univ. Press 1948, 557 p.

Recasens-Siches, Luis, ,Los Temas de la Sociologia del Derecho', in: Sociologia Internationalis, 5 (1967), pp. 189–210.

Rittner, Fritz, ,Die Rechtswissenschaft als Teil der Sozialwissenschaften', in: Zur Einheit der Rechts- und Staatswissenschaften, Karlsruhe 1967, pp. 97–122.

Rumpf, Max, Rechtswissenschaft als Sozialwissenschaft, Nürnberg, Krische 1929, 31 S.

Rumpf, Max, Was ist Rechtssoziologie?, in: Archiv für die civilistische Praxis 122 (1924), S. 36–45.

Sander, Fritz, Rechtsdogmatik oder Theorie der Rechtserfahrung? Wien, Deuticke 1921, 166 S.

Sander, Fritz, Zum Problem der Soziologie des Rechts, in: Archiv für Sozialwissenschaft und Sozialpolitik 55 (1926), S. 800–818.

Starke, J. G., ,Elements of the Sociology of International Law', in: The Australian Year Book of International Law 1965 (Sidney 1966), pp. 119–136.

Steinberg, V. A., Subject and Methodology of „Sociology of Law", Riga 1966, 11 p.

Stone, Julius, Law and the Social Sciences in the Second Half of the XXth Century.

Minneapolis, University of Minnesota Press 1966, 121 p.

Terré, François, ‚Remarque sur les relations entre le sociologie juridique et la philosophie du droit', in: Archives de Philosophie du Droit, 1969, pp. 213–226.

Treves, Renato/Carbonnier, Jean u. a., La sociologia del diritto: un dibattito, in: Sociologia del diritto 1974, S. 1–60.

Treves, Renato, ‚Considerazioni intorno alla sociologia giuridica', in: Estudios Juridico-Sociales, 1, 1960, pp. 323–331.

Ven, J. J. M. van der, ‚De verhouding von rechtssociologie en rechtsfilosofie' in: Maeijer, J. M. M. et al. Rechtssociologie en jurimetrie, Deventer 1970, pp. 25–42.

Wigmore, John Henry, Nova Methodus Discendae Docendaeque Jurisprudentiae, in: Harvard Law Rev. 30 (1916/17), pp. 812–829.

Würtenberger, Thomas, ‚Strafrechtsdogmatik und Soziologie', in: Zur Einheit der Rechts- und Staatswissenschaften, Karlsruhe 1967, pp. 123–146.

Yntema, Hessel E., Rational Basis of Legal Science, in: Columbia Law Rev. 31 (1931), pp. 925–945.

Zweigert, Konrad, Die soziologischen Dimensionen der Rechtsvergleichung, in: RabelsZ 38 (1974), S. 299–316.

2.2. Aufgaben der Rechtssoziologie

Auerbach, Carl A., ‚Legal Tasks for the Sociologist,' in: Law and Society Review, 1 (1966), pp. 91–104.

Beuscher, Jacob, ‚Law-in-Action Research in Rural Areas of the United States', in: Wisconsin Law Review, 1969, p. 757.

Cowan, Thomas A., ‚Experimental Jurisprudence: Science, Morality, Law', in: Archiv für Rechts- und Sozialphilosophie, 38, 1960, pp. 57–74.

Fürth, Josef Herbert, Praktische Aufgaben der Rechtssoziologie, in: Zeitschrift für öffentliches Recht 17 (1937), S. 273–286.

Gibbons, Hugh, ‚Law in an Age of Social Change', in: American Bar Association Journal, 57 (1971): p. 151.

Heldrich, Andreas, Das Trojanische Pferd in der Zitadelle des Rechts? Überlegungen zur Einbeziehung der Sozialwissenschaften in die juristische Ausbildung, in: Juristische Schulung 1974, S. 281–288.

Hirsch, Ernst E., ‚Rechtssoziologie im Rechtsunterricht', in: Festschrift für Rudolf Reinhardt, Köln-Marienburg 1972, pp. 437–450.

Hirsch, Ernst E., ‚Rechtssoziologie heute', in: Hirsch-Rehbinder, Studien und Materialien zur Rechtssoziologie, 1967, pp. 9–35.

Hopt, Klaus H., Was ist von den Sozialwissenschaften für die Rechtsanwendung zu erwarten?, in: Juristen-Zeitung 1975, S. 341–349.

Karstendiek, Helmut, ‚Rechtssoziologie – eine Hilfe für die Praxis?', in: Deutsche Richterzeitung, 9 (1972), pp. 310–312.

Kasimirtschuk, W. P., ‚Soziologische Forschung im Recht: Probleme und Perspektiven', in: Staat und Recht, 1 (1968), pp. 150–159.

Kirchmann, Julius von, Die Wertlosigkeit der Jurisprudenz als Wissenschaft. Ein Vortrag gehalten in der Jurist. Gesellschaft zu Berlin 1848. Darmstadt, Wiss. Buchgemeinschaft 1969, 46 S.

Knittel, Eberhard, Sozialwissenschaften und Rechtspraxis in der Juristenausbildung, Marburg, Elwert 1973, 36 S.

Laswell, Harold D. / McDouglas, Myres S., ‚Jurisprudence in Policy-Oriented Perspective', in: University of Florida Law Review, 19 (1967), pp. 486–513.

Losano, M. G., ‚I compiti della sociologia nella ricerca giuscibernetica', in: Quaderni di sociologia, 21 (1972), pp. 97–110.

Loeff, J. J., ‚De list der rechtssociologie', in: Nederlands Juristenblad, 46 (1971), pp. 258–270.

Poisson, Jean Paul, Le concret en sociologie juridique, in: Revue de l'Institut de Sociologie Solvay 3 (1958), pp. 505–515.

Ramm, Thilo, „Zur Bedeutung der Rechtssoziologie für das Arbeitsrecht', in: Kritische Justiz, 1970, pp. 175–184.

Riesman, David, ‚Law and Sociology. Recruitment, Training and Colleagueship', in: *Evan, W. M.,* Law and Sociology, 1962, pp. 12–55.

Rose, Arnold M., Problems in the Sociology

of Law and Law Enforcement, in: Journal of Legal Education 6 (1953), pp. 191–202.
Rose, Arnold M., ‚Some Suggestions for Research in the Sociology of Law', in: Social Problems, 9, 3 (1962), pp. 281–283.
Rose, Arnold, ‚The Social Scientist as an Expert Witness in Court Cases', in: Lazarsfeld / Sewell / Wilensky, The Uses of Sociology, 1967, pp. 100–118.
Rosenblum, Victor, ‚A Place for Social Science Along the Judiciary's Constitutional Law Frontier', in: Northwestern Univ. Law Rev., 66 (1971), p. 455.
Sauer, Wilhelm, Lebendes Recht und lebende Wissenschaft, Tübingen, J. C. B. Mohr 1936, 47 S.
Schünemann, Hans-Wilhelm, Sozialwissenschaften und Jurisprudenz: eine Einführung für den Praktiker, München, Beck 1976, 199 S.
Schwartz, Richard D., The Law and Behavioral Sciences Program at Yale, in: Journal of Legal Education 12 (1959), pp. 91–98.
Sinzheimer, Hugo, De taak der rechtssociologie, Háarlem Tjeenk Willink 1935, 151 S.
Skolnick, Jerome H., ‚Social Research on Legality. A Reply to Auerbach', in: Law and Society Review, 1 (1966), pp. 105–110.
Timasheff, Nicholas Sergejewitsch, Growth and Scope of Sociology of Law, in: *Becker and Boskoff*, Modern Sociological Theory in Continuity and Change, New York 1957, pp. 424–449.
Ven, J. J. M. van der, Zur Aufgabe der Rechtssoziologie. Eine Auseinandersetzung mit Hugo Sinzheimer, in: ARSP 44 (1958), S. 241–252.
Yntema, Hessel E., The Implications of Legal Science, in: New York University Law Quarterly Review 10 (1933), pp. 279–310.
Ziembinski, Z., ‚Importances des recherches de la sociologie du droit pour la théorie de l'Etat et du droit', in: Archives de philosophie du droit, 16 (1971), pp. 245–256.

2.3. Methoden der Rechtssoziologie

Aubert, V., Rett Og Samfumsforkning (Law and Social Research), Oslo, Universitetforlaget 1958, 48 p.
Bender, Rolf (Hrsg.), Tatsachenforschung in der Justiz, Tübingen, J. C. B. Mohr, 1972, 232 p.
Beutel, Frederick K., Some Potentialities of Experimental Jurisprudence as a New Branch of Social Science. Lincoln, University of Nebraska Press 1957, 440 p. deutsch: Die experimentelle Rechtswissenschaft. Möglichkeiten eines neuen Zweiges der Sozialwissenschaft (übers. v. U. Krüger). Berlin, Duncker & Humblot 1971, 224 S.
Beutel, Frederick K., Experimental Jurisprudence and the Scienstate. Bielefeld, Gieseking-Verlag 1975, 404 S.
Carlin, Jerome E., Lawyers on Their Own. A study of individual practitioners in Chicago. New Jersey, Rutgers University Press 1962, 234 p.
Caven, David F., Science, Research and the Law, in: Journal of Legal Education 10 (1957), pp. 162–188.
Cohen, Julius/Robson, Reginald A. H. / Bates, Alan, Parental Authority: The Community and the Law, New Brunswick / New Jersey, Rutgers 1958, 301 p.
Conard, Alfred F. (ed.), Conference on Aims and Methods of Legal Research, Ann Arbor / Michigan 1955.
Cook, Walter Wheeler, Scientific Method and the Law, in: American Bar Association Journal 13 (1927), pp. 303–311.
Cowan, Thomas A., The Design of Legal Experiment, in: Journal of Legal Education 6 (1954), pp. 520–538.
Cowan, Thomas A., The Relation of Law to Experimental Social Science, in: Pennsylvania Law Review 96 (1947/48), pp. 484–502.
Cowan, Thomas A., ‚Decision Theory in Law, Science and Technology', in: Rutgers Law Review, 17 (1963), pp. 449–530.
Cowan, Thomas A., ‚Experimental Jurisprudence: Science, Morality, Law', in: Archiv für Rechts- und Sozialphilosophie Beiheft 38 (1960), pp. 57–74

Cuvillier, A., Sociologica y teoria del derecho, in: Revista de estudios politicos 86–87 (1956), S. 5–38.
Deming, W. Edwards, On the Presentation of the Results of Sample Surveys as Legal Evidence, in: Journal of the American Statistical Association 49 (1954), pp. 814–820.
Drobnig, Ulrich, Methods of Sociological Research in Comparative Law, in: RabelsZ 35 (1971), S. 496–504.
Eickenberg, Henning, ,Voraussetzungen und Schwierigkeiten der empirischen Erforschung richterlicher Entscheidungsgrundlagen', in: Jahrbuch für Rechtssoziologie und Rechtstheorie, 1, 1970, pp. 361–379.
Fair, Daryl R., ,An Experimental Application of Scalogram Analysis to State Supreme Court Decisions', in: Wisconsin Law Rev., 2 (1967), pp. 449–467.
Farnetti, P., ,Problemi di analisi sociologica del diritto', in: Sociologia, 6 (1961), pp. 33–87.
Friedman, Monroe P., ,Using Simulation Techniques to Predict the Behavioral Effects of New Laws: The Case of Truth-in-Lending Legislation and the Consumer', in: Journal of Applied Psychology, 54 (1970), pp. 297–301.
Gessner, Volkmar, ,Soziologische Überlegungen zu einer Theorie der angewandten Rechtsvergleichung', in: RabelsZ, 36 (1972), pp. 229–260.
Green, Edward, Judicial Attitudes in Sentencing, London, Macmillan 1961, 149 p.
Gross, Bertram M., The Legislative Struggle. A Study in Social Combat. New York, McGraw-Hill Comp. 1953, 472 p.
Haag, Karl, ,Messung wertrationaler Komponenten der strafrechtlichen Entscheidung mittels sozialwissenschaftlicher Skalierungsverfahren', in: Jahrbuch für Rechtssoziologie und Rechtstheorie, 1, 1970, pp. 417–456.
Häfelin, Ulrich, ,Das soziologische Moment in der rechtsvergleichenden Methode, insbesondere im vergleichenden Verfassungsrecht', in: Recueil de travaux suisses présentés au VIIIe Congrès international de droit comparé, Basel 1970, pp. 41–64.
Hall, Jerome, Comparative Law and Social Theory, New York, Louisiana State University Press 1963, 167 p.
Jenkins, J., ,On the Applicability of Scientific Methods to the Problems of Law, Morality and Social Change', in: Archiv für Rechts- und Sozialphilosophie, 54, 1967, pp. 515–530.
Jones, Alfred Winslow, Life, Liberty and Property. A Story of Conflict and a Measurement of Conflicting Rights. New York, Octagon 1964, 397 p.
Kalven, Harry, ,The Quest for the Middle Range', in: Geoffrey C. Hazard: Law in a Changing America, 1968, pp. 56–74.
Kerimow, D. A., Grundfragen der Methodologie zur Erforschung staatlicher und rechtlicher Erscheinungen, in: Staat und Recht 8/9 (1957), S. 868–883.
Kerner, Hans-Jürgen, Verbrechenswirklichkeit und Strafverfolgung, Erwägungen zum Aussagewert der Kriminalstatistik. München, Goldmann 1973, 265 S.
Kort, Fred, ,Simultaneous Equations and Boolean Algebra in the Analysis of Judicial Decisions', in: Law and Contemporary Problems, 28, 1963, pp. 143–163.
Krislov, Samuel, Manual for the Judicial Behavior Laboratory, Minneapolis, 1970.
Law and the Behavioral Sciences (A Symposium), in: Boston University Law Review 39 (1959), S. 157–205.
Lempert, Richard, ,Strategies of Research Design in the Legal Impact Study. The Control of Plausible Rival Hypotheses', in: Law and Society Review, 1 (1966), pp. 111–132.
Levine, James P., ,Methodological Concerns in Studying Supreme Court Efficacy', in: Law and Society Review, 4 (1970), pp. 583–611.
Lévy-Bruhl, Henri, La statistique et le droit. Note de méthode, in: L'Année Sociologique 1957/58, S. 353–360.
Loevinger, Lee, ,Jurimetrics: The Methodology of Legal Inquiry', in: Law and Contemporary Problems, 28, 1963, pp. 5–35.
Maas, Udo, ,Rechtsvergleichung als Methode soziologischer Rechtswissen-

schaft', in: Rechtstheorie, 2 (1971), pp. 147–170.

Maihofer, Werner, ‚Rechtssoziologie und Ideologiekritik', in: Maihofer, Ideologie und Recht, Frankfurt 1969, pp. XI–XVIII.

Mendelson, Wallace, ‚The Neo-Behavioral Approach to the Judicial Process: A Critique', in: American Political Science Review, 57 (1963), pp. 593–603.

Meyer, Jürgen A. E. / Zitscher, Wolfram, ‚Methodologische Ansätze zur rechtssoziologischen Analyse richterlicher Erkenntnisakte', in: Naucke/Trappe: Rechtssoziologie und Rechtspraxis, 1970, pp. 188–226.

Moore, Underhill / Callahan, Charles C., Law and Learning Theory: A Study in Legal Control, in: Yale Law Journal 53 (1943), pp. 1–136.

Nagel, Stuart, ‚Predicting Court Cases Quantitatively', in: Michigan Law Review, 63 (1965), pp. 1411–22.

Noelle-Neumann, Elisabeth/Schramm, Carl, Testen der Verwechslungsgefahr, in: GRUR 1976, S. 51–63.

Noelle-Neumann, Elisabeth, ‚Über offene Fragen, Suggestivfragen und andere Probleme demoskopischer Erhebungen für die Rechtspraxis', in: Gewerbl. Rechtsschutz und Urheberrecht, 70 (1968), pp. 133–139.

Noelle-Neumann, Elisabeth / Schramm, Carl, Umfrageforschung in der Rechtspraxis, Weinheim/Bergstr., Verlag Chemie 1961, 98 p.

Philippi, Klaus Jürgen, Tatsachenfeststellungen des Bundesverfassungsgerichts. Ein Beitrag zur rational-empirischen Fundierung verfassungsrechtlicher Entscheidungen. Köln, Heymanns Verlag 1971, 205 S.

Priester, Jens-Michael, ‚Rationalität und funktionale Analyse', in: Jahrbuch für Rechtssoziologie und Rechtstheorie 1, 1970, pp. 457–489.

Rehbinder, Manfred, Zu den Methoden der Rechtstatsachenforschung, in Festschrift Alois Troller, Basel 1976, S. 13-35

Rose, Arnold M., ‚L'uso della ricerca interculturale nella sociologia del diritto', in: Quaderni di Sociologia, 14 (1965), pp. 305–312.

Rüstig, H., ‚Vom Aussagewert der Statistik in Arbeitssachen', in: Arbeit und Recht, 14 (1966), pp. 47–48.

Schelsky, Helmut, ‚Soziologiekritische Bemerkungen zu gewissen Tendenzen von Rechtssoziologen', in: Jahrbuch für Rechtssoziologie und Rechtstheorie, 3 (1972), p. 603–611.

Schramm, Carl, ‚Die geschlossene Fragestellung beim demoskopischen Test', in: Gewerbl. Rechtsschutz und Urheberrecht, 70 (1968), p. 139–140.

Schubert, Glendon A., Quantitative Analysis of Judicial Behavior. New York, Free Press 1960, 392 p.

Schubert, Glendon, ‚Academic Ideology and the Study of Adjudication', in: American Political Science Rev, 61 (1967), pp. 106–129.

Schwabe, Max, Die erkenntnistheoretischen Grundlagen der Rechtswissenschaft, 2 Bde. Basel, Schwabe & Co. 1936/39 (Bd. 1 = 1936; Bd. 2 = 1939), 155 S./163 S.

Schwartz, Richard D., Field Experimentation in Sociolegal Research, in: Journal of Legal Education 13 (1960/61), S. 401–423.

Slayton, Philip, A Critical Comment on Scalogram Analysis of Supreme Court of Canada Cases', in: Univ. of Toronto Law Journal, 21 (1971): p. 393.

Steinberg, V. A., Subject and Methodology of „Sociology of Law", Riga (U.S.S.R.), 1966, 11 p.

Strodtbeck, Fred L., ‚Social Process, the Law, and Jury Functioning', in: *Evan, W. M.*, Law and Sociology, 1962, pp. 144–164.

Tagányi, Karl, Lebende Rechtsgewohnheiten und ihre Sammlung in Ungarn. Berlin/Leipzig, de Gruyter 1922, 128 S.

Tiemeyer, Jürgen, Zur Methodenfrage der Rechtssoziologie. Über die wissenschaftstheoretische Möglichkeit, die Rechtssoziologie wie eine Naturwissenschaft zu betreiben. Berlin, Duncker & Humblot 1969, 106 p.

Twining, William, Law and Anthropology: A Case Study in Inter-Disciplinary Collaboration, in: Law & Society Review 7 (1973), S. 561–583.

Ulmer, S. Sidney, ‚Quantitative Analysis of Judicial Process: Some Practical and Theoretical Applications', in: Law and Contemporary Problems, 28 (1963), pp. 164–184.

Vollmer, Howard M., Employee Rights and the Employment Relationship, Berkeley, Univ. of California Press 1960, 175 p.

Wasby, Stephen L., ‚The Supreme Court's Impact. Some Problems of Conceptualization and Measurement', in: Law and Society Review, 5 (1970), pp. 41–60.

Wolf, Ernst/ Lüke, Gerhard / Hax, Herbert, Scheidung und Scheidungsrecht. Grundfragen der Ehescheidung in Deutschland. Untersucht anhand der Statistiken. Tübingen, Mohr 1959, 487 S.

Zeisel, Hans, The New York Expert Testimony Project: Some Reflections on Legal Experiments, in: Stanford Law Review 8 (1956), pp. 730–749.

Zeisel, Hans, ‚Methodological Problems in Studies of Sentencing', in: Law and Society Review, 3 (1969), pp. 621–631.

Zeisel, Hans, ‚Methodological Problems and Techniques in Sociolegal Research. The indirect Experiment', in: Law and Society Rev., 2 (1968), pp. 504–508.

Zeisel, Hans, ‚Social Research on the Law. The Ideal and the Practical', in: *Evan, W. M.*, Law and Sociology, 1962, pp. 124–143.

3.0. Soziologische Jurisprudenz

Braybrooke, E. K., ‚The Sociological Jurisprudence of Roscoe Pound', in: *Sawer, Geoffrey*, Studies in the Sociology of Law, Canberra 1961, 57–109

Cardozo, Benjamin Nathan, Ausgewählte Schriften (hrsg. von Margarete E. Hall). Frankfurt/M., Europ. Verlagsanstalt 1957, 394 S.

Casper, Gerhard, Juristischer Realismus und politische Theorie im amerikanischen Rechtsdenken. Berlin, Duncker & Humblot, 1967, 206 p.

Dombek, Bernhard, Das Verhältnis der Tübinger Schule zur deutschen Rechtssoziologie, Berlin, Duncker & Humblot 1969, 99 p.

Ehrlich, Eugen, Recht und Leben. Gesammelte Schriften zur Rechtstatsachenforschung und zur Freirechtslehre. (hrsg. von Manfred Rehbinder). Berlin, Dunkker & Humblot 1967, 252 S.

Esser, Josef, Vorverständnis und Methodenwahl in der Rechtsfindung, Frankfurt/M., Athenäum Fischer Taschenbuchverlag 1970, 220 p.

Fuchs, Ernst, Gerechtigkeitswissenschaft. Ausgewählte Schriften der Freirechtslehre. Hrsg. Albert S. Foulkes u. Arthur Kaufmann. Karlsruhe, C. F. Müller 1965, 267 S.

Geiler, Karl, Die wirtschaftsrechtliche Methode im Gesellschaftsrecht. Berlin, F. Vahlen 1927, 26 S.

Geis, Gilbert, ‚Sociology and Sociological Jurisprudence, Admixture of Lore and Law (Roscoe Pound), in: Kentucky Law Journal, 52 (1964), pp. 267–293.

Gény, François, Science et Technique en droit privé positif. 4 Bde. Paris, Sirey 1913–1930, Bd. Bd. 1, 212 S., Bd. 2, 422 S., Bd. 3, 522 S., Bd. 4, 265 S., 2. Aufl. Paris, Sirey 1957.

Gilmore, Grant, ‚Legal Realism: Its Cause and Cure, in: Yale Law Journal, 70 (1961): pp. 1037–1048.

Goedecke, Robert, ‚Holmes, Brandeis, and Frankfurter: Differences in Pragmatic Jurisprudence', in: Ethics, 74 (1964): pp. 83–96.

Hauriou, Maurice, Die Theorie der Institution und zwei andere Aufsätze von Maurice Hauriou (hrsg. von Roman Schnur). Berlin, Duncker & Humblot 1965, 122 S.

Hippel, Fritz von, ‚Die Tübinger Schule der Interessenjurisprudenz', in: Festschrift für Rudolf Reinhardt zum 70. Geburtstag, Cologne, 1972, pp. 83–94.

Hirsch, Ernst E., Sozialer Sachverhalt und rechtliche Regulierung als Interdependenzprobleme, in: Festschrift für Wilhelm Wengler, Berlin 1973, Bd. I, S. 209–230.

Hopt, Klaus J., Was ist von den Sozialwissenschaften für die Rechtsanwendung zu erwarten?, in: Juristen-Zeitung 1975, S. 341–349.

Isay, Hermann, Rechtsgeschäft und wirtschaftliche Machtverschiedenheit, Berlin, Vahlen 1902, 34 S.

Jerusalem, Franz, W., Kritik der Rechtswissenschaft, Frankfurt/Main, Knecht-Carolus-Druckerei 1948, 559 S.

Jones, Harry W. (ed.), Law and the Social Role of Science. New York, Rockefeller Univ. Press 1966, 243 p.

Kallfass, Wilfried, Die Tübinger Schule der Interessenjurisprudenz, Frankfurt/M., Vittorio Klostermann 1972, 127 p.

Kantorowicz, Hermann, Rechtswissenschaft und Soziologie. Ausgewählte Schriften zur Wissenschaftslehre (hrsg. von Thomas Würtenberger), Karlsruhe, C. F. Müller 1962, 172 S.

Knauthe, Karlheinz, Kausales Rechtsdenken und Rechtssoziologie. Eine Würdigung der Lehre von Müller-Erzbach. Berlin, Duncker & Humblot 1968, 112 p.

Loeffelholz, Thomas, Die Rechtsphilosophie des Pragmatismus. Eine kritische Studie. Meisenheim am Glan, A. Hain 1961, 156 p.

Lombardi, Vallauri Luigi, Geschichte des Freirechts, Frankfurt/M., V. Klostermann, 1971, 160 p.

Meier-Hayoz, Arthur, Der Richter als Gesetzgeber. Eine Besinnung auf die von den Gerichten befolgten Verfahrensgrundsätze im Bereiche der freien richterlichen Rechtsfindung gem. Art. 1 Abs. 2 des schweizerischen Zivilgesetzbuches. Zürich, Juris-Verlag 1951, 290 S.

Menger, Anton, Das Bürgerliche Recht und die besitzlosen Volksklassen, Tübingen 1927, 5. Aufl. Darmstadt, Wissenschaftliche Buchgemeinschaft 1968, 241 S.

Moench, Dietmar, Die methodologischen Bestrebungen der Freirechtsbewegung auf dem Wege zur Methodenlehre der Gegenwart, Frankfurt, Athenäum-Verlag, 1971, 181 p.

Müller, Friedrich, Normstruktur und Normativität. Zum Verhältnis von Recht und Wirklichkeit in der juristischen Hermeneutik, Berlin, Duncker & Humblot 1966, 232 p.

Naucke, Wolfgang, Über die juristische Relevanz der Sozialwissenschaften, Frankfurt/M., A. Metzner, 1972, 72 p.

Naucke, Wolfgang, ‚Über die Zusammenarbeit zwischen Juristen und Soziologen', in: Jahrbuch für Rechtssoziologie und Rechtstheorie, I, 1970, pp. 491–497.

Nussbaum, Arthur, Die Rechtstatsachenforschung. Ihre Bedeutung für Wissenschaft und Unterricht, Tübingen, Mohr 1914, 48 S.

Nußbaum, Arthur, Die Rechtstatsachenforschung. Programmschriften und praktische Beispiele (hrsg. von Manfred Rehbinder), Berlin, Duncker & Humblot 1968, 166 p.

Patterson, Edwin W., Some reflections on sociological jurisprudence, in: Va. L. R. 44 (1958), pp. 315–321.

Patterson, Edwin W., Law in a Scientific Age, New York/London, Columbia Univ. Press 1963, 87 p.

Philippi, Klaus Jürgen, Tatsachenfeststellungen des Bundesverfassungsgerichts. Ein Beitrag zur rational-empirischen Fundierung verfassungsrechtlicher Entscheidungen. Köln, Heymanns Verlag 1971, 205 S.

Pound, Roscoe, Sociology of Law and Sociological Jurisprudence, in: University of Toronto Law Journal 5 (1943), pp. 1–20.

Pound, Roscoe, The Need for a Sociological Jurisprudence, in: Green Bag 19 (1907), pp. 607–615.

Pound, Roscoe, Scope and Purpose of Sociological Jurisprudence, in: Harvard Law Review 24 (1910/11), pp. 591–619.

Pound, Roscoe, Jurisprudence, 5 Bde., St. Paul, Minn., West Publishing Co. 1959.

Raiser, Thomas, ‚Was nützt die Soziologie dem Recht?', in: Juristenzeitung, 21 (1970), pp. 665–671.

Ramm, Thilo, ‚Zur Bedeutung der Rechtssoziologie für das Arbeitsrecht', in: Kritische Justiz, 2 (1970), pp. 175–184.

Rehbinder, Manfred, Nutzen der Rechtssoziologie für die Rechtspraxis, in Österreich. Juristenzeitung 1975, S. 565–572

Reich, Norbert, Sociological Jurisprudence und Legal Realism im Rechtsdenken

Amerikas, Heidelberg, C. Winter 1967, 143 p.

Riebschläger, Klaus, Die Freirechtsbewegung. Zur Entwicklung einer soziologischen Rechtsschule, Berlin, Duncker & Humblot 1968, 124 p.

Rosen, Paul L., The Supreme Court and Social Science, Urbana, Ill., University of Illinois Press 1972, 260 p.

Rumble, Wilfrid E., American Legal Realism, Skepticism, Reform, and the Judicial Process, Ithaca, N. Y., Cornell Univ. Press, 1968, 245 p.

Schmidt, Joachim, Das „Prinzipielle" in der Freirechtsbewegung. Eine Studie zum Frei-Recht, seiner Methode und seiner Quelle, Bonn, H. Bouvier, 1968, 192 p.

Schneider, Joseph, ‚Soziologische Fragestellungen im Recht der gesetzlichen Rentenversicherung', in: Naucke/Trappe: Rechtssoziologie und Rechtspraxis, 1970, pp. 227–249.

Schubert, Glendon, Human Jurisprudence: Public Law as Political Science, Hawaii, University Press of Hawaii 1975, 394 p.

Schultz, Hans, ‚Die Bedeutung der Kriminologie für die Rechtsfindung im Strafrecht', in: Festschrift Oscar Adolf Germann, Bern 1969, pp. 223–242.

Sinzheimer, Hugo, Ein Arbeitstarifgesetz. Die Idee der sozialen Selbstbestimmung im Recht. München, Duncker & Humblot 1916, 270 S.

Sinzheimer, Hugo, Arbeitsrecht und Rechtssoziologie, hrsg. v. *Kahn-Freund und Ramm*, Frankfurt/M., Europäische Verlagsanstalt 1976, Bd. 1 ,457 S.; Bd. 2 , 355 S.

Sinzheimer, Hugo. Die soziologische Methode in der Privatrechtswissenschaft. München, Riegersche Universitäts-Buchhandlung 1909, 29 S.

Souto, Claudio, Intraduçao ao Direito Como Ciência Social, Rio de Janeiro, Editôra Universidade de Brasilia 1971, 185 p.

Stone, Julius, ‚Law and Society in the Age of Roscoe Pound, a Memorial', in: Israel Law Review, 1 (1966), No. 1: pp. 173–221.

Stone, Julius, Social Dimensions of Law and Justice, Stanford, Stanford University Press 1966, 933 p.

Stone, Julius, ‚Roscoe Pound and Sociological Jurisprudence', in: Harvard Law Review, 78, 8 (1965): pp. 1578–1584.

Terré, François, La signification sociologique de la réforme des régimes matrimoniaux, in: L'Année Sociologique 16 (1965), S. 3–83.

Teubner, Gunther, Folgenkontrolle und responsive Dogmatik, in: Rechtstheorie 6 (1975), S. 179–204.

Vogel, Hans-Heinrich, Der skandinavische Rechtsrealismus, Frankfurt/M., A. Metzner, 1972, 81 p.

Wüstendörfer, Hans, Zur Methode soziologischer Rechtsfindung hrsg. von Manfred Rehbinder, Berlin, Duncker & Humblot 1971, 202 S.

4.0. Das Recht als soziales Handlungssystem

4.1. Allgemeines

Damm, Reinhard, Systemtheorie und Recht: zur Normentheorie Talcott Parsons', Berlin, Duncker & Humblot 1976, 189 S.

Giasanti, Alberto, ‚Sistema sociale e sistema giuridico nella prospettiva strutturale-funzionalistica', in: Quaderni di Sociologia, 21 (1972), pp. 73–96.

Hopt, Klaus J., ‚Rechtssoziologische und rechtsinformatorische Aspekte im Wirtschaftsrecht', in: Betriebsberater 1972, pp. 1017–1024.

Jørgensen, Stig, ‚Norm und Wirklichkeit', in: Rechtstheorie, 2 (1971), pp. 1–16.

Kisza, Andrzej, Kybernetisches Modell der Entstehung und der Wirkung des Rechtes; mit einer ausführlichen englischsprachigen Zusammenfassung, Berlin, Verlag Schweitzer 1975, 199 S.

Schwartz, Richard D./Skolnick, Jerome H. (eds.), Society and the Legal Order. Cases and Materials in the Sociology of Law, New York, Basic Books 1970, 652 p.

Wüstmann, Ephard, Rolle und Rollenkonflikt im Recht, Berlin, Duncker & Humblot 1972, 209 p.

4.11. Der soziologische Rechtsbegriff

Arnold, Thurman, The Role of Substantive Law and Procedure in the Legal Process, in: Harvard Law Review 45 (1931), pp. 617–647.

Barkun, Michael, Law without Sanctions. Order in Primitive Societies and the World Community, New Haven/London, Yale University Press 1968, 179 p.

Baum, Karl Berthold, Leon Petrazycki und seine Schüler. Der Weg von der psychologischen zur soziologischen Rechtstheorie in der Petrazyckigruppe. Berlin, Duncker & Humblot, 1967, 125 p.

Baum, Karl Berthold, ‚Die soziologische Begründung des Völkerrechts als Problem der Rechtssoziologie', in: Jahrbuch für Rechtssoziologie und Rechtstheorie vol. 1, 1970, pp. 257–274.

Bingham, Joseph W., What is Law?, in: Michigan Law Review 11 (1912), pp. 1–16, 109–116.

Blankenburg, Erhard, ‚Recht als Kategorie sozialer Verhaltensregelmäßigkeiten', in: Jahrbuch für Rechtssoziologie und Rechtstheorie, Vol. 1, 1970, pp. 227–234.

Brandeis, Louis Dembitz, Living Law, in: Illinois Law Review 10 (1916), pp. 461–470.

Cairns, Huntington, Law and Anthropology, in: Columbia Law Review 31 (1931), pp. 32–55.

Carlston, Kenneth S., Law and Structure of Social Action, London, Stevens & Sons 1956, 288 p.

Carlston, Kenneth S., Social Theory and African Tribal Organization: The Development of Socio-Legal Theory, Urbana, University of Illinois Press 1968, 462 p.

Chroust, Anton-Hermann, A Proposal for a new Definition of Law, in: Tulane Law Review 31 (1957), pp. 437–464.

Cohen, Felix S., Transcendental Nonsense and the functional Approach, in: Columbia Law Review 35 (1935), pp. 809–849.

Cohen, Felix S., Problems of a Functional Jurisprudence, in: Modern Law Review 1 (1937), pp. 5–26.

Darmstädter, Friedrich, Rechtslogismus und Rechtssoziologie in ihrer Stellung zum Problem der Rechtsgeltung, in: ARSP 20 (1926), S. 103–117.

Darmstädter, Friedrich, Recht und Rechtsordnung. Ein Beitrag zur Lehre vom Willen des Gesetzgebers. Berlin, W. Rothschild 1925, 218 S.

Davis, James F., The Treatment of Law in American Sociology, in: Sociology and Social Research 42 (1957), pp. 99–110.

Drath, Martin, ‚Über eine kohärente sozio-kulturelle Theorie des Staats und des Rechts', in: Festschrift für Gerhard Leibholz, Tübingen, Mohr 1966, pp. 35–80.

Drath, Martin, Grund und Grenzen der Verbindlichkeit des Rechts. Prolegomena zur Untersuchung des Verhältnisses von Recht und Gerechtigkeit, Tübingen, J. C. B. Mohr 1963, 60 p.

Duguit, Léon, L'état, le droit objectif et la loi positive ,Paris, A. Fontemoing 1901, 623 p.

Fleiner, Thomas, Norm und Wirklichkeit, in: Probleme der Rechtssetzung – Referate zum schweizerischen Juristentag 1974, Basel, Helbing & Lichtenhahn 1974, S. 279–348.

Frey, Peter, Der Rechtsbegriff in der neueren Soziologie, Diss. Saarbrücken 1962, 202 p.

Garcia Maynez, Eduardo, La definicion del derecho. Ensayo de perspectivismo juridico, Mexico, 2. überarb. Aufl. Xalapa 1960, 283 p.

Garrn, Heino, ‚Rechtswirksamkeit und faktische Rechtsgeltung', in: Archiv für Rechts- und Sozialphilosophie, 55, (1969), pp. 161–181.

Giacomazzi, Guiseppe, Problemi fondamentali del diritto. Indagini ciritiche, Palermo, Tip Montaina 1935, 464 S.

Gibbs, Jack P., ‚The Sociology of Law and Normative Phenomena', in: American Sociological Review, 31 (1966), pp. 315–325.

Gibbs, Jack P., ‚Definitions of Law and Empirical Questions', in: Law and Society Review, 2, (1968), pp. 429–446.

Glastra van Loon, Jan F./Vercruijsse, Emile V. W., ‚De Sociale Werkelijkheid Van Rechtsnormen', in: Mens En Maatschappij 38 (1963), pp. 343–349.

Glastra van Loon, Jan. F./Vercruijsse, E. V. W., ‚Towards a Sociological Interpretation of Law', in: Sociologia Neerlandica, 3, (1966), pp. 18–31.

Grawitz, Madeleine, ‚De L'utilisation en Droit de Notions Sociologiques', in: L'Année Sociologique, 17 (1966), pp. 415–434.

Gray, John Chipman, The nature and sources of the law. 2. ed. from the author's notes by Roland Gray, Boston, Beacon Press 1963, 348 p.

Grimmer, Klaus, Die Rechtsfiguren einer Normativität des Faktischen. Untersuchungen zum Verhältnis von Norm und Faktum und zur Funktion der Rechtsgestaltungsorgane. Berlin, Duncker & Humblot, 1971, 166 p.

Gumplovicz, Ludwig, Die soziologische Staatsidee, (Neudr. d. 2. Aufl. Innsbruck 1902), Aalen, Scientia 1969, 224 S.

Gurvitch, Georges, La déclaration des droits sociaux, Paris, J. Vrin 1946, 174 p.

Gurvitch, Georges, Le temps présent et l'idée du droit social ,Paris, J. Vrin 1932, 336 p.

Haegerström, Axel, Inquiries into the Nature of Law and Morals (ed. Karl Olivecrona), Stockholm, Almquist & Wiksell 1953, 377 p.

Haesaert, J., Théorie générale du droit, Brüssel, Bruylant 1948, 497 p.

Hart, H. L. A., The Concept of Law, Oxford, Clarendon Press 1965, 262 p.

Hayek, Friedrich A. von, ‚Rechtsordnung und Handelsordnung', in: Zur Einheit der Rechts- und Staatswissenschaften, Karlsruhe, 1967, pp. 195–230.

Heinsheimer, Karl, Lebendiges Recht. Rektoratsrede mit Anmerkungen, Heidelberg, Carl Winter 1929, 32 S.

Hilterhaus, Friedhelm, Zum Rechtsbegriff in der Soziologie Max Webers, Diss. Köln 1965.

Hippel, Ernst von, Rechtsgesetz und Naturgesetz. 2. verb. Aufl., Tübingen, Neomaris Verlag 1949, 93 S.

Hoebel, E. Adamson, The Law of Primitive Man. A study in comparative legal dynamics. Cambridge/Mass., Harvard University Press 1964, 357 p.

Honigsheim, Paul, Soziologie der Jurisprudenz, in: *Scheler, Max*, Versuche zu einer Soziologie des Wissens, München 1924, S. 263–272.

Horvath, Barna, Between Legal Realism and Idealism, in: North-Western Univ. Law Rev. 48 (1954), pp. 693–713.

Horvath, Barna, Field Law and Law Field, in: ÖZöR 8, 1 (1957), 44–81.

Jaehner, Theodor, Der Mythos vom Recht und seine empirischen Grundlagen. Eine Untersuchung über die erfahrungsmäßigen Grundlagen der Rechtsvorstellung. München/Berlin/Leipzig, J. Schweitzer 1933, 211 S.

Jaffe, Louis L., ‚Law as a System of Control', in: Daedalus, 98, 2 (1969), pp. 406–426.

Jorion, Edmond, L., ‚Positivisme et sociologie juridique', in: Revue de l'Institut de sociologie, 2, (1968), pp. 145–160.

Kantorowicz, Hermann, Der Begriff des Rechts (hrsg. v. A. H. Campbell), Göttingen, Vandenhoeck & Ruprecht 1963, 112 S.

Kaufmann, Felix, Juristischer und soziologischer Rechtsbegriff, in: Festschrift für Kelsen (Staat und Gesellschaft), Wien 1931, S. 14–32.

Kelsen, Hans, Staat und Recht. Zum Problem der soziologischen oder juristischen Erkenntnis des Staates, in: Die Wiener rechtstheoretische Schule 1968, S. 149–169.

Kelsen, Hans, Der soziologische und der juristische Staatsbegriff. Kritische Untersuchung des Verhältnisses von Staat und Recht. Neudruck der 2. Aufl. von 1928, Aalen, Scientia Verlag 1962, 253 S.

König, René, ‚Das Recht im Zusammenhang der sozialen Normensysteme', in: Hirsch/Rehbinder: Studien und Materialien zur Rechtssoziologie, Köln/Opladen, 1967, pp. 36–53.

Lahtinen, Osvi, Zum Aufbau der rechtlichen Grundlagen, Helsinki, Akateeminen Kirjakauppa 1951, 202 S.

Lautmann, Rüdiger, ‚Normen im Bereich der Jurisprudenz und Soziologie', in: Archiv für Rechts- und Sozialphilosophie, 54, (1968), pp. 523–538.

Lempert, Richard, ‚Norm-Making in Social Exchange: A Contract Law Model', in: Law & Society Rev. 7, (1972), pp. 1–32.

Llewellyn, Karl N., A Realistic Jurisprudence – The Next Step, in: Columbia Law Review 30 (1930), S. 431–465. deutsch in: *Hirsch/Rehbinder:* Studien und Materialien zur Rechtssoziologie, 1967, S. 54–86.

Luhmann, Niklas, ‚Positivität des Rechts als Voraussetzung einer modernen Gesellschaft', in: Jahrbuch für Rechtssoziologie und Rechtstheorie, 1, 1970, pp. 175–202.

Maihofer, Werner, Recht und Sein, Prolegomena zu einer Rechtsontologie, Frankfurt/M., Klostermann 1954, 125 S.

Mayer, Max Ernst, Rechtsnormen und Kulturnormen, Nachdruck der Ausgabe Breslau 1903, Darmstadt, Wissenschaftliche Buchgesellschaft 1965, 136 S.

Meyer-Cording, Ulrich, Die Rechtsnormen. Tübingen, Mohr 1971, 164 p.

Mezger, Edmund, Sein und Sollen im Recht, Tübingen, J. C. B. Mohr 1920, 106 S.

Moore, Underhill/Sussman, Gilbert, The Lawyer's Law, in: Yale Law Journal 41 (1932), pp. 566–576.

Peters, A. A. G., Het rechtskarakter van het strafrecht, Deventer, Kluwer, 1972, 24 p.

Pigliaru, Antonio, La vendetta barbaricina come ordinamento giuridico, Milano, Giuffré 1959, 282 S.

Pontes de Miranda, Francisco, Rechtsgefühl und Begriff des Rechts, München 1922.

Pound, Roscoe, Justice according to Law, New Haven, Yale University Press 1958, 98 S.

Radin, Max, Scientific Method and the Law, in: California Law Review 19 (1931), pp. 164–172.

Radin, Max, Law as Logic and Experience, New Haven, Yale Univ. Press 1940, 171 p.

Rehbinder, Manfred, Die Begründung der Rechtssoziologie durch Eugen Ehrlich, Berlin, Duncker & Humblot 1967, 122 p.

Riesman, David, Toward an Anthropological Science of Law and the Legal Profession, in: American Journal of Sociology 57 (1951), pp. 121–135.

Robinson, Edward Stevens, Law and the Lawyers, New York, MacMillan 1935, 348 p.

Röhl, Klaus F., ‚Rechtsgeltung und Rechtswirksamkeit', in: Juristenzeitung, 18, (1971), pp. 576–580.

Ross, Alf, Über den Begriff des „geltenden Rechts" bei Theodor Geiger, Leipzig 1950.

Russo, François, Realité juridique et realité sociale, Paris, Sirey 1942, 211 p.

Sauermann, Heinz, Die soziale Rechtsrealität, in: Archiv für angewandte Soziologie 4 (1932), S. 211–237.

Scarpelli, Umberto, Il problema della definizione e il concetto del diritto. Milano, Nuvoletti 1955, 119 p.

Schelsky, Helmut, ‚Systemfunktionaler, anthropologischer und personfunktionaler Ansatz der Rechtssoziologie', in: Jahrbuch für Rechtssoziologie und Rechtstheorie, 1, 1970, pp. 37–89.

Schreiber, Rupert, Die Geltung von Rechtsnormen, Berlin/New York, Springer Verlag 1966, 263 p.

Stoop, Adriaan, Analyse de la notion du droit, Haarlem, Tjeenk Willink 1927, 251 S. (zugl. als Diss. in Amsterdam).

Trubek, David M., Toward a Social Theory of Law: An Essay on the Study of Law and Development, in: Yale Law Journal 82 (1972), S. 1–50.

Vaccaro, Michelangelo, Le basi del diritto e dello stato. Torino, Bocca 1893, 388 S. Les Bases sociologiques du droit et de l"Etat, Paris, Giard et Brière 1898, 480 S.

Valk, J. M. M. de, De Evolutie van het Wetsbegrip in de Sociologie, Assen, Gorcum & Comp. 1960, 180 p.

Villaneuva Paz, R., La estructura sociologica del derecho (The Sociological Structure of the Law), Mexico, Universidad Nacional Autonoma de Mexico 1956, 81 p.

Wagner, Ingo, ‚Marxistische Soziologie und Rechtswissenschaft', in: Staat und Recht, 13 (1964), pp. 696–710.

Welzel, Hans, An den Grenzen des Rechts. Die Frage nach der Rechtsgeltung, Cologne, Opladen, Westd. Verlag 1966, 34 p.

Wertheim, Willem Frederik, ‚Rechtsnorm

en sociale werkelijkheid', in: Mens en Mij, 38 (1963), pp. 337–343.

Wurzel, Karl Georg, Die Sozialdynamik des Rechts. Die Lehre von den Eigenkräften des Rechtslebens als Verbindungsgebiet der auseinanderstrebenden Rechtstheorien, Wien, Bondi & Sohn 1924, 160 S.

Zafra Valverde, J., El Derecho Como Fuerza Social, Pamplona, Universidad de Navarra, 1964, 252 p.

Zitscher, Wolfram, ,Die Normentheorie in der Rechtssoziologie Theodor Geigers und der Grundsatz „nullum crimen sine lege",' in: Jahrbuch für Rechtssoziologie und Rechtstheorie 1, 1970, pp. 235–255.

4.111. Die Abgrenzung des Rechts von den anderen Sozialordnungen (Moral, Sitte, Konvention usw.)

Affolter, A., Naturgesetze und Rechtsgesetze, München, J. Schweitzer 1904, 62 S.

Becker, Walter Gustav, Der Tatbestand der Lüge. Ein Beitrag zur Abstimmung von Recht und Ethik, Tübingen, J. C. B. Mohr 1948, 63 S.

Bohannan, Paul, ,The Differing Realms of the Law', in: American Anthropologist, 67 (1965), 6, 2, pp. 33–42.

Carbonnier, Jean, ,Le grandi ipotesi della sociologia teorica del diritto', in: Quaderni di Sociologia, 14 (1965), pp. 267–283. german version in: *Hirsch/Rehbinder:* Studien und Materialien zur Rechtssoziologie, Cologne/Opladen 1967, pp. 135–150.

Darmstädter, Friedrich, Rechtslogismus und Rechtssoziologie in ihrer Stellung zum Problem der Rechtsgeltung, in: ARSP 20 (1926), S. 103–117.

David, Walter, Verkehrsgewohnheit, Gewohnheitsrecht und ergänzendes Satzungsrecht, Berlin, Junker & Dünnhaupt 1940, 69 S.

Davis, F. James, ,The Sociological Study of Law', in: W. M. Evan, Society and Law, Glencoe 1962, pp. 3–148.

Falk, Richard, ,The Relations of Law to Culture, Power, and Justice', in: Ethics, 72 (1961), pp. 12–27.

Farnetti, P., ,Probleme di analisi sociologica del diritto', in: Sociologia, (Milan), 6 (1961), pp. 33–87.

Freisitzer, Kurt, ,Soziale Normen und Rechtsnormen', in: Sociologia Internationalis, 10 (1972), pp. 1–10.

Hägerström, Axel, Inquiries into the Nature of Law and Morals (ed. Karl Olivecrona), Stockholm, Almquist & Wiksell 1953, 377 p.

Haesaert, J., Théorie générale du droit, Brüssel, Bruylant 1948, 497 p.

Hart, H. L. A., Law, Liberty and Morality, London, Oxford University Press 1964, 88 p.

Hedenius, Ingmar, Om rätt och moral, Uppsala 1941, 176 S. Stockholm, Tidens skriftserie Nr. 3.

Hoebel, E. Adamson, The Law of Primitive Man. A study in comporative legal dynamics, Cambridge/Mass., Harvard University Press 1964, 357 p.

Höllhuber, Ivo, ,Vers une révision des grandes notions sociologiques: Les rapports du droit et de la sociologie', in: Institute International de Sociologie, Transactions of the XVIII Congress of Sociology, Meisenheim, Glan. 1962.

Jhering, Rudolf von, Recht und Sitte, München, A. Langen 1924, 264 S.

Kaufmann, Felix, Die Kriterien des Rechts. Eine Untersuchung über die Prinzipien der juristischen Methodenlehre, Tübingen, J. C. B. Mohr 1924, 164 S.

Lahtinen, Osvi, Zum Aufbau der rechtlichen Grundlagen, Helsinki, Akateeminen Kirjakauppa 1951, 202 S.

Legaz y Lacambra, Luis, Rechtsphilosophie, Neuwied/Berlin, Luchterhand ,1965, 798 p.

Oertmann, Paul, Rechtsordnung und Verkehrssitte, insbesondere nach Bürgerlichem Recht, Leipzig, Deichert 1914, 526 S.

Petrazycki, Leo von, Methodologie der Theorien des Rechts und der Moral, Paris, Sirey 1933, 132 S.

Petrazycki, Leo von, Über die Motive des Handelns und über das Wesen der Moral und des Rechts, Berlin, Müller 1907, 64 S.

Podgórecki, Adam, ,Loi et morale en théorie et en pratique', in: Revue de l'institut de sociologie, 1970, pp. 277–293.

Popitz, Heinrich, ‚Soziale Normen', in: Archives Européennes de Sociologie, 2 (1961), pp. 185–198.

Pound, Roscoe, Law and Morals, Chapel Hill 1924, Neudruck Hackensack/N. J., Rothman reprints 1969, 156 p.

Recasens Siches, Luis, Tratado general de filosofia del derecho, (3. ed.), Republ. Argentina, Mexico, Editiorial Porrua 1965, 717 p.

Ripert, Georges, Les Forces Créatrices du Droit. Paris, Librairie Generale de Droit et de Jurisprudence 1955, 429 p.

Shklar, Judith N., Legalism, Cambridge/Mass., Harvard Univ. Press 1964, 246 p.

Sorokin, Pitirim A., The Organized Group (Institution) and Law-Norms, in: *Paul Syre*, Interpretations of Modern Legal Philosophies. Essays in Honor of Roscoe Pound, New York, 1947, pp. 668–695.

Vinogradoff, Paul, Custom and Right, Cambridge/Mass., Harvard Univ. Press 1926, 109 p.

4.112. Die verschiedenen Rechtsarten (Pluralismus der Rechtsordnungen in der Gesellschaft)

Carbonnier, Jean, ‚Le grandi ipotesi della sociologia teoretica del diritto', in: Quaderni di Sociologia, 14 (1965), pp. 267–283. German version in: *Hirsch/Rehbinder*: Studien und Materialien zur Rechtssoziologie, Cologne/Opladen 1967, pp. 135–150.

Cezarini Sforza, Widar: Il diritto del privati, in: Rivista italiana per le scienze giuridiche I/2 (1929), pp. 43–52.

Correia, Servulo, ‚Natureza juridica dos organismos corporativos', in: Estudio Socialis e Corporativos, 2 (1963), pp. 9–25.

Davis, F. James, ‚Law as a Type of Social Control', in: Evan (ed.), Society and the Law, Glencoe 1962, pp. 39–63.

Ehrlich, Eugen, Das zwingende und nichtzwingende Recht im Bürgerlichen Gesetzbuch für das Deutsche Reich, Jena, G. Fischer 1899, 277 S.

Evan, William M., ‚Public and Private Legal Systems', in: *Evan* (ed.): Law and Sociology, Glencoe, 1962, pp. 165–184.

Gierke, Otto von, Das Wesen der menschlichen Verbände, Leipzig 1902, Neudruck Darmstadt, Wissenschaftl. Buchgemeinschaft 1954, 36 S.

Goricar, Joze, ‚Das Konzept der jugoslawischen Selbstverwaltung als methodologisches Problem für Rechtswissenschaft und Rechtssoziologie', in: Archiv für Rechts- und Sozialphilosophie, 56 (1970), pp. 367–386.

Gould, Wesley L./Barkun, Michael, International Law and the Social Sciences, Princeton, N. Y., Princeton Univ. Press, 1970, 338 p.

Grodin, Joseph R., Union Government and the Law. British and American Experiences. Los Angeles, Institute of Industrial Relations, 1961, 208 p.

Gurvitch, Georges, Le temps présent et l'idée du droit social, Paris, J. Vin 1931, 336 p.

Gurvitch, Georges, l'idée du droit social, Paris, Recueil Sirey 1932, 713 p.

Gurvitch, Georges, L'expérience juridique et la philosophie pluraliste du droit, Paris, A. Pedone 1935, 299 p.

Gurvitch, Georges, La déclaration des droits sociaux, Paris, J. Vrin 1946, 174 p.

Haff, Karl, Kritik der Genossenschaftstheorie, zugleich ein Beitrag zur Rechtssoziologie der deutschen Verbände, in: Jahrbuch für Soziologie II. Bd., Karlsruhe 1926, S. 277–299.

Kaiser, Eberhard, ‚Die sogenannte Betriebsjustiz im Lichte der staatlichen Rechtspflege', in: Der Betriebsberater, 21 (1966), pp. 1107–1110.

Landheer, B., On the Sociology of International Law and the International Society, The Hague, Nijhoff 1966, 118 p.

Latham, Earl, ‚The Commonwealth of the Corporation', in: North-Western University Law Review, 55 (1960), pp. 25–37.

Leiseron, William M., American Trade Union Democracy. New York/London, Columbia Univ. Press 1961, 354 p.

Leroy, Maxime, Les transformations de la puissance publique. Les Syndicats de

Fonctionnaires, Paris, Giard & Brière 1907, 286 S.
Maunier, René, Loi français et coutume indigène en Algérie, Paris, F. Loviton et Cie 1932, 173 S.
Nawiasky, Hans, Das Eigenrecht der kleineren Gemeinschaften, in: Politeia, 1–2, (1951) S. 115–121.
Pospisil, L., ‚Legal Levels and Multiplicity of Legal Systems in Human Societies', in: Journal of Conflict Resolution, 11 (1967), pp. 2–26.
Segerstedt, Torgny T., Customs and Codes, in: Theoria 8 (1942), 3–22, 126–153.
Vogel, Christian, Vom Wesen ständischen Rechtes. Berlin/Leipzig, de Gruyter 1937, 140 S.
Wackernagel, Jacob, Über rechtssoziologische Betrachtungsweise, insbesondere im Völkerrecht, in: Jus et lex, Festgabe für Max Gutzwiller, Basel 1959, S. 119–133.
Webb, Leicester C. (ed.), Legal Personality and Political Pluralism, London/New York, Cambridge Univ. Press 1958, 200 p.

4.12. Die Aufgaben (Funktionen) des Rechts

Aubert, Vilhelm, ‚Alcune funzioni sociali della legislazione', in: Quaderni di sociologia, 14 (3) 1965, pp. 313–338. English version, ‚Some Social Functions of Legislation', in: Acta Sociologica, 10 (1966), pp. 98–120. German version, ‚Einige soziale Funktionen der Gesetzgebung', in: *Hirsch/Rehbinder*: Studien und Materialien zur Rechtssoziologie, Cologne/Opladen 1967, pp. 284–309.
Aubert, Vilhelm, ‚Courts and Conflict Resolution', in: Journal of Conflict Resolution, 11 (1967), pp. 40–51.
Auerbach, Carl A., Law and Social Change in the United States, in: Los Angeles Law Review 6 (1959), pp. 516–532.
Bärmann, Johannes, Typisierte Zivilrechtsordnung der Daseinsvorsorge. Eigenständigkeit und Überstaatlichkeit im Beispiel des Verkehrs, Karlsruhe, C. F. Müller 1948, 103 S.
Bohannan, Paul (ed.), Law and Warfare. Studies in the Anthropology of Conflict, Garden City, N.Y., Natural History Press, 1967, 441 p.
Bozi, Alfred, Die Weltanschauung der Jurisprudenz, Hannover, Helwing 1907, 227 S.
Bredemeier, Harry C., Law as an Integrative Mechanism, in: *Evan, W. M.*: Law and Sociology, Glencoe, 1962, pp. 73–90.
Burckhardt, Walter, Die Aufgaben des Juristen und die Gesetze der Gesellschaft. Zürich, Polygraphischer Verlag 1937, 40 S.
Carlston, Kenneth S., Law and Structure of Social Action, London, Stevens & Sons 1956, 288 p.
Dahrendorf, Ralf, ‚Über Gestalt und Bedeutung des Rechts in der modernen Gesellschaft', in: Hamburger Jahrbuch, 7 (1962), pp. 126–133.
Fechner, Erich, Gewaltanwendung und Gewaltüberwindung als Notwende im Recht, in: Zeitschrift für die gesamte Staatswissenschaft 110 (1954), S. 13–21.
Fechner, Erich, ‚Funktionen des Rechts in der modernen Gesellschaft', in: Jahrbuch für Rechtssoziologie und Rechtstheorie, 1, 1970, pp. 91–105.
Fuller, Lon, ‚Human Interaction and the Law', in: The American Journal of Jurisprudence, 14 (1969), pp. 1–36.
Fuller, Lon, ‚Mediation – its Forms and Functions', in: Southern California Law Review, 44 (2) 1971, pp. 305–339.
Gits, Carlos, Recht, Personen en Gemeenschap. Een sociologische en existentieelphenomenologische ontleding van het juridische verschijnsel. Leuven, van het Hoger Institut voor Wijsbegeerte 1949, 417 S.
Glastra van Loon, J. F./ Vercruijsse, E. V. W., ‚Towards a Sociological Interpretation of Law', in: Sociologia Neerlandica, 3, (1966), pp. 18–31.
Glastra van Loon, J. F./Vercruijsse, E. V. W., ‚De sociale functie van het recht', in: Mens en Maatschapij, 36 (1) 1961, pp. 1–10.
Görlitz, Axel, Politische Funktionen des

Rechts. Wiesbaden, Akademische Verlagsgesellschaft 1976, 155 S.

Grasserie, Raoul de la, Les Principes Sociologiques du Droit Civil. Paris, Giard & Brière 1911, 430 p.

Gurvitch, Georges, La déclaration des droits sociaux, Paris, J. Vrin 1946, 174 p.

Hoebel, E. Adamson, The Law of Primitive Man. A study in comparative legal dynamics. Cambridge/Mass., Harvard University Press 1964, 357 p.

Krawietz, Werner, Das positive Recht und seine Funktion. Kategoriale und methodologische Überlegungen zu einer funktionalen Rechtstheorie, Berlin, Duncker & Humblot 1967, 131 p.

Legaz y Lacambra, Luis, Die Funktionen des Rechts in der modernen Gesellschaft, in: ARSP 41 (1954/55), S. 165–180.

Legaz y Lacambra, Luis, Humanismo, estado y derecho, Barcelona, Bosch 1960, 413 p.

Llewellyn, Karl N., The Normative, the Legal and the Law Jobs, in: Yale Law Journal 49 (1940), pp. 1355–1400.

Llewellyn, Karl N./Hoebel, E. Adamson, The Cheyenne Way. Conflict and Case Law in Primitive Jurisprudence. Norman, University of Oklahoma Press 1961, 360 p.

Maihofer, Werner, Vom Sinn menschlicher Ordnung, Frankfurt/M., *V. Klostermann* 1956, 89 S.

Maihofer, Werner, ‚Die gesellschaftliche Funktion des Rechts', in: Jahrbuch für Rechtssoziologie und Rechtstheorie, Bd. 1, 1970, pp. 11–36.

Mayer, Max Ernst, Rechtsnormen und Kulturnormen (unverändert. Nachdr. d. Ausg. Breslau 1903), Darmstadt, Wissenschaftliche Buchgesellschaft 1965, 136 S.

McDougal, Myres S., Law as a Process of Decision: A Policy-Oriented Approach to Legal Study, in: Natural Law Forum 1 (1956), pp. 53–72.

Menger, Anton, Über die sozialen Aufgaben der Rechtswissenschaft. 2. Aufl. Wien/Leipzig, Braumüller 1905, 34 S.

Oertmann, Paul, Die volkswirtschaftliche Bedeutung des Bürgerlichen Gesetzbuches für das Deutsche Reich (5 Vorträge), Frankfurt/M., Sauerländer Verlag 1900, 88 S.

Papantoniou, Nik., Die soziale Funktion des Erbrechts, in: AcP Nr. 5 (1973), S. 385–401.

Pascual, C., Policy Function of the Law: Value creation, Clarification, and Realization, in: Philippines Law Journal 29 (1954), pp. 431–439.

Pernthaler, Peter, Der Schutz der ethnischen Gemeinschaften durch individuelle Rechte. Eine staats- und rechtstheoretische Abhandlung. Wien/Stuttgart, Braumüller 1964, 68 p.

Pound, Roscoe, The Task of Law, Lancaster/Pa., Franklin & Marshall 1944

Radbruch, Gustav, Der Mensch im Recht. Ausgewählte Vorträge und Aufsätze über Grundfragen des Rechts. 3. unveränd. Aufl., Göttingen, Vandenhoeck & Ruprecht 1957, 130 S.

Radcliffe, The Law and its Compass, Illinois, Evanston, Northwestern University Press 1960, 99 p.

Recasens Siches, Luis, Tratado general de filosofia del derecho, Republ. Argentina, Mexico, Editiorial Porrua 1965, 717 p.

Rehbinder, Manfred, ‚Die gesellschaftlichen Funktionen des Rechts', in: Soziologie, Festschrift René König, Opladen 1973, pp. 354–368.

Robinson, Edward Stevens, Law and the Lawyers, New York, Macmillan 1935, 348 p.

Schindler, Dietrich, Werdende Rechte. Betrachtungen über Streitigkeiten und Streiterledigung im Völkerrecht und Arbeitsrecht, in: Festgabe für Fritz Fleiner, Tübingen, J. C. B. Mohr, 1927, S. 400–431.

Schott, Rüdiger, ‚Die Funktionen des Rechts in primitiven Gesellschaften', in: Jahrbuch für Rechtssoziologie und Rechtstheorie 1, 1970, pp. 107–174.

Tsatsos, Themistokles, Zur Problematik des Rechtspositivismus, Für und Wider einer Denkmethode in der Staatsrechtslehre. Stuttgart, Kohlhammer 1964, 36 p.

Vaccaro, Michelangelo, Genesi e funzione delle leggi penali, Ricerche sociologiche, Torino, Bocca 1908, 232 p.

4.13. Das Recht im Zusammenspiel mit anderen Sozialordnungen

Barner, C. J., ‚Third Parties In Litigation. A Systematic View of the Judicial Function', in: Journal of Politics, 29 (1967), pp. 41–69.

Berger, Morroe, Equality by Statute: Legal Controls over Group Discrimination, New York/Doubleday, 1952, revised edition 1967, 253 p.

Berman, Harold J., The Interaction of Law and Religion, Nashville, N. Y., Abingdon Press 1974, 174 p.

Bethke, Hildburg, Eid, Gewissen, Treuepflicht, Frankfurt/M., Stimme Verlag 1965, 309 p.

David, Walter, Verkehrsgewohnheit, Gewohnheitsrecht und ergänzendes Satzungsrecht, Berlin, Junker & Dünnhaupt 1940, 69 S.

Ehrlich, Eugen, Das zwingende und nichtzwingende Recht im Bürgerlichen Gesetzbuch für das Deutsche Reich, Jena, G. Fischer 1899, 277 S.

Evan, William M./Levin, E. G., ‚Status Set And Role Set Conflict Of The Stockbroker. A Problem In The Sociology Of Law', in: Social Forces, 16 (1966), pp. 73–83.

Fuller, Lon L., The Morality of Law. New Haven/London, Yale University Press, 1964, 202 p.

Gluckman, Max, Politics, Law and Ritual in Tribal Society, Chicago, Aldine Pub. Co.; Oxford, Blackwell, 1965, 339 p.

Green, Leon, Traffic Victims. Tort Law and Insurance, Evanston, Northwestern University Press 1958, 128 p.

Hagen, Johann Josef, Soziologie und Jurisprudenz: Zur Dialektik von Gesellschaft und Recht, München, Fink 1973, 248 S.

Hart, H. L. A., Law, Liberty and Morality, London, Oxford University Press 1964, 88 p.

Jhering, Rudolf v., Das Trinkgeld, Braunschweig 1882, 4. Aufl. Verlag Georg Westermann 1902, 83 S.

Kaupen, Wolfgang, ‚Über die Bedeutung des Rechts und der Juristen in der modernen Gesellschaft', in: Soziologie, Festschrift René König, Opladen, 1973, pp. 369–386.

Kovalevsky, Maxime, La coutume contemporaine et la loi ancienne, Paris, Larose 1893, 520 S.

Krüger, Herbert, ‚Rechtsetzung und technische Entwicklung', in: Neue Juristische Wochenschrift, 1966, pp. 617–624.

Limbach, Jutta, ‚Die Feststellung von Handelsbräuchen', in: Festschrift für E. E. Hirsch, Berlin 1968, pp. 77–98.

Macauly, Stewart, ‚Non-contractual Realtions in Business: A preliminary Study', in: American Sociological Review, 28 (1963), pp. 55–67.

Maihofer, Werner, Vom Sinn menschlicher Ordnung, Frankfurt, V. Klostermann 1956, 89 S.

Maunier, René, Loi français et coutume indigène, Paris, F. Loviton et Cie 1932, 173 S.

Mayer, Max Ernst, Rechtsnormen und Kulturnormen. (unveränd. Nachdr. d. Ausgabe Breslau 1903), Darmstadt ‚Wissenschaftliche Buchgesellschaft 1965, 136 S.

Naucke, Wolfgang, Über die juristische Relevanz der Sozialwissenschaften, Frankfurt/M., A. Metzner, 1972, 72 p.

Podgórecki, Adam, ‚Loi et morale en théorie et en pratique', in: Revue de l'institut de sociologie, 1970, pp. 277–293.

Selznick, Philip, ‚Legal Institutions and Social Controls', in: Vanderbild Law Review, 17 (1963), pp. 79–90; german version: ‚Rechtsinstitutionen und soziale Kontrolle', in *Manfred Rehbinder*, ‚Einführung in die Rechtssoziologie, Frankfurt/M. 1971, pp. 141–154.

Simons, Walter, Religion und Recht, Berlin, Bott 1936, 218 S.

Skolnick, Jerome H., ‚Coercion to virtue: the enforcement of morals', in: Southern Cal. Law Rev., 41 (1968), pp. 588.

Vinogradoff, Paul, Custom and Right, Cambridge/Mass., Harvard Univ. Press 1926, 109 p.

Walker, Nigel/Argyle, Michael, ‚Does the Law affect Moral Judgments?', in: British Journal of Criminology, 4 (1964), pp. 570–581.

Werner, Fritz, Recht und Toleranz, Tübingen, J. C. B. Mohr 1963, 15 p.

Wieacker, Franz, Zur rechtstheoretischen Präzisierung des § 242 BGB, Tübingen, J. C. B. Mohr 1956, 53 S.

Wittkämper, Gerhard Wilhelm, Theorie der Interdependenz. Ein Beitrag zur Reform der Theorie der Rechtsgewinnung durch Öffnung der Rechtswissenschaft zu den übrigen Sozialwissenschaften, Cologne, Carl Heymanns 1971, 114 p.

4.2. Das Rechtswesen

Abel-Smith, Brian/Stevens, Robert, Lawyers and the Courts. A Sociological Study of the English Legal System 1750–1965, London, Heinemann, 1967, 504 p.

Arnold, Thurman W., The Symbols of Government, New York, Harbinger 1962, 278 p.

Berra, Xaver, Im Paragraphenturm. Eine Streitschrift zur Entideologisierung der Justiz, Berlin/Neuwied, Luchterhand 1966, 153 p.

Brennan, J. T., The Costs of the American Judicial System, West Haven, Professional Library Press 1966, 150 p.

Castellano, Cesare/Pace, Carlo/Palomba, Giuseppe/Raspini, Gioacchino, L'Efficenza della giustizia italiana e i suoi effetti economico-sociali, Bari, Laterza, 1968, 311 p. 2. ed. 1970.

Cervi, Mario, La Giustizia in Italia, Milan, Longanesi, 1967, 198 p.

Clark, Charles Edward/Shulman, Harry, Law Administration in Connecticut, New Haven, Yale University Press 1937, 239 p.

Doehring, Erich, Geschichte der deutschen Rechtspflege seit 1500, Berlin, Duncker & Humblot 1953, 482 S.

Ernst, Fritz, Lebendige Justiz, Münster, Aschendorf 1956, 124 S.

Forte, Francesco/Bondonio, Pier Vincenzo, Costi e benefici della giustizia italiana, Bari, Laterza, 1970, 221 p.

Jacob, Herbert, Justice in America. Courts, Lawyers and the Judicial Process, Boston, Little Brown 1965, 213 p.

Masi, D. de, ,La Crisi della justizia', in: Nord e Sud, 13 (1966), pp. 58–74.

Mayhew, Leon H., ,The Legal System', in: International Encyclopedia of the Social Sciences, 9, 1968, pp. 59–66.

Pound, Roscoe, Criminal Justice in America. Colver 1924, Neudr. Cambridge, Harvard Univ. Press 1945, 226 p.

Rumpf, Max, Volk und Recht, Oldenburg i. Grosch., Stalling 1910, 117 S.

Schubert, Glendon, ,Behavioral Research in Public Law', in: American Political Science Review, 57 (1963); pp. 433–445.

4.21. Die Organisation des Rechtswesens

Abel, Richard L., A Comparative Theory of Dispute Institutions in Society, in: Law & Society Rev. 8 (1974), pp. 217–347.

Bentzon, Agnete Weis, ,The Structure of the Judicial System and its Function in a Developing Society', in: Acta Sociologica, 10 (1966), pp. 121–146.

Black, Donald/Mileski, Maureen (eds.), The Social Organization of Law, New York, Seminar Press 1973, 405 p.

Davis, E. Eugene, ,Legal Structures in a Changing Society', in: *Evan* (ed.): Society and Law, Glencoe 1962, pp. 196–263.

Dessauer, Friedrich, Recht, Richtertum und Ministerialbürokratie. Studie über den Einfluß von Machtverschiebungen auf die Gestaltung des Privatrechts. Mannheim/Berlin/Leipzig, Bensheimer 1928, 113 S.

Federico, Giuseppe di, La Giustizia come organizzazione. Il reclutamento dei magistrati, Bari, Laterza 1968, 157 p.

Johe, Werner, Die gleichgeschaltete Justiz, Organisation des Rechtswesens und Politisierung der Rechtsprechung 1933–1945 dargestellt am Beispiel des Oberlandesgerichtsbezirks Hamburg, Frankfurt/M., Europ. Verlagsanstalt 1967, 258 p.

Mathies, Otto, Die ständigen Schiedsgerichte des Hamburger Großhandels. Braunschweig/Hamburg, G. Westermann 1921, 204 S.

Murphy, Walter F., ,Chief Justice Taft and

the Lower Court Bureaucracy: A Study in Judicial Administration', in: Journal of Politics, 24 (1962), pp. 453–476.

Pye, A. Kenneth, ,The Role of Legal Services in the Antipoverty Program', in: Law and Contemporary Problems, 31 (1966), pp. 211–249.

Schiffer, Eugen, Die Deutsche Justiz. Grundzüge einer durchgreifenden Reform. Berlin, Liebmann 1928, 403 S.

Schwartz, Richard D./Miller, James C., ,Legal Evolution and Societal Complexity', in: American Journal of Sociology, 70 (1964), pp. 159–169.

Scigliano, Robert, The Courts. A Reader in the Judicial Process, Boston/Toronto, Little Brown & Co., 1962, 504 p.

Simon, Herbert A., Administrative Behavior. A Study of Decision-Making Process in Administrative Organization, New York/London, The Free Press 1965, 259 p.

Studt, Elliot/Messinger, Sheldon/Wilson, Thomas P.: C-Unit. Research for Community in Prison, New York, Russel Sage Foundation, 1968, 354 p.

Warren, George, Traffic Courts, Boston, Little 1942, 280 p.

Werner, Fritz, Ueber Tendenzen der Entwicklung von Recht und Gericht in unserer Zeit, Karlsruhe, C. F. Müller 1965, 27 p.

Zitscher, Wolfram, Rechtssoziologische und organisationssoziologische Fragen der Justizreform, Cologne, Carl Heymanns Verlag 1969, 72 p.

4.211. Die verschiedenen Institutionen des Rechtswesens (Parlamente, Gerichte, Behörden, Gefängnisse, Polizei, Universitäten, Rechtsanwaltskammern, Bibliotheken usw.)

Andermann, S. D., ,The Swedish Justitie in Ombudsman', in: American Journal of Comparative Law, 11 (1962), pp. 225–238.

Bahr, Richard, Gewerbegericht, Kaufmannsgericht, Einigungsamt. Ein Beitrag zur Rechts- und Sozialgeschichte Deutschlands im 19. Jahrhundert, Leipzig ,Duncker & Humblot 1905, 180 S.

Beiser, Edward N., The Rhode Island Supreme Court: A Well-Integrated Political System, in: Law & Society Rev. 8 (1974), pp. 167–186.

Bell, Kathleen, Tribunals and the Social Service, London, Routledge and Kegan Paul; New York, Humanities P., 1969, 98 p.

Bordua, David (ed.), The Police. Six Sociological Essays, New York, Wiley & Sons 1967, 258 p.

Bozi, Alfred, Soziale Einrichtungen in Bielefeld, Stuttgart, F. Enke 1917, 32 S.

Brown, L. M., The Law Office – a Preventive Law Laboratory, in: University of Pennsylvania Law Review 104 (1956), pp. 940–962.

Brown, L. Neville, ,The Legal Backgrounds to the Family Court', in: British Journal of Criminology, 6 (1966), pp. 139–151.

Casey, Gregory, The Supreme Court and Myth: An Empirical Investigation, in: Law & Society Review 8 (1974), pp. 385–419.

Cicourel, Aaron V., The Social Organization of Juvenile Justice, New York/London/Sydney, Wiley & Sons 1968, 345 p.

Dill, Forrest, Discretion, Exchange and Social Control: Bail Bondsmen in Criminal Courts, in: Law & Society Review 9 (1975), S. 639–674.

Dolbeare, Kenneth M., Trial Courts in Urban Politics. State Court Policy Impact and Functions in a Local Political System. New York/London/Sydney, J. Wiley & Sons 1967, 137 p.

Domke, Martin, Commercial Arbitration, Englewood Cliffs, N. J., Prentice-Hall 1965, 116 p.

Drewry, G., ,One Appeal too many? Analysis of the Functions of the House of Lords as a Final Court of Appeal', in: British Journal of Sociology, 19 (4) 1968, pp. 445–452.

Federico, G. di/Freddi, G./Borruso, R., La giustizia come organizzazione: La Corte di Cassazione, Bari, Laterza 1969, 291 p.

Feest, Johannes, Betriebsjustiz, in: Zeitschrift für die gesamte Strafrechtswissenschaft 85 (1973), S. 1125–1153.

Fried, Robert C., Il Prefetto in Italia, Milan 1967; english version: The Italian prefects; a study in administrative politics, New Haven, Yale Univ. Press, 1963, 343 p.

Gellhorn, Walter, Ombudsmen and Others. Citizens' protectors in nine countries, Cambridge/Mass., Harvard Univ. Press 1966, 448 p.

Hahn, G., ‚Der Justizbevollmächtigte des Schwedischen Reichstages. Entstehung und Entwicklung des Amtes', in: Archiv des Öffentlichen Rechts, 87 (1962), pp. 389–467.

Holbrook, James G., A Survey of Metropolitan Trial Courts: Los Angeles Area, Los Angeles, Haynes foundation 1956, 438 p.

Jacob, Herbert, Criminal courts as organizational phenomena, in: Jahrbuch für Rechtssoziologie und Rechtstheorie Bd. 4 (1976), S. 155–172.

Lemert, Edwin M., Social Action and Legal Change. Revolution within the Juvenile Court, Chicago, Aldine 1970, 248 p.

Mittermaier, W./Liepmann, M., Schwurgerichte und Schöffengerichte. Beiträge zu ihrer Kenntnis und Beurteilung, 2 Bde., Heidelberg, C. Winter 1908/09, Bd. I: 793 S.; Bd. II: 602 S.

Morris, Pauline/Morris, Terence, P.: Pentonville: a Sociological Study of an English Prison, London, Routledge, 1963, 398 p.

Rowat, Donald Cameron (ed.), The Ombudsman Plan. Essays on the worldwide spread of an idea, Toronto, McGelland and Stewart 1973, 315 S.

Studt, Elliot/Messinger, Sheldon/Wilson, Thomas P.: C-Unit. Research for Community in Prison, New York, Russel Sage Foundation, 1968, 354 p.

Treves, Renato, Giustizia e giudici nella società italiana, Bari, Laterza, 1972, 190 p., 2. ed. 1973, 195 p.

Virtue, Maxine B., Survey of Metropolitan Courts. Final Report, Ann Arbor, University of Michigan Press, 1962, 523 p.

Wassermann, Rudolf, Richter, Reform, Gesellschaft, Beiträge zur Reform der Rechtspflege, Karlsruhe, C. F. Müller, 1970, 112 p.

Yngvesson, Barbara/Hennessey, Patricia, Small Claims, Complex Disputes: a review of the small claims literature, in: Law & Society Review 9 (1975), S. 219–274.

Zitscher, Wolfram, Rechtssoziologische und organisationssoziologische Fragen der Justizreform, Köln, Carl Heymanns Verlag 1969, 72 p.

4.212. Ihre Beziehungen untereinander

Eckhoff, Torstein, The relationship between judicial and political branches of government, in: Jahrbuch für Rechtssoziologie und Rechtstheorie, Bd. 4 (1976), S. 14–23.

Haurek, Edward W./Clark, John P., ‚Variants of Integration of Social Control Agencies', in: Social Problems, 15 (1967), pp. 46–60.

Kube, Edwin, Kommunikationsprobleme zwischen Polizei und Gericht, in: Juristen-zeitung 1976, S. 17–21.

Ladinsky, Jack/Grossman, Joel B., ‚Organizational Consequences of Professional Consensus. Lawyers and Selection of Judges', in: Administrative Science Quarterly, 2 (1966), pp. 79–106.

Watson, Richard A., ‚Lawyer Attitude on Judicial Selection', in: American Journal of Sociology, 72 (1967), pp. 373–387.

Watson, Richard A./Downing, Ronald G., The Politics of the Bench and the Bar: Judicial Selection under the Missouri Nonpartisan Court Plan, New York, Wiley & Sons 1969, 393 p.

Wellington, Harry H./Winter, Ralph K., The Unions and the Cities, Washington, Brookings Institution, 1971, 226 p.

4.22. Der Rechtsstab (die Positionen im Rechtssystem)

Becker, Theodore L., ‚Surveys and Judiciaries, or Who's Afraid of the Purple Curtain', in: Law and Society Review, 1 (1966), pp. 133–143.

Becker, Theodore L., ‚Judicial Structure and its Political Functioning in Society: New Approaches to Teaching and Research in

Public Law', in: Journal of Politics, 29 (2), 1967, pp. 302–333.

Burckhardt, Walter, Die Aufgaben des Juristen und die Gesetze der Gesellschaft, Zürich, Polygraphischer Verlag 1937, 40 S.

Byrd, Elbert M., ,The Role of the Lawyer in the Economic and Social Development of his Country within the Framework of the Rule of Law', in: Journal of International Commission of Jurists, 5 (1964), pp. 48–73.

Cohen, H., ,Pluralism in the American Legal Profession', in: Alabama Law Rev., 19 (1967), pp. 247–262.

Countryman, Vern/Finman, T., The Lawyer in Modern Society, Boston, Little Brown, 1966, 911 p.

Dahrendorf, Ralf, ,Zur Soziologie der juristischen Berufe in Deutschland', in: Anwaltsblatt, 14 (1964), pp. 216–234.

Frankfurter, Felix, Of Law and Men. Papers and Addresses of F. F. (ed. *Philip Elman*) Hamden (Connect.) 1956.

Hurst, James Willard, The Growth of American Law. The law makers. Boston, Little, Brown & Co., 1950, 502 p.

Hurst, James Willard, 'The Legal Profession', in: Wisconsin Law Rev. 1966, pp. 969–994.

Institut de Sociologie Solvay (ed.), Clinq cents docteurs en droit s'interrogent sur leurs professions. Une enquête d'opinion, Brüssel, Editions de l'Institut, 1961, 152 p.

Jacob, Herbert, Urban Justice: Law and Order in American Cities, Englewood Cliffs N. J., Prentice-Hall 1973, 145 S.

Jeffery, C. Ray, ,The Legal Profession', in: *Evan* (ed.): Society and Law, Glencoe 1962, pp. 313–356.

Kaupen, Wolfgang, ,Ueber die Bedeutung des Rechts und der Juristen in der modernen Gesellschaft', in: Soziologie, Festschrift René König, Opladen 1973, pp. 369–386.

Kaupen, Wolfgang, Die Hüter von Recht und Ordnung. Die soziale Herkunft, Erziehung und Ausbildung der deutschen Juristen, Neuwied 1969, Neudruck 1971, Luchterhand, 268 p.

Klein, F. J., Judicial Administration and the Legal Profession. A Bibliography. Dobbs Ferry, Oceana Publications, 1963, 650 p.

Marx, Hugo, Werdegang eines jüdischen Staatsanwalts und Richters in Baden – 1892–1933. Ein soziologisch-politisches Zeitbild. Villingen, Neckar-Verlag 1965, 240 p.

Parsons, Talcott, A Sociologist Looks at the Legal Profession, in: Parsons: Essays in Sociological Theory, Glencoe Ill. 1958, pp. 370–385 (3. Aufl. 1963).

Perillo, J. M., ,The Legal Professions of Italy', in: Journal of Legal Education, 18 (1966), pp. 274–295.

Rheinstein, Max, ,Die Rechtshonoratioren und ihr Einfluß auf Charakter und Funktion der Rechtsordnungen', in: RabelsZ, 1970, pp. 1–13.

Rheinstein, Max, ,Leader Groups in American Law', in: University of Chicago Law Review, 38 (1971), pp. 687–696.

Riesman, David, Toward an Anthropological Science of Law and the Legal Profession, in: American Journal of Sociology 57 (1951), pp. 121–135.

Riezler, Erwin, Die Abneigung gegen die Juristen, München, Verlag der Hochschulbuchhandlung Max Hueber 1925, 17 S.

Robinson, Edward Stevens, Law and the Lawyers, New York, Macmillan 1935, 348 p.

Schneider, Knut, Zur sozialen Rolle des deutschen Juristen. Eine rechtssoziologische Untersuchung der Interdependenz zwischen der Ausprägung der sozialen Rolle des deutschen Juristen und der Entwicklung der staatlichen Bürokratie, Thesis: Marburg, 1969.

Smith, Reginald Heber, Survey of the Legal Profession, in: American Bar Association Journal 39 (1953), pp. 543–551.

Thierfelder, Hans, ,Zur Soziologie des juristischen Berufes in Deutschland', in: Deutsche Richterzeitung, 1965, pp. 41–45.

Wengler, Wilhelm, Über die Unbeliebtheit der Juristen, in: NJW 12 (1959), S. 1705–1708, und in: *Hirsch/Rehbinder*:

Studien und Materialien zur Rechtssoziologie, 1967.

Weyrauch, Walter O.: The Personality of Lawyers. A Comparative Study of Subjective Factors in Law, based on Interviews with German Lawyers. New Haven/London, Yale Univ. Press 1964, 316 p. german version: Zum Gesellschaftsbild des Juristen. Eine vergleichende Studie über die subjektiven Faktoren im Recht, Neuwied/Berlin, Luchterhand 1970, 344 p.

4.221. Der Gesetzgeber

Agger, Robert E./Goldstein, Marshall, Law Students and Politics: The Rising Elite Chapel Hill/North Carolina 1957, 46 p.

Barber, James David, The Lawmakers. Recruitment and Adaptation to Legislative Life. New Haven/London, Yale University Press 1965, 314 p.

Blum, Richard H./Funkhouser, Mary Lou, ‚Legislators on Social Scientists and a Social Issue', in: Journal of Applied Behavioral Sciences, 1 (1965), pp. 84–112.

Bromall, I. A., ‚Lawyers in Politics. An Exploratory Study of the Wisconsin Bar', in: Wisconsin Law Review, 1968, pp. 751–764.

Cohen, M., ‚Lawyers and political Careers', in: Law and Society Review, 3 (1969), pp. 563–574.

Ellwein, Thomas/Görlitz, Axel/Schröder, Andreas, Parlament und Verwaltung, 1. Teil Gesetzgebung und politische Kontrolle, Stuttgart/Berlin/Köln/Mainz, W. Kohlhammer 1967, 279 S.

Eulau, Heinz/Sprague, John D., Lawyers in Politics. A Study in Professional Convergence, Indianapolis–New York, Bobbs-Merrill Comp. 1964, 164 p.

Gross, Bertram M., The Legislative Struggle: A Study in Social Combat, New York, McGraw-Hill Comp. 1953, 472 p.

Loewenberg, Gerhard, Parlamentarismus im politischen System der Bundesrepublik Deutschland, mit einer Bibliographie des Schrifttums zum Deutschen Bundestag, Tübingen, Rainer Wunderlich Verlag 1969, 581 S.; Parliament in the German Political System Ithaca/N. Y., Cornell Univ. Press 1966, 463 p.

Patterson, Samuel C./Wahlke, John C. (Hrsg.), Comparative Legislative Behavior: Frontiers of Research, New York, Wiley-Interscience 1972, 311 p.

Ruchelman, Leonard I., ‚Lawyers in the New York State Legislature. The Urban Factor', in: Midwest Journal of Political Science, 11 (1966), pp. 484–497.

Stammer, Otto, Verbände und Gesetzgebung. Die Einflußnahme der Verbände auf die Gestaltung des Personalvertretungsgesetzes, Cologne/Opladen, Westd. Verlag 1965, 315 p.

Wahlke, J. C./Eulau, Heinz, Legislative Behavior: A Reader in Theory and Research, Glencoe Ill., The Free Press 1959, 413 p.

Wahlke, John C. et al., The Legislative System. Explorations in Legislative Behaviour, New York/London, Wiley & Sons, 1962, 517 p.

Wigmore, John Henry, A Kaleidoscope of Justice Containing Authentic Accounts of Trial Scenes from all Times and Climes, Washington, Wash. law 1941, 751 p.

4.222. Die Justiz (der Richter – Berufsrichter, Laienrichter – der Rechtspfleger, der Schiedsmann)

Abraham, Henry J., Justices and Presidents: A Political History of Appointments to the Supreme Court. New York, Penguin Books 1975, 310 p.

Alexander, Franz / Staub, Hugo, The Criminal, the Judge and the Public. A Psychological Analysis. Rev. Ausgabe. New York, Collier Books 1962, 255 p.

Beradt, Martin, Der Deutsche Richter, Frankfurt/M., Rütten & Looning 1909, 98 p.

Borucka-Arctowa, Maria, Die Funktion der Laienrichter in der polnischen Gerichtsbarkeit, Graz, Institut für Soziologie der Universität Graz, 1970, 24 p.

Casper, Gerhard / Zeisel, Hans, Lay Judges in the German Criminal Courts, in: The Journal of Legal Studies, The University of Chicago Law School 1972, pp. 135–191.

Cavalli, Alessandro, ,L'origine sociale dei giudici tedeschi: ricerche e discussioni', in: Quaderni di sociologia, 17 (3), 1968, pp. 268–285.

Chase, H., Federal Judges. The Appointing Process, in: Minnesota Law Review, 51, (1966), pp. 185–221.

Clark, John P., ,Isolation of the Police. A Comparison of the British and American Situations', in: Journal of Criminal Law, Criminology and Police Science, 56 (1965), pp. 307–319.

Dahrendorf, Ralf, ,Bemerkungen zur sozialen Herkunft und Stellung der Richter an Oberlandesgerichten. Ein Beitrag zur Soziologie der deutschen Oberschicht', in: Hamburger Jahrbuch für Wirtschafts- und Gesellschaftspolitik, 5 (1960), pp. 260–275; also in: *Dahrendorf*: Gesellschaft und Freiheit, München, 1961,

Dahrendorf, Ralf, ,Zur Soziologie des Richters', in: Deutsche Richterzeitung, 1965, pp. 5–9.

Dawson, John Philip, A History of Lay Judges, Cambridge, Mass., Harvard Univ. Press, 1960, 310 p.

Erlanger, Howard S., ,Jury Research in America: Its Past and Future', in: Law & Society Rev. 4 (1970), pp. 345–370.

Feest, Johannes, ,Die Bundesrichter. Herkunft, Karriere und Auswahl der juristischen Elite', in: *Zapf, Wolfgang*, Beiträge zur Analyse der deutschen Oberschicht 1965, pp. 95–113.

Fish, Peter Graham, The Politics of Federal Judicial Administration, Princeton, N.J., University Press 1973, 528 S.

Frank, Jerome, Courts on Trial. Myth and Reality in American Justice, Princeton, N.J., Princeton Univ. Press 1949, 441 p.

Gadbois, G. H., jr., ,Indian Supreme Court Judges. A Portrait', in: Law and Society Review, 3 (1969), pp. 317–336.

Geiger, Willi, ,Voraussetzungen der richterlichen Unabhängigkeit in Deutschland', in: Ehrengabe für Bruno Heusinger, München 1968, pp. 53–61.

Görlitz, Axel, Verwaltungsgerichtsbarkeit in Deutschland, Neuwied/Berlin, Luchterhand 1970, 330 S.

Goldman, Sheldon, ,Judicial Appointments to the United States Courts of Appeals', in: Wisconsin Law Review, 67 (1967), pp. 186–214.

Goldman, Sheldon / Jahnige, Thomas P., Federal Courts as a Political System, New York, Harper and Row, 1971, 292 p.

Goldman, Sheldon / Jahnige, Thomas P., The Federal Judicial System: Readings in Process and Behavior, New York, Holt, Rinehartaid Winston, 1968, 370 p.

Green, Edward, Judicial Attitudes in Sentencing, London, Macmillan 1961, 149 p.

Green, Leon, Judge and Jury, Boston/New York, Vernon 1930, 429 p.

Grossman, Joel B., Lawyers and Judges. The ABA and the Politics of Judicial Selection. New York / London / Sydney, Wiley & Son 1965, 228 p.

Jacob, Herbert, ,Judicial Insulation. Elections, Direct Participation and Public Attention to the Courts in Wisconsin; in: Wisconsin Law Review, 3 (1966), pp. 801–819.

Jacob, Herbert (ed.), Law, Politics and the Federal Court, Boston, Little Brown 1967, 236 p.

Kalven, Harry / Zeisel, Hans, The American Jury, Boston / Toronto, Little Brown, 1966, 559 p., 2. Aufl. Chicago, University of Chicago Press 1970, 559 S.

Kaupen, Wolfgang / Rasehorn, Theo, Die Justiz zwischen Obrigkeitsstaat und Demokratie. Ein empirischer Beitrag zur Soziologie der deutschen Justizjuristen, Neuwied / Berlin, Luchterhand 1971, 207 p.

Klausa, Ekkehard, Ehrenamtliche Richter, ihre Auswahl und Funktion empirisch untersucht, Frankfurt/M., Athenäum-Verlag 1972, 235 S.

König, René / Kaupen, Wolfgang, ,Soziologische Anmerkungen zum Thema „Ideologie und Recht",' in: *Hirsch/Rehbinder*, Studien und Materialien zur Rechtssoziologie, Opladen 1967, pp. 356–372, also in: *Werner Maihofer*: Ideologie und Recht, Frankfurt/M. 1969, pp. 147–167.

Krystufek, Zdenek, The function of the lay

judge in Czechoslovakia, in: Jahrbuch für Rechtssoziologie und Rechtstheorie, Bd. 4, 1976, S. 301–306.

Ladinsky, Jack / Silver, Allan, ‚Popular Democracy and Judicial Independence: Electorate and Elite Reactions to Two Wisconsin Supreme Court Elections', in: Wisconsin Law Review, 1967, pp. 128–169.

Lautmann, Rüdiger, ‚Rolle und Entscheidung des Richters. Ein soziologischer Problemkatalog', in: Jahrbuch für Rechtssoziologie und Rechtstheorie, 1, 1970, pp. 381–416.

Marshall, Leon C. / May, Geoffrey, Divorce Court. Vol. I: Maryland, Vol. II: Ohio, Baltimore, Johns Hopkins, Vol. I 1932, 359 p., Vol. II 1933, 440 p.

Möhring, Philipp, ‚Die Anonymität des Richters', in: Ehrengabe für Bruno Heusinger, München 1968, pp. 63–83.

Moriondo, Ezio, L'ideologia della magistratura italiana, Bari, Laterza 1967, 351 p.

Morrison, Charles, ‚Social Organization at the District Courts. Colleague Relationships among Indian Lawyers', in: Law and Society Review, 3 (1969), pp. 251–267.

Pagani, Angelo, La Professione del giudice, Milan, Cisalpino 1969, 172 p.

Pagani, Angelo, ‚Profilo ideologico del giudice: Risultati di una ricerca su un campione di giudici di Milano', in: Quaderni di Sociologia, 21 (1972), pp. 51–72.

Rasehorn, Theo, ‚Wege zu einer Soziologie des Richters', in: Kölner Zeitschrift für Soziologie und Sozialpsychologie, 20 (1968), pp. 103–119.

Richter, Walther, Die Rolle des Richters in unserer Zeit, in: Juristen-Zeitung (1974), S. 345–351.

Richter, Walther, Die Richter der Oberlandesgerichte der Bundesrepublik. Eine berufs- und sozialstatistische Analyse', in: Hamburger Jahrbuch für Wirtschafts- und Gesellschaftspolitik, 5 (1960), pp. 241–259.

Richter, Walther, Zur soziologischen Struktur der deutschen Richterschaft, Stuttgart, Enke Verlag 1968, 45 p.

Schiffmann, Gerfried, Die Bedeutung der ehrenamtlichen Richter bei Gerichten der allgemeinen Verwaltungsgerichtsbarkeit; ein Blick in Vergangenheit und Gegenwart sowie eine empirische Untersuchung in den Ländern Baden-Württemberg, Bremen, Niedersachsen und Rheinland-Pfalz. Berlin, Duncker & Humblot 1974, 317 S.

Schneider, Hans, Richter und Gerichte in der Bundesrepublik. Betrachtungen über ihre Grenzen und ihre Wirksamkeit, Bremen, Angelsachsen-Verlag 1966, 18 p.

Schorn, Hubert, Der Richter im Dritten Reich. Geschichte und Dokumente, Frankfurt/M., V. Klostermann 1959, 743 S.

Schubert, Glendon, Judicial Behavior: A Reader in Theory and Research, Chicago, Rand McNally 1964, 603 p.

Schubert, Glendon (ed), Judicial Decision-Making, London, Free Press of Glencoe 1963, 278 p.

Schubert, Glendon, The Judicial Mind. The Attitudes and Ideologies of Supreme Court Justices 1946–1963, Evanston, Northwestern University Press 1965, 295 p.

Schubert, Glendon, ‚Judges and Political Leadership', in: *Edinger, Lewis J.*, Political Leadership in Industrialized Societies, New York 1967, pp. 220–265.

Scigliano, Robert, The Courts. A Reader in the Judicial Process, Boston/Toronto, Little Brown & Co. 1962, 504 p.

Simon, Rita James, ‚Trial by Jury. A Critical Assessment', in: *Gouldner, A. W. / Miller, S. M.*, Applied Sociology, New York 1965, pp. 294–307.

Steiner, Helmut, ‚Die soziale Herkunft und Struktur der Richter in der DDR. Möglichkeiten eines entsprechenden Vergleichs mit Westdeutschland', in: Soziologie und Wirklichkeit. Beiträge zum VI. Weltkongress für Soziologie in Evian, Berlin East, 1966, pp. 92–109.

Strodtbeck, Fred L., ‚Social Process, the Law, and Jury Functioning', in: *Evan, W. M.*, Law and Sociology, 1962, pp. 144–164.

Tans, Mary Dee / Chaffee, Steven H., ‚Petrial Publicity and Juror Prejudice', in:

Journalism Quarterly, 43 (1966), pp. 647–654.
Steiner, Helmut, ‚Die soziale Herkunft und Struktur der Richter in der DDR. Möglichkeiten eines entsprechenden Vergleichs mit Westdeutschland', in: Soziologie und Wirklichkeit. Beiträge zum VI. Weltkongress für Soziologie in Evian, Berlin East, 1966, pp. 92–109.
Strodtbeck, Fred L., ‚Social Process, the Law, and Jury Functioning', in: *Evan, W. M.*, Law and Sociology, 1962, pp. 144–164.
Tans, Mary Dee / Chaffee, Steven H., ‚Petrial Publicity and Juror Prejudice', in: Journalism Quarterly, 43 (1966), pp. 647–654.
Tomeo, Vincenzo, ‚L'immagine del giudice nella cultura di massa', in: Quaderni di Sociologia, 21 (1972), pp. 18–50.
Tomeo, Vincenzo, Il guidice sullo schermo, Bari, Laterza 1973, 186 S.
Treves, Renato, Giustizia e giudici nella società italiana, Bari, Laterza 1972, 190 p., 2. ed. 1973, 195pp.
Ulmer, Sidney, ‚Toward a Theory of Sub-Group Formation in the United States', in: Journal of Politics, 27 (1965), pp. 133–152.
Ungs, Thomas D. / Baas, Larry R., ‚Judicial Role Perceptions: A Q-Technique Study of Ohio Judges', in: Law & Society Rev, 6 (1972), pp. 343–366.
Versele, Séverin C., ‚Une Tentative D'Approche Psychosociologique de la Magistrature Belge de Première Instance', in: Revue de l'Institut de Sociologie, 1966, pp. 635–697.
Wagner, Albrecht, Der Richter. Geschichte. Aktuelle Fragen. Reformprobleme. Karlsruhe, C. F. Müller 1959, 287 S.
Wassermann, Rudolf, Justiz im sozialen Rechtsstaat, Neuwied, Luchterhand 1974, 206 S.
Wassermann, Rudolf, Richter, Reform, Gesellschaft. Beiträge zur Erneuerung der Rechtspflege, Karlsruhe, C. F. Müller, 1970, 112 p.
Watson, R. A. / Downing, R. G. / Spiegel, F. C., ‚Bar Politics, Judicial Selection and the Representation of Social Interests', in: American Political Science Review, 61 (1) 1967, pp. 54–71.
Weiss, Manfred, ‚Die Multidimensionalität richterlichen Handelns. Der Beitrag der USA für die Justizforschung in der BRD', in: Die Öffentliche Verwaltung, 1972, pp. 482–485.
Zacharias, Adolf Nikolas, Über Persönlichkeit, Aufgaben und Ausbildung des Richters, Berlin, J. Guttentag 1911, 161 S.
Zitscher, Wolfram, Rechtssoziologische und organisations-soziologische Fragen der Justizreform, Cologne, Carl Heymanns Verlag 1969, 72 p.
Zitscher, Wolfram, Die Beziehungen zwischen der Presse und dem deutschen Strafrichter, Kiel, Amt für staatsbürgerliche Bildung in Schleswig-Holstein 1968, 112 p.
Zwingmann, Klaus, Zur Soziologie des Richters in der Bundesrepublik Deutschland, Berlin, de Gruyter, 1966, 164 p.

4.223. Die Verwaltung (Polizei, Staatsanwalt, Strafvollzugsdienst, Gerichtsvollzieher)

Abraham, C. M., ‚Police in a Welfare State', in: Indian Sociologist, 2 (1960), pp. 64–72.
Badura, Peter, ‚Die Verwaltung als soziales System. Bemerkungen zu einer Theorie der Verwaltungswissenschaft von Niklas Luhmann', in: Die Öffentliche Verwaltung, 1970, pp. 18–22.
Black, Algernon David, The People and the Police, New York, McGraw-Hill, 1968, 246 p.
Borch, Herbert von, Obrigkeit und Widerstand. Zur politischen Soziologie des Beamtentums, Tübingen, J. C. B. Mohr 1954, 243 S.
Cain, Maureen, Society and the Policeman's Role, London, Routledge and Kegan Paul, 1973, 315 p.
Clark, John P., ‚Isolation of the Police: A Comparison of the British and American Situations', in: Journal of Criminal Law, Criminology and Police Science, 56 (1965), p. 307–319.
Ellwein, Thomas / Zoll, Ralf, Berufsbeamtentum – Anspruch und Wirklichkeit. Zur

Entwicklung und Problematik des öffentlichen Dienstes, Düsseldorf, Bertelsmann 1973, 270 S.

Griffith, J. A. G., ‚Lawyers in the Public Service', in: Journal of Legal Education, 14 (1961), pp. 13–17.

Halphern, Stephen C., Police Employee Organizations and Accountability Procedures in three Cities: Some Reflections on Police Policy-Making, in: Law & Society Review 8 (1974), S. 561–582.

Hartfiel, Günter, ‚Die öffentliche Verwaltung zwischen technischem Fortschritt und sozialem Wandel', in: Hamburger Jahrbuch für Wirtschafts- und Gesellschaftspolitik, 1970, pp. 190–208.

Haussleiter, Otto, Verwaltungssoziologie. Gegenstand, Geschichte, Gegenwartsprobleme, Baden-Baden, Nomos-Verlagsges. 1969, 82 p.

Herbig, Gottfried / Rüggeberg, Jörg, ‚Funktionsgerechte Verwaltung im Wandel der Industriegesellschaft', in: Deutsches Verwaltungsblatt, 1969, pp. 689–692.

Kraus, Herbert, Grundriß einer Theorie der Verwaltung. Betriebswirtschaftliche Merkmale der Verwaltungstätigkeit, Wien / New York, Springer Verlag, 1969, 115 p.

Marshall, Geoffrey, Police and Government; The Status and Accountability of the English Constable, London, Methuen, 1965, 168 p.

Mayer, Andrew C., ‚The Lawyer in the Executive Branch of Government,' in: Law and Society Review, 4 (1970), pp. 425–444.

Morton-Williams, R., Relations Between the Police and the Public, London 1962

Pomrenke, Norman E. (ed.), Police Community Relations, Chapel Hill, Univ. of North Carolina, Institute of Government, 1966

Preiss, Jack J. / Ehrlich, Howard J., An Examination of Role Theory: The Case of the State Police, Lincoln, Univ. of Nebraska Press, 1966, 286 p.

Reiss, Albert J., The Police and the Public, New Haven, Yale Univ. Press, 1971, 228 p.

Rolph, Cecil H. (ed.), The Police and the Police. An Enquiry, London, Heinemann, 1962, 199 p.

Scharpf, Fritz, Die politischen Kosten des Rechtsstaats. Eine vergleichende Studie der deutschen und amerikanischen Verwaltungskontrollen, Tübingen, Mohr (Siebeck), 1970, 82 S.

Selznick, Philip, Leadership in Administration; A Sociological Interpretation, New York, Harper and Row, 1966, 162 p.

Skolnick, Jerome H., Justice without Trial: Law Enforcement in Democratic Society, New York / London, Wiley & Sons 1966, 279 p.

Versele, Séverin C., ‚Un Sondage Psychosociologique des Equipes de Probation', in: Revue de Droit Penal et de Criminologie, 47 (6), 1967, pp. 544–583.

Wagener, Frido, Neubau der Verwaltung. Gliederung der öffentlichen Aufgaben und ihrer Träger nach Effektivität und Integrationswert, Berlin, Duncker & Humblot, 1969, 586 p.

Wagner, Walter, Der objektive Staatsanwalt – Idee und Wirklichkeit, in: Juristen-Zeitung 1974, S. 212–218.

Watson, Nelson A. (ed.), Police and the Changing Community, Washington, International Association of Chiefs of Police, 1965.

Westley, William A., ‚The Police: A Sociological Study of Law, Custom and Morality', in: Contributions to Urban Sociology, Chicago 1964, pp. 304–313.

White, Susan O., ‚A Perspective on Police Professionalization', in: Law & Society Rev., 7 (1972), pp. 61–86.

Wilson, J. Q., ‚Generational and Ethnic Differences among Career Police Officers', in: American Journal of Sociology, 69 (4) 1964, pp. 522–528.

4.224. Die Rechtsberatung (Rechtsanwälte, Prozeßagenten, Steuerberater)

Akers, Ronald L., ‚The Professional Association and the Legal Regulation of Practice', in: Law and Society Review, 2 (1968), pp. 463–482.

Beiser, Edward N., ‚Lawyers Judge the

Warren Court', in: Law & Society Rev., 7 (1972), pp. 139–149.

Auerbach, Jerold S., Unequal Justice: Lawyers and Social Change in Modern America, New York, Oxford University Press 1976, 395 S.

Berle, Adolph A., The Modern Legal Profession, in: Encyclopedia of the Social Sciences 9 (1935), pp. 340–345.

Blaustein, Albert P. / Porter, Charles O., The American Lawyer. A Summary of the Survey of the Legal Profession, Chicago, University of Chicago Press 1954, 360 p.

Carlin, Jerome E., Lawyers' Ethics. A Survey of the New York City Bar, New York, Russell Sage Foundation 1966, 267 p.

Carlin, Jerome E., Lawyers on Their Own. A study of individual practitioners in Chicago, New Jersey, Rutgers University Press 1962, 234 p.

Christensen, Barlow F., Lawyers for People of Moderate Means: Some Problems of Availability of Legal Services, Chicago, American Bar Foundation 1970, 313 S.

Chroust, Anton Hermann, The Rise of Legal Profession in America, Norman, University of Oklahoma Press, 1965,

Corradi, Egisto, L'Avvocato, Firenze, Vallechi, 1966, 348 p.

Corstvet, Emma / Clark, Charles E., The Lawyer and the Public: An A. A. L. S. Survey, in: Yale Law Journal 47 (1938), pp. 1272–1291.

Drinker, Henry S., Legal Ethics. New York, Columbia University Press 1953, 448 p.

Feuchtwanger, Sigbert, die freien Berufe. Im besonderen: Die Anwaltschaft. Versuch einer allgemeinen Kulturwirtschaftslehre, München/Leipzig, Duncker & Humblot 1922, 621 p.

Frankel, M. E., ‚The Alabama Lawyer 1954–1964. Has the Official Organ atrophied?, in: Columbia Law Review, 64 (1964, pp. 1244–1255.

Galanter, Marc, ‚The Study of the Indian Legal Profession', in: Law and Society Review, 3 (1969), pp. 201–217.

Galanter, Marc, ‚An Incomplete Bibliography of the Indian Legal Profession', in: Law and Society Review, 3 (1969), pp. 445–468..

Garrison, Lloyd K., The Economics of the Legal Profession, Chicago / Ill., American Bar Association 1938.

Handler, Joel F., The Lawyer and his Community. The Practicing Bar in a Middle-Sized City, Madison, University of Wisconsin Press 1967, 224 p.

Huffmann, Helga, Kampf um freie Advokatur, Essen, Ellinghaus & Co. 1967, 174 p.

Johnstone, Quintin / Hopson, Dan jr., Lawyers and their Work. An Analysis of the Legal Profession in the United States and England, Indianapolis / Kansas City / New York, Bobbs-Merrill Co. 1967, 604 p.

Kidder, Robert L., Formal Litigation and Professional Insecurity: Legal Entrepreneurship in South India, in: Law & Society Review 9 (1974), pp. 11–37.

Kneer, August, Der Rechtsanwalt. Eine kulturgeschichtliche Studie, M. Gladbach, Volksverein-Verlag 1928, 130 S.

Ladinsky, Jack, ‚Careers of Lawyers, Law Practice, and Legal Institutions', in: American Sociological Review, 28 (1963), pp. 47–54.

Ladinsky, Jack, ‚The Impact of Social Backgrounds of Lawyers on Law Practice and Law', in: Journal of Legal Education, 16 (1963), pp. 127–144.

Ladinsky, Jack, ‚The Impact of Social Backgrounds of Lawyers on Law Practice and Law', in: Journal of Legal Education, 16 (1963), pp. 127–144.

Lochner, Philip R., jr., The No Fee and Low Fee Legal Practice of Private Attorneys, in: Law & Society Review 9 (1975), S. 431–473.

Magnus, Julius, Die Rechtsanwaltschaft, Leipzig, W. Moeser 1929, 536 S.

Mayer, M., The Lawyers, New York, Harper & Row 1967, 586 p.

Mathew, Leon H., Institutions of Representation: Civil Justice and the Public, in: Law & Society Review 9 (1975), pp. 401–429.

McKinnon, F. B., Contingent Fees For Le-

gal Services. A Study of Professional Economics and Responsibilities, Chicago, Aldine Pub. Co., 1964, 246 p.
Pedrick, Willard H., Tax Practice and the Legal Profession, in: Australian Law Journal 31 (1957), pp. 267–291.
Nonet, Philippe H. / Carlin, Jerome E., ‚The Legal Profession', in: International Encyclopaedia of the Social Sciences, 9 (1968), pp. 66–73.
Pound, Roscoe, The Lawyer from Antiquity to Modern Times, St. Paul/Minn., West 1953, 404 p.
Prandstaller, G. P., Gli Avvocati Italiani, Milan, Edizioni di Comunità 1967, 333 p.
Rosenthal, Douglas E., Lawyer and Client: Who's in Charge? New York, Russell Sage Foundation 1974, 228 p.
Rüschemeyer, Dietrich, Juristen in Deutschland und in den USA: eine vergleichende Untersuchung von Anwaltschaft und Gesellschaft, Stuttgart, Enke Verlag 1976, 250 S.
Rüschemeyer, Dietrich, ‚Rekrutierung, Ausbildung und Berufsstruktur. Zur Soziologie der Anwaltschaft in den Vereinigten Staaten und in Deutschland', in: *König, René*, Soziale Schichtung und soziale Mobilität, Opladen 1961, pp. 122–128, 3. Aufl. 1968.
Shuchman, Philip, ‚Ethics and Legal Ethics: The Propriety of the Canons as a Group Moral Code', in: George Washington Law Review, 37, 2 (1968), pp. 244–269.
Smigel, Erwin O., The Wall Street Lawyer. Professional Organization Man? London, The Free Press of Glencoe 1964, 369 p.
Stapleton, W. Vaughan / Teitelbaum, L. E., In Defense of Youth: A Study of the Role of Counsel in American Juvenile Courts; New York, Russell Sage Foundation, 1972, 243 p.
Stone, Harlan F., The Public Influence of the Bar, in: Harvard Law Review 48 (1934–35), pp. 1–14.
Weissler, Adolf, Geschichte der Rechtsanwaltschaft (Nachr. d. Ausg. Leipzig 1905), Frankfurt/M., Sauer & Auvermann 1967, 623 S.
Wood, A. L., Criminal Lawyer, New Haven, College and Univ. Press 1967, 335p.
Zaragoza, Angel, Abogacia y sociedad industrial, in: Sociologia y Psicologia Juridicas 1974, S. 33–50.

4.225. Das Notariat

Buttitta, G., ‚Il notariato nella società moderna e le sue funzioni', in: Atti del XV Congresso nazionale del notariato, Palermo 1966, pp. 13–191.
Stürner, Rolf, Der Notar – unabhängiges Organ der Rechtspflege?, in: Juristen-Zeitung 1974, S. 154–160.

4.226 Wirtschafts- und Verbandsjuristen

Levy, Beryl Harold, ‚Corporation Lawyer', in: Harvard Law Review, 76 (1962), pp. 430–434.
Smigel, Erwin O., The Wall Street Lawyer. Professional Organization Man? London, The Free Press of Glencoe 1964, 369 p.
Smith, Sylvester C., ‚The Lawyer in the Business and commercial World', in: Australian Law Journal, 36 (1963), pp. 385–388.

4.227. Juristische Fachschriftsteller und Rechtslehrer

Menger, Anton, Über die sozialen Aufgaben der Rechtswissenschaft, 2. Aufl., Wien/Leipzig, Braumüller 1905, 34 S.
Rüthers, Bernd, ‚Die rechtswissenschaftlichen Habilitationen in der Bundesrepublik zwischen 1945 und 1969', in: Juristenzeitung 1972, pp. 185–191.

4.23. Ausbildung und Zugang zu den Rechtsberufen

Barnet, Walter, ‚Law Reform and Law for the Layman: A challenge to Legal Education,' in: Vanderbilt Law Rev., 24 (1971), p. 931.
Brickman, Lester, ‚Expansion of the Lawyering Process Through a New Delivery System: The Emergence and State of Legal

Para-professionalism', in: Columbia Law Rev, 71 (1971): p. 1153.

Brown, Esther Lucile, Lawyers, Law School and the Public Service, New York, Russell Sage Found 1947, 258 p.

Cohen, Julius / Haber, David (ed.), The Law School of Tomorrow: The projection of an ideal, New Brunswick, Rutgers Univ. Press, 1968, 240 p.

Dahrendorf, Ralf, ,Ausbildung einer Elite – Die Deutsche Oberschicht und die Juristischen Fakultäten', in: Der Monat, July 1962, pp. 15–26.

Eron, Leonard D. / Redmont, Robert S., The Effect of Legal Education on Attitudes, in: Journal of Legal Education 9 (1957), pp. 431–443.

Foster, Henry H. / Jeffery, Ray C., ,Legal Education', in: *Evan (ed.)*, Society and Law, Glencoe, 1962, pp. 357–398.

Hirsch, Ernst E., ,Rechtssoziologie im Rechtsunterricht', in: Festschrift für Rudolf Reinhardt zum 70. Geburtstag, Cologne 1972, pp. 437–449.

Keeton, Robert, ,Law Reform and Legal Education', in: Vanderbilt Law Rev, 24 (1970): p. 53.

Knittel, Eberhard, Sozialwissenschaften und Rechtspraxis in der Juristenausbildung, Marburg, Elwert 1973, 36 S.

Kröning, Volker, ,Konzepte der neuen Juristenausbildung', in: Kritische Justiz, 3 (1970), pp. 307–326.

Ladinsky, Jack, ,Higher Education and Work Achievement Among Lawyers', in: Sociological Quarterly, 8 (1967), pp. 222–232.

Lasswell, Harold D. / McDougal, Myres S., Legal Education and Public Policy: Professional Training in the Public Interest, in: Yale Law Journal 52 (1943), pp. 203–295.

Macdonald, R. (ed.), Changing Legal Objectives, Toronto, University of Toronto Press 1963, 85 p.

McDougal, Myres S., The Law School of the Future: From Legal Realism to Policy Science in the World Community, in: Yale Law Journal 56 (1946–47), pp. 1345–1355.

Miller, Richard, ,The Role of the University Law School in the Evolutionary Scheme', in: Univ. of Illinois Law Forum, 1971 (1971): p. 1.

Nutting, Charles B., ,The Emerging Lawyer and Legal Education', in: The American University Law Review, 16, (1966).

Pincus, William, Reforming Legal Education', in: American Bar Association Journal, 53 (1967)

Recken, Heinz, Berufswahl der Juristen – Ergebnisse einer umfangreichen Befragung, in: Zeitschrift für Rechtspolitik 1973, S. 124–127.

Riesman, David, Law and Sociology: Recruitment, Training, and Colleagueship, in: Stanford Law Review 9 (1957), pp. 643–673.

Riesman, David, ,Some Observations on Legal Education', in: Wisconsin Law Review, 1968, pp. 63–82.

Rotter, Frank, ,Rechtssoziologie und juristische Ausbildung in der Bundesrepublik. Zur gegenwärtigen Situation', in: Zeitschrift für Soziologie, 1972, pp. 177–191.

Sacks, Howard R., Human-Relations Training for Law Students and Lawyers, in: Journal of Legal Education 11 (1958–59), pp. 316–345.

Sacks, Howard R., ,Education for Professional Responsibility. The National Council on Legal Clinics', in: American Bar Association Journal, 46 (1960), pp. 1110–1114.

Simon, Rita James, ,An Evaluation of the Effectiveness of some Innovations in Law Schools', in: Journal of Applied Behavioral Sciences, 2 (1966), pp. 219–237.

Treves, Renato, ,L'insegnamento della sociologia nelle facoltà di giurisprudenza', in: Le scienze dell'uomo e la riforma universitaria, 1969, pp. 133–138.

Warkov, Seymour, Lawyers in the Making, Chicago, Aldine 1965, 180 p.

Wassermann, Rudolf (Hrsg.), Erziehung zum Establishment. Juristenausbildung in kritischer Sicht. Karlsruhe, C. F. Müller 1969, 122 p.

Young, J., ,The Jewish Law Student and New York Jobs', in: Yale Law Journal, 73 (1964), pp. 626–660.

Zelan, J., ‚Social Origins and the Recruitment of American Lawyers', in: British Journal of Sociology, 18 (1967), pp. 45–54.

4.24. Der Rechtsgang

Adler, Mortimer J. / Michael, Jerome, The Trial of an Issue of Fact, in: Columbia Law Review 34 (1934), pp. 1224–1306, 1462–1493.

Arens, Peter, Das Problem des Musterprozesses, in: Jahrbuch für Rechtssoziologie und Rechtstheorie Bd. 4, 1976, S. 344–355.

Arens, Richard, ‚The Durham Rule in Action: Judicial Psychiatry and Psychiatric Justice', in: Law and Society Review, 1 (1967), pp. 41–80.

Arntzen, Friedrich, Psychologie der Zeugenaussage. Einführung in die forensische Aussagepsychologie, Göttingen, Verlag für Psychologie, 1970, 175 p.

Baade, Hans W., „Social Science Evidence and the Federal Constitutional Court of West Germany', in: Journal of Politics, 23 (1961), pp. 421–461.

Ball, Milner S., The Play's the Thing: An Unscientific Reflection on Courts under the Rubric of Theater, in: Stanford Law Review 28 (1975), S. 81–116.

Barker, L. J., ‚Third Parties in Litigation: A Systematic View of the Judicial Function', in: Journal of Politics, 29 (1967), pp.41–69.

Baumgärtel, Gottfried, Gleicher Zugang zum Recht für alle, Köln, Heymanns Verlag 1976, 207 S.

Baumgärtel, Gottfried, Rechtstatsachen zur Dauer des Zivilprozesses. Bd. 1 (zus. mit Peter Mes): Erste Instanz, Bd. 2 (Zus. mit Gerhard Hohmann): Zweite Instanz. C. Heymann, Köln 1971/1972.

Baumgärtel, Gottfried, ‚Eine Rechtstatsachenuntersuchung über die Ursachen der zu langen Prozeßdauer', in: Juristenzeitung, 1971, p. 441–449.

Bedford, Sybille, Fünf Gesichter der Gerechtigkeit. Justiz in England, Deutschland, Österreich, Schweiz, Frankreich, Gütersloh, Mohn Verlag 1961, 269 p.

Bender, Rolf/Strecker, Christoph, Zugangsbarrieren zur Justiz, in: Jahrbuch für Rechtssoziologie und Rechtstheorie, Bd. 4, 1976, S. 377–394.

Bender, Rolf (Hrsg.), Tatsachenforschung in der Justiz, Tübingen, J. C. B. Mohr 1972, 232 p.

Benjamin, R. W. / Pedeliski, Th. B., ‚The Minnesota Public Defender System and the Criminal Law Process. A Comparative Study of Behavior at the Judicial District Level', in: Law and Society Review, 4 (1969), pp. 279–320.

Blankenburg, Erhard, Der Anteil gerichtlicher Verfahren bei der Austragung sozialer Konflikte, in: Jahrbuch für Rechtssoziologie und Rechtstheorie Bd. 4, 1976, S. 84–98.

Blegvad, Britt-Mari, The Choice between litigation and arbitration, in: Jahrbuch für Rechtssoziologie und Rechtstheorie, Bd. 4 (1976), S. 174–184.

Blegvad, Britt-Mari / Bolding, P. O. / Lando, Ole, Arbitration – As a means of solving conflicts, Kopenhagen, New Social Science Monographs E6, 1973, 191 S.

Breit, James, ‚Sicherheitsleistung durch Bürgschaft im Prozess', in: Juristische Rundschau 1926, 1, pp. 161–179, 214–230.

Brown, L. M., The Law Office – a Preventive Law Laboratory, in: University of Pennsylvania Law Review 104 (1956), pp. 940–962.

Calabresi, Guido, The Costs of Accidents: a legal and economic analysis, New Haven / London, Yale University Press, 1970, 340 p.

Callahan, Thomas / Zeisel, Hans, ‚Split Trials and Time Saving. A Statistical Analysis', in: Harvard Law Review, 76 (1963), pp. 1606–1625.

Caplovitz, David, Consumers in Trouble: A Study of Debtors in Default, New York, Free Press 1974, 352 p.

Cappelletti, Mauro / Gordley, James / Johnson, Earl jr., Toward Equal Justice: A Comparative Study of Legal Aid in Modern Societies, Dobbs Ferry, N.Y., Oceana Publications Inc. 1975, 756 S.

Cappelletti, Mauro, Giustizia e Società, Milan, Edizioni di Communità, 1972, 391 p.

Carlin, Jerome E. / Howard, Jan / Messinger, Sheldon L., ‚Civil Justice and the Poor: Issues for Sociological Research', in: Law and Society Review, Vol. I, 1 (1966), pp. 9–89.

Carlston, Kenneth S., ‚Psychological and Sociological Aspects of the Judicial and Arbitration Processes', in: *Sanders, Pieter*, International Arbitration. Liber amicorum for Martin Domke, The Hague 1967, pp. 44–55.

Casper, Jonathan D., ‚Lawyers and Loyalty-Security Litigation', in: Law and Society Review, 3 (1969), pp. 575–596.

Cook, Walter Wheeler, Facts and the Statement of Facts,in: University of Chicago Law Review 4 (1937), pp. 233–246.

Danzig, Richard / Lowy, Michael, Everyday Disputes and Mediation in the United States: A Reply to Professor Festiner, in: Law & Society Review 9 (1975), S. 675–694.

Davidovitch, A. / Boudon, R., ‚Les Mecanismes Sociaux des Abandons de Poursuites. Analyse Experimentale par Simulation', in: l'Année Sociologique, 3 (1964), pp. 11–247.

Davis, E. Eugene, ‚Legal Structures in a Changing Society', in: *Evan* (ed.), Society and Law, Glencoe 1962, pp. 196–263.

Dorsen, Norman/Friedman, Leon, Disorder in the Court. Report of the Association of the Bar of the City of New York, Special Committee on Courtroom Conduct. New York, Pantheon Books 1973, 432p.

Emge, Carl August, Philosophie der Rechtswissenschaft, Berlin, Duncker & Humblot 1961, 341 p.

Felstiner, William L. F. Avoidance as Dispute Processing: an Elaboration, in: Law & Society Review 9 (1975), S. 695–706.

Ferrari, Vincenzo / Pocar, Valerio, Il consulente tecnico nel giudizio civile. Una ricerca pilota, in: Sociologia del diritto 1974, S. 109–126.

Fitzgerald, Jeffrey M., The Contract Buyers League and the Courts: A Case Study of Poverty Litigation, in: Law & Society Review 9 (1975), pp. 165–195.

Frank, Jerome, What Courts do in Fact, in: Illinois Law Review 24 (1932), 645–650; pp. 761–769.

Frankfurter, Felix, Of Law and Men. Papers and Addresses of Felix Frankfurter (ed. Philip Elman), Hamden (Connecticut) 1956.

Franklin, Marc A. / Chanin, Robert H. / Mark, Irving, ‚Accidents, Money, and the Law: A Study of the Economics of Personal Injury Litigation', in: Columbia Law Review, 61 (1961), pp. 1–39.

Friedman, Lawrence M. / Rehbinder, Manfred (Hrsg.), Zur Soziologie des Gerichtsverfahrens, Opladen, Westdeutscher Verlag 1976, 426 S.

Friedman, Lawrence M. / Percival, Robert V., A Tale of two Courts: Litigation in Alameda and San Benito Counties, in: Law & Society Review 10 (1976), S. 267–301.

Galanter, Marc, The distribution of advantages in the litigation process, in: Jahrbuch für Rechtssoziologie und Rechtstheorie Bd. 4 (1976), S. 245–270.

Galanter, Marc, Explaining Litigation, in: Law & Society Review 9 (1975), S. 347–368.

Galanter, Marc, Why the „Haves" come out ahead: Speculations on the Limits of Legal Change, in: Law & Society Review 9 (1974), pp. 95–160.

Gattiker, Heinrich, Das Erfolgshonorar des Anwalts: Chancengleichheit im rechtlichen Konflikt? Diss. Zürich, Juris Verlag 1975, 143 S.

Geiser, Robert L. / Newman, Roger W., Psychology and the Legal Process: Opinion Polls as Evidence', in: American Psychologist, 16 (1961), pp. 685–690.

Gessner, Volkmar, Recht und Konflikt: eine soziologische Untersuchung privatrechtlicher Konflikte in Mexiko, Tübingen, J. C. B. Mohr 1976, 290 S.

Gessner, Volkmar / Kötz, Hein, ‚Verkehrsunfälle vor Gericht', in: Juristenzeitung, 1973, pp. 82–87.

Glaser, W. A., Pretrial Discovery and the

Adversary System, New York, Russell Sage Foundation 1968, 300 p.

Gluckman, Max, The Judicial Process among the Barotse of Northern Rhodesia, Manchester, University Press 1967, 469 p.

Goldschmidt, Verner, ‚Primary Sanction Behaviour‘, in: Acta Sociologica, 10 (1966), pp. 173–190.

Green, L., ‚The Influence of Environment on the Litigation Process‘, in: Louisiana Law Review, 20 (1960), pp. 548–552.

Grossman, Joel B. / Sarat, Austin, Litigation in the Federal Courts: A comparative perspective, in: Law & Society Review 9 (1975), S. 321–346.

Guttmacher, Manfred S., The Role of Psychiatry in Law, Springfield, Ill., C. C. Thomas 1968, 170 p.

Haddenhorst, Wilhelm, Die Einwirkung der Verfahrensrüge auf die tatsächlichen Feststellungen im Strafverfahren. Untersuchung anhand der höchstrichterlichen Rechtsprechung eines Jahres. Karlsruhe, Müller, 1971, 130 p.

Hagen, Johann J., Eine entscheidungstheoretische Konzeption des Justizverfahrens, in: Jahrbuch für Rechtssoziologie und Rechtstheorie Bd. 4 (1976), S. 138–154.

Hagen, Johann J., ‚Die soziale Funktion des Prozesses‘, in: Zeitschrift für Zivilprozeß, 84 (1971), pp. 385–395.

Halleck, S. L., ‚A Critique of Current Psychiatric Roles in the Legal Process‘, in: Wisconsin Law Review, 2 (1966), pp. 379–401.

Haug, Wolfram, Die Problematik des Musterprozesses unter Einbeziehung von Ergebnissen der Rechtstatsachenforschung, Diss. Freiburg/Br. 1973, 130 S.

Haward, L. R. C., ‚Psychologist's Contribution to Legal Procedure‘, in: Modern Law Review, 27 (1964), pp. 656–668.

Hoeniger, Heinrich, Riskante Rechtsausübung. Ein Vorschlag zum Ausbau unserer Rechtspflege, Tübingen, J. C. B. Mohr 1917, 43 S.

Howard, J. Woodford jr., Litigation Flow in three United States Courts of Appeals, in: Law & Society Review 8 (1973), S. 33–53.

Hunting, Roger B., ‚Payment for Accident Victims: The Claimant's Eye View‘, in: New York State Bar Journal, 33 (1961), pp. 81–96.

Hunting, Roger B. / Neuwirth, Gloria S., Who Sues in New York City? A Study of Automobile Claims. New York, Columbia Univ. Press, 1962, 186 p.

Hutchins / Slesinger, Some Observations on the Law of Evidence, in: Columbia Law Review 28 (1928), pp. 432–440, Harvard Law Review 41 (1928), pp. 860–873, Yale Law Journal 37 (1928), pp. 10–17 und 38 (1929), pp. 283–289, University of Pennsylvania Law Review 77 (1929), pp. 725–740, Columbia Law Review 29 (1929), pp. 147–157.

Johnson, Earl, jr., Justice and Reform / The Formative Years of the OEO Legal Services Program, New York, Russell Sage Foundation 1974, 416 S.

Jones, Harry W., The Courts, the Public, and the Law Explosion, Englewood Cliffs, N.J., Prentice-Hall, 1965, 177 p.

Kaiser, Eberhard, ‚Die sogenannte Betriebsjustiz im Lichte der staatlichen Rechtspflege‘, in: Der Betriebsberater, 21 (1966), pp. 1107–1110.

Keeton, Robert F. / O'Connel, Jeffrey, Basic Protection for the Traffic Victim. A Blueprint for Reforming Automobile Insurance, Boston, Little Brown, 1965, 624 p.

Königbauer, Gerhard, Freiwillige Schlichtung und tarifliche Schiedsgerichtsbarkeit. eine rechtstatsächliche Untersuchung. Stuttgart, G. Fischer, 1971, 254 p.

Koewius, Rüdiger, Die Rechtswirklichkeit der Privatklage, Berlin, Duncker & Humblot 1974, 178 S.

La Fave, Wayne R., Arrest. The Decision to take a Suspect into Custody, Boston, Little Brown, 1965, 540 p.

Lasswell, Harold D., ‚Impact of Psychiatry upon Jurisprudence‘, in: Ohio State Law Journal, 21 (1960), p. 17–27.

Lévy-Bruhl, Henri, La preuve judicaire. "Etude de sociologie juridique, Paris, Librairie Marcel Rivière 1964, 152 p.

Levin, L. / Wooley, E., Dispatch and Delay. A Field Study of Judicial Administration in Pennsylvania, Philadelphia 1961

Lind, Allan E. / Thibaut, John / Walker, Laurens, Discovery and Presentation of Evidence in Adversary and Nonadversary Proceedings, in: Michigan Law Review Nr. 6 (1973), S. 1129–1144.

Luhmann, Niklas, Legitimation durch Verfahren, Neuwied, Luchterhand, 1969, 261 p.

Marshall, J., Law and Psychology in Conflict, New York, Bobbs Merrill 1966, 119 p.

Mayhew, Leon H., Institutions of Representation: Civil Justice and the Public, in: Law & Society Review 9 (1975), pp. 401–429.

Mayhew, Leon / Reiss, Albert J., jr., ‚The Social Organization of Legal Contacts,' in: American Sociological Review, 34 (1969), pp. 309–317.

McCarty, Dwight G., Psychology and the Law, New York, Prentice Hall Inc. 1965, 463 p.

Menne, Heinz, Sprachbarrieren und Rationalisierung im Zivilprozeß, in: ZZP 1975, S. 263–285.

Mentschikoff, Soia, ‚Commercial Arbitration', in: Columbia Law Review, 61 (1961), pp. 846–869.

Morris, Pauline / White, Richard / Lewis, Philip, Social Needs and Legal Action, London, Martin Robertson Comp. Ltd. 1973, 97 S.

Nagel, Stuart / Weitzman, Lenore, ‚Women as Litigants', in: Hastings Law Journal, 23 (1971), p. 171.

Morris, Clarence / Paul, James C. N., ‚The Financial Cost of Automobile Accidents', in: University of Pennsylvania Law Review, 110 (1962), pp. 913–934.

Newman, D. J., Conviction. The Determinationof Guilt or Innocence without Trial, Boston, Little Brown 1966, 258 p.

Nimmer, Raymond T., The Omnibus Hearing: An Experiment in Relieving Inefficiency, Unfairness, and Judicial Delay, Chicago, American Bar Association 1971, 125 p.

Oaks, Dallin H. / Lehmann, Warren, A Criminal Justice System and the Indigent. A Study of Chicago and Cook County, Chicago / London, Univ. of Chicago Press, 1968, 203 p.

Ostermeyer, Helmut, Strafrecht und Psychoanalyse, München, Goldmann, 1972, 120 p.

Packer, Herbert L., ‚Two Models of the Criminal Process', in: Univ. of Pennsylvania Law Rev, 113 (1964), pp. 1–68.

Palmer, Earl E., ‚The Remedial Authority of Labour Arbitrators,' in: Current Law and Social Problems, 1 (1960), pp. 125–161.

Pieper, Helmut, Sachverständigengutachten und Urteilsfindung im Zivilprozeß, in: Jahrbuch für Rechtssoziologie und Rechtstheorie Bd. 4, 1976, S. 321–342.

Podgorecki, Adam, ‚Sociological Research on Legal Actions against the Press. A Study on the Sociology of Law', in: Polish Sociological Bulletin, 1962, pp. 109–112, ‚Una Ricerca Sociologica sulle azioni guidiziarie in materia di stampa', in Quaderni di Sociologia, 14 (1965), pp. 349–353.

Rehbinder, Manfred, Die Kosten der Rechtsverfolgung als Zugangsbarriere der Rechtspflege, in: Jahrbuch für Rechtssoziologie und Rechtstheorie Bd. 4, 1976, S. 395–413.

Rodriguez Urraca, J., El Procese civil y la realidad social, Caracas, Univ. de Venezuela 1957, 151 p.

Röper, Erich, Rechtsschutz für sozial Schwache, Köln, Schmidt Verlag 1976, 106 S.

Rose, Arnold, ‚The Social Scientist as an Expert Witness in Court Cases', in: *Lazarsfeld / Sewell / Wilensky*, The Uses of Sociology, 1967, pp. 100–118.

Rosenberg, Maurice, The Pretrial conference and Effective Justice. A controlled test in personal injury litigation, New York, Columbia Univ. Press, 1964, 249 p.

Rosenberg, Maurice / Chanin, Robert H., ‚Auditors in Massachusetts as Antidotes for Delayed Civil Courts', in: University of Pennsylvania Law Review, 110 (1961), pp. 27–56.

Rosenberg, Maurice / Schubin, Myra, ‚Trial by Lawyer: Compulsory Arbitration of small Claims in Pennsylvania', in: Harvard Law Review, 74 (1960/61), pp. 448–472.

Rosenberg, Maurice / Sovern, Michael I., ‚Delay and the Dynamics of Personal Injury Litigation', in: Columbia Law Review, 1959, pp. 1115–1170. German version in: *Hirsch/Rehbinder*: Studien und Materialien zur Rechtssoziologie, Cologne/Opladen 1967, pp. 323–355.

Rosenberg, Maurice (ed.), Dollars, Delay, and the Automobile Victim. Study in Reparation for Highway Injuries and Related Court Problems, Indianapolis, Bobbs-Merrill, 1968, 486 p.

Ross, Laurence H., Insurance Claims Complaints: a private appeals procedure, in: Law & Society Review 9 (1975), pp. 275–292.

Ross, Laurence H., Settled out of Court. The Social Process of Insurance Claims Adjustment, Chicago, Aldine Pub. Co., 1970.

Schlosser, Peter, Vereins- und Verbandsgerichtsbarkeit, Munich, Goldmann 1972, 277 p.

Schoreit, Armin, Rechtsberatung unentgeltlich. Rechtsauskunftsstellen für jedermann als soziale Gemeinschaftsaufgabe. 2. Aufl., Karlsruhe, Müller 1976, 146 S.

Schubert, Glendon, Judicial Behavior: A Reader in Theory and Research. Chicago, Rand McNally 1964, 603 p.

Schwartz, Murray / Mitchell, Daniel, ‚An Economic Analysis of the Contingent Fee in Personal Injury Litigation', in: Stanford Law Review, 22 (1970), p. 1125.

Scigliano, Robert, The Courts. A Reader in the Judicial Process, Boston/Toronto, Little Brown & Co. 1962, 504 p.

Silverstein, Lee, Defense of the Poor in Criminal Cases in American State Courts. A Field Study and Report, Chicago, American Bar Foundation, 1965, 3 vols.

Skolnick, Jerome H., ‚Scientific Theory and Scientific Evidence: An Analysis of Lie Detection', in: Yale Law Journal, 70 (1961), pp. 694–729.

Smith, Reginald Heber, Justice and the Poor, New York, Arno Press 1971, 271 S. (Reprint of the 1919 ed.).

Stötter, Viktor, ‚Lange Prozeßdauer und einige ihrer Gründe sowie Vorschläge zur Vorbeugung', in: Der Betrieb 37 (1966), pp. 1423–1424.

Stolz, Preble, The Legal Needs of the Public: A Survey Analysis, Chicago, American Bar Foundation 1968, 14 S.

Sykes, G. M., ‚Legal Needs of the Poor in the City of Denver', in: Law and Society Review, 4 (1969), pp. 255–277.

Tenbroek, J. (ed.), The law of the poor, San Francisco, Chandler Publishing Company 1966, 690 p.

Thibaut, John / Walker, Laurens / La Tour, Stephen / Houlden, Pauline, Procedural justice as fairness, in: Stanford Law Review 26 (1974), S. 1271–1289.

Thibaut, John / Walker, Laurens, Procedural Justice: A Psychological Analysis, New York, Halsted Press Division of Wiley 1975, 150 S.

Tiffany, Lawrence P. / McIntyre, Donald M. / Rotenberg, Daniel L., Detection of Crime, Boston, Little Brown, 1967, 286 p.

Treves, Renato, Giustizia e giudici nella società italiana, Bari, Laterza 1972, 190 p., 2. ed. 1973, 195 p.

Treves, Renato, ‚Una ricerca sociologica sull'amministrazione della giustizia in Italia', in: Quaderni di Sociologia, 14 (1965), pp. 354–375.

Tunney, John V. / Frank, Jane Lakes, Federal Roles in Lawyer Reform, in: Stanford Law Review 27 (1975), S. 333–347.

Virtue, Maxine Boord, Family cases in court. A group of four court studies dealing with judicial administration, London, Duke University Press 1956, 291 p.

Vollkommer, Max, ‚Die lange Dauer der Zivilprozesse und ihre Ursachen', in: Zeitschrift für Zivilprozeß, 81 (1968), pp. 102–135.

Wach, Adolf, Eine zivilprozessualistische Enquête, in: ZZP 10 (1887), S. 181–193, und ZZP 11 (1887), Ergänzungsheft.

Wanner, Craig, The Public Ordering of Private Relations, in: Law & Society Review 8 (1974), S. 421–440 und 9 (1975), S. 293–306.

Warren, George, Traffic Courts, Boston, Little 1942, 280 p.
Wassermann, Rudolf, ‚Zur Soziologie des Gerichtsverfahrens', in: Naucke/Trappe: Rechtssoziologie und Rechtspraxis, 1970, pp. 127–153.
Wigmore, John Henry, A Kaleidoscope of Justice Containing Authentic Accounts of Trial Scenes from all times and Climes, Washington, Wash. law 1941, 751 p.
Winter, Gerd / Schumann, Karl F., ‚Sozialisation und Legitimierung des Rechts im Strafverfahren, zugleich ein Beitrag zur Frage des rechtlichen Gehörs', in: Jahrbuch für Rechtssoziologie und Rechtstheorie 3 (1972), pp. 529–554.
Yngvesson, Barbara / Hennessey, Patricia, Small claims, complex Disputes: a review of the small claims literature, in: Law & Society Review 9 (1975), S. 219–274.
Yntema, Hessel E., The Antecedents of Examination before Trial in New York, in: Columbia Law Review 34 (1934), pp. 831–860.
Zeisel, Hans / Kalven, Jr. Harry / Buchholz, Bernard, Delay in the Court.; an analysis of the remedies for delayed justice, Boston/Toronto, Little, Brown & Co. 1959, 313 p.
Zeisel, Hans, ‚Delay by the Parties and Delay by the Courts', in: Journal of Legal Education, 15 (1962), pp. 26–27.
Zeisel, Hans, ‚The Uniqueness of Survey Evidence', in: Cornell Law Quarterly, 45 (1960), pp. 330–346.
Zenz, Gisela, „Kommunikation" als Untersuchungsgegenstand und Forschungsinstrument, in: Jahrbuch für Rechtssoziologie und Rechtstheorie Bd. 4 (1976), S. 415–426.
Zitscher, Wolfram, Die Beziehungen zwischen der Presse und dem deutschen Strafrichter. Kiel, Amt für staatsbürgerliche Bildung in Schleswig-Holstein 1968, 112 p.

4.3. Das Handeln des Rechtsstabes

Deutsch, Karl Wolfgang et al., The Nerves of Government; Models of Political Communication and Control, New York, Free Press; London, Collier-Macmillan, 1963, 316 p.
Lüderssen, Klaus, Erfahrung als Rechtsquelle. Abduktion und Falsifikation von Hypothesen im juristischen Entscheidungsprozeß; eine Fallstudie aus dem Kartellrecht. Frankfurt/M., Suhrkamp, 1972, 258 p.

4.31. Eigenart und Verschiedenheit der Rechtstechniken

Allen, Layman E./Caldwell, Mary Ellen, ‚Modern Logic and Judicial Decision Making: A Sketch of one View', in: Law and Contemporary Problems, 28 (1963), pp. 213–370.
Aubert, Vilhelm, ‚Courts and Conflict Resolution', in: Journal of Conflict Resolution, 11 (1967), pp. 40–51.
Auerbach, Carl A., The Legal Process, An Introduction to Decision-making by Judicial, Legislative, Executive, and Administrative Agencies, San Francisco, Chandler 1961, 915 p.
Barner, C. J., ‚Third Parties in Litigation. A Systematic View of the Judicial Function', in: Journal of Politics, 29 (1967), pp. 41–69.
Bendix, Ludwig, Zur Psychologie der Urteilstätigkeit des Berufsrichters und andere Schriften. (hrsg. v. *Manfred Weiss*), Neuwied, Luchterhand 1968, 450 S.
Bohne, Gotthold, Zur Psychologie der richterlichen Überzeugungsbildung, Köln, Universitätsverlag Balduin Pick 1948, 87 S.
Bozi, Alfred, Die Weltanschauung der Jurisprudenz, Hannover, Helwing 1907, 227 S.
Brown, Ray E., Judgement in Administration, New York/St. Louis, McGraw-Hill 1966, 225 p.
Brusiin, Otto, Über das juristische Denken, Kopenhagen, Munksgaard 1951, 164 S.
Cardozo, Benjamin N., The Nature of the Judicial Process, New Haven/London, Yale University Press 1965, 180 p.
Carlston, Kenneth S., ‚Psychological and Sociological Aspects of the Judicial and Arbitration Processes', in: *Sanders, Pie-*

ter, International Arbitration. Liber amicorum for Martin Domke, The Hague 1967, pp. 44–55.

Cicourel, Aaron V., The Social Organization of Juvenile Justice, New York/London/Sydney, Wiley & Sons 1968, 345 p.

Clauss, Karl, ‚Semantik im Dienste des Rechts', in: Archiv für Rechts- und Sozialphilosophie, 49 (1963), pp. 113–407.

Cook, Walter Wheeler, Facts and the Statement of Facts, in: University of Chicago Law Review 4 (1937), S. 233–246.

Cowan, Thomas A., Decision Theory in Law, Science and Technology', in: Rutgers Law Review, 17 (1963), pp. 499–530.

Dickerson, Reed, ‚Some Jurisprudential Implications of Electronic Data Processing', in: Law and Contemporary Problems, 28 (1963), pp.53–70.

Eckhoff, Torstein, ‚The Mediator, the Judge and the Administrator in Conflict-resolution', in: Acta Sociologica, 10 (1966), pp. 148–172. german-version in: *Hirsch/Rehbinder*, Studien und Materialien zur Rechtssoziologie, Cologne/Opladen 1967, pp. 243–270.

Eckhoff, Torstein/Dahl, Knut, Rationality and Responsibility in Administrative and Judicial Decision-Making, Kopenhagen, Munksgaard, 1960, 45 p.

Eldridge, William B./Dennis, Sally F., ‚The Computer as a Tool for Legal Research', in: Law and Contemporary Problems, 28 (1963), pp. 78–99.

Els Oksaar, ‚Sprache als Problem und Werkzeug des Juristen', in: Archiv für Rechts- und Sozialphilosophie, 53 (1967), pp. 91–130.

Esser, Josef, Grundsatz und Norm in der richterlichen Fortbildung des Privatrechts. Rechtsvergleichende Beiträge zur Rechtsquellen- und Interpretationslehre, Tübingen, J. C. B. Mohr 1964, 394 p.

Fiedler, Herbert, ‚Automatisierung im Recht und juristische Informatik', in: Juristische Schulung, 1970, pp. 552–556.

Frank, Jerome, Courts on Trial. Myth and Reality in American Justice. Princeton/New Jersey, Princeton Univ. Press 1949, 441 p.

Friedman, Lawrence M., ‚On Legalistic Reasoning – A Footnote to Weber', Wisconsin Law Review, 1 (1966), pp. 148–171.

Geiser, Robert L./Newman, Roger W., ‚Psychology and the Legal Process: Opinion Polls as Evidence', in: American Psychologist 16, (1961), pp. 685–690.

Jacob, Herbert, Justice in American Courts. Lawyers and the Judicial Process, Boston, Little Brown, 1965, 213 p.

Kaufmann, Artur, Analogie und „Natur der Sache",. Zugleich ein Beitrag zur Lehre vom Typus. Karlsruhe, C. F. Müller Verlag 1965, 45 p.

Kayton, Irving, ‚Retrieving Case Law by Computer: Fact, Fiction and Future', in: George Washington Law Review, 35 (1966), pp. 1–49.

Kerimov, Djangir A., ‚Cybernetics and Soviet Jurisprudence', in: Law and Contemporary Problems, 28 (1963), pp. 71–77.

Kriele, Martin, Theorie der Rechtsgewinnung entwickelt am Problem der Verfassungsinterpretation, Berlin, Duncker & Humblot 1967, 334 p.

Lasswell, Harold D., ‚Impact of Psychiatry upon Jurisprudence', in: Ohio State Law Journal, 21 (1960), pp. 17–27.

Luhmann, Niklas, Recht und Automation in der öffentlichen Verwaltung. Eine verwaltungswissenschaftliche Untersuchung, Berlin, Duncker & Humblot 1966, 166 p.

Mayo, L./Jones, Ernest M., ‚Legal-policy decision process: alternative thinking and the predictive function', in: George Washington Law Review, 33 (1964–1965), pp. 318–456.

McCarty, Dwight G., Psychology and the Law, New York, Prentice Hall Inc. 1965, 463 p.

Morris, Clarence, Law, Reason and Sociology, in: University of Pennsylvania Law Review 107 (1958), pp. 147–165.

Nagel, Stuart S., The Legal Process from a Behavioral Perspective, Homewood, Ill., Dorsey Press 1969, 399 p.

Nelson, H. A., ‚How Shall the Advocate Advocate? A Fictional Case Study in Role

Conflict', in: Ethics, 76 (4) 1966, pp. 239–252.
Recasens Siches, Luis, Nueva filosofia de la interpretación del derecho ,Mexico, Fondo de cultura económica 1956, 304 p.
Rumpf, Max, Volk und Recht, Oldenburg, i. Grosch., Stalling 1910, 117 S.
Rosenthal, Douglas E., Lawyer and Client: Who's in Charge? New York, Russell Sage Foundation 1974, 228 p.
Sack, Fritz, ,Einige Fragen und Probleme der Rechtsanwendung aus soziologischer Sicht', in: Soziologie, Festschrift René König, Opladen 1973, pp. 400–409.
Schmitt, Carl, Über die drei Arten des rechtswissenschaftlichen Denkens, Hamburg, Hanseat. Verlags-Anstalt 1934, 67 S.
Scigliano, Robert, The Courts, A Reader in the Judicial Process, Boston/Toronto, Little Brown & Co. 1962, 504 p.
Simitis, Spiros, Automation in der Rechtsordnung – Möglichkeiten und Grenzen. Karlsruhe, C. F. Müller 1967, 24 p.
Simitis, Spiros, Rechtliche Anwendungsmöglichkeiten kybernetischer Systeme, Tübingen, Mohr, 1966, 28 p.
Simitis, Spiros, Informationskrise des Rechts und Datenverarbeitung, Karlsruhe, C. F. Müller, 1970, 161 p.
Spengler, Joseph J., ,Machine-Made Justice: some Implications', in: Law and Contemporary Problems, 28 (1963), pp. 36–52.
Sprague, John/Cornwell, Elmer E., jr./Goodman, Jay S., ,Judicial Role in a Nonjudicial Setting: Some Survey Evidence', in: Law & Society Review, 4 (1970), pp. 371–384.
Stötter, Viktor, ,Lange Prozeßdauer und ihre Ursachen', in: Neue Juristische Wochenschrift, 21 (1968), pp. 521–526.
Stone, Julius, ,Man and Machine in the Search for Justice', in: Stanford Law Review, 16 (1964), pp. 515–560.
Stone, Julius, Legal Systems and Lawyer's Reasonings, London, Stevens & Sons 1964, 454 p.
Tapper, Colin, ,Lawyers and Machines', in: Modern Law Review, 26 (1963), pp. 121–137.
Triepel, Heinrich, Vom Stil des Rechts. Beiträge zu einer Ästhetik des Rechts. Heidelberg, Verlag Lambert Schneider 1947, 155 S.
Wasserstrom, Richard A., The Judicial Decision. Toward a Theory of Legal Justification, Stanford/London, Stanford Univ. Press 1961, 197 p.
Zeisel, Hans, ,Methodological Problems in Sentencing', in: Law and Society Review, 3 (1969), pp. 621–631.
Zeisel, Hans, ,The Uniqueness of Survey Evidence', in: Cornell Law Quarterly, 45 (1960), pp. 330–346.

4.32. Die praktische Bedeutung einzelner Kategorien des juristischen Denkens (z. B. subjektives Recht, juristische Person)

Berle, Adolph A./Means, Gardiner C., The Modern Corporation and private property, New York/Chicago/Washington, Commerce Clearing House 1932, 396 p.
Bingham, Joseph W., The Nature of Legal Rights and Duties, in: Michigan Law Review 12 (1913), pp.1–26.
Bucher, Eugen, Das subjektive Recht als Normsetzungsbefugnis, Tübingen, J. C. B. Mohr 1965, 215 p.
Cahn, Edmond N. (ed.), Inheritance of Property and the Power of Testamentary Disposition, New York, Univ. School of Law 1948.
Cahn, Edmond N. (ed.), Criminal Guilt, New York, Univ. School of Law 1950.
Cahn, Edmond N. (ed.), Sales of Consumers Goods, New York, Univ. School of Law 1952.
Cahn, Edmond N. (ed.), The Power and Duties of Corporate Management .New York, Univ. School of Law 1950.
Cleary, Edward W., Res Judicata Reexamined, in: Yale Law Journal 57 (1948), pp. 330–350.
Cohen, Felix S., Transcendental Nonsense and .the Functional Approach, in: Columbia Law Review 35 (1935), pp. 809–849.
Davidovitch, A., ,Catégories juridiques et Catégories sociologiques. Remarques sur

l'Emploi en Sociologie de quelques Classifications juridiques', in: Epistemologie Sociologique 4, (1967), p. 20–50.
Davy, Georges, La foi jurée. Etude sociologique du problème du contrat. La formation du lien contractuel, Paris, Alcan 1922, 379 p.
Davy, Georges, Le problème de l'obligation chez Duguit et chez Kelsen, in: Archives de Philosophie du droit et de Sociologie juridique 1933, pp. 7–36.
Diamand, Werner, Vorläufige Vormundschaft und Gebrechlichkeitspflegschaft als Ersatzformen der Entmündigung, Tübingen, J. C. B. Mohr 1931, 88 S.
Dombois, Hans (Hrsg.), Recht und Institution. Arbeitsberichte und Referate aus der Institutionenkommission der Ev. Studiengemeinschaft. Stuttgart, E. Klett, 1969, 139 p.
Ehrlich, Eugen, Das zwingende und nichtzwingende Recht im Bürgerlichen Gesetzbuch für das Deutsche Reich, Jena, G. Fischer 1899, 277 S.
Ehrlich, Eugen, Die Rechtsfähigkeit, Berlin, Puttkammer & Mühlbrecht 1909, 100 S.
Fauconnet, Paul, La responsabilité. Etude de sociologie, Paris, Alcan 1920, 400 p.
Fechner, Erich u. a., Probleme der Arbeitsbereitschaft. Arbeitsbereitschaft und verwandte Erscheinungen in der Ordnung der Arbeit. Tübingen, J. C. B. Mohr 1963, 212 p.
Gass, Ernst, Ursache, Grund und Bedingung im Rechtsgeschehen. Ein Beitrag zum Kausalitätsproblem. Graz/Cologne, H. Böhlau 1960, 148 p.
Gierke, Otto von, Das Wesen der menschlichen Verbände, Leipzig 1902, Neudr. Darmstadt, Wissenschaftl. Buchgemeinschaft 1954, 36 S.
Gray, John Chipman, The nature and sources of the law. 2. ed. from the author's notes by Roland Gray., Boston, Beacon Press 1963, 348 p.
Green, Edward, ,The Reasonable Man: Legal Fiction of Psychosocial Reality?', in: Law and Society Review, 2 (1968), pp. 241–257.
Gurvitch, Georges, La déclaration des droits sociaux, Paris, J. Vrin 1946, 174 p.
Hägerström, Axel A. T., Der römische Obligationsbegriff im Lichte der allgemeinen römischen Rechtsanschauung. 2 Bde. Uppsala/Leipzig, Almquist & Wiksell, Harassowitz 1927, 631 S.
Haney, Gerhard, Sozialistisches Recht und Persönlichkeit, Berlin, Staatsverlag der Dt. Demokratischen Republik 1967, 317 p.
Hart, H. L. A./Honoré, A. M., Causation in the Law, Oxford, Clarendon Press 1962, 454 p.
Hill, Werner, Gleichheit und Artgleichheit, Berlin, Duncker & Humblot 1966, 309 p.
Hofmann, Paul, Subjektives Recht und Wirtschaftsordnung. Untersuchungen zum Zivilrecht in der Bundesrepublik Deutschland und der SBZ. Stuttgart, G. Fischer 1968, 346 p.
Huvelin, Paul, La magie et le droit individuel, in: L'Annèe sociologique 10 (1906), pp.18–27.
Isay, Hermann, Rechtsgeschäft und wirtschaftliche Machtverschiedenheit, Berlin, Vahlen 1902, 34 S.
Jaehner, Theodor, Der Mythos vom Recht und seine empirischen Grundlagen. Eine Untersuchung über die erfahrungsmäßigen Grundlagen der Rechtsvorstellung. München/Berlin/Leipzig, J. Schweitzer 1933, 211 S.
Kliege, Helmut, Rechtsprobleme der allgemeinen Geschäftsbedingungen in wirtschaftswissenschaftlicher Analyse unter besonderer Berücksichtigung der Freizeichnungsklauseln, Göttingen, Otto Schwartz 1966, 158 p.
König, René, ,Gleichberechtigung von Mann und Frau – soziologisch gesehen', in: Der Mensch im sozio-ökonomischen. Prozeß, 1969, pp. 27–38.
Lévy, Emmanuel, La Vision Socialiste du Droit, Paris, Marcel Giard 1926, 179 S.
Lévy-Bruhl, Henri, La Preuve judicaire. Etude de sociologie juridique, Paris, Librairie Marcel Rivière 1964, 152 p.
Luhmann, Niklas, ,Die juristische Rechtsquellenlehre aus soziologischer Sicht', in: Soziologie, Festschrift René König, Opladen 1973, pp. 387–399.
Luhmann, Niklas, ,Zur Funktion der „sub-

jektiven Rechte", in: Jahrbuch für Rechtssoziologie und Rechtstheorie, 1, 1970, pp. 321–330.

Lundstedt, Anders Vilhelm, Die Unwissenschaftlichkeit der Rechtswissenschaft. Bd. 1–2 (Bd. 1 u. 2,1 ersch.); Berlin, Verlag für Staatswiss. und Geschichte, Bd. 1: Die falschen Vorstellungen von objektivem Recht und subjektiven Rechten 1932, 364 S.; Bd. 2,1: Strafrecht, Vertragsrecht, Deliktische Haftung 1936, 335 S.

Maihofer, Werner, Rechtsstaat und menschliche Würde, Frankfurt/M., Klostermann 1968 , 160 p.

Moore, Underhill, The Rational Basis of Legal Institutions, in: Columbia Law Review 23 (1923), pp. 609–617.

Mueller-Erzbach, Rudolf, Das private Recht der Mitgliedschaft als Prüfstein eines kausalen Rechtsdenkens, Weimar, Böhlau 1948, 416 S.

Mueller-Erzbach, Rudolf, Die Relativität der Begriffe und ihre Begrenzung durch den Zweck des Gesetzes. Zur Beleuchtung der Begriffsjurisprudenz. Jena, Fischer 1913, 42 S.

Nass, Gustav, Person, Persönlichkeit und juristische Person, Berlin, Duncker & Humblot 1964, 93 p.

Paulus, Jean Pierre, Essai d'une Explication Sociologique de la Responsabilité, de la garantie, du dol et du concours des actions. Bruxelles/Paris, Larcier 1952, 182 S.

Pernthaler, Peter, Der Schutz der ethnischen Gemeinschaften durch individuelle Rechte. Eine staats- und rechtstheoretische Abhandlung, Vienna/Stuttgart, Braumüller 1964, 68 p.

Pound, Roscoe, The Spirit of the Common Law, 2. Aufl., Boston, Beacon Press 1966, 224 p.

Raiser, Thomas, Das Unternehmen als Organisation, Kritik und Erneuerung der juristischen Unternehmenslehre, Berlin, de Gruyter, 1969, 188 p.

Rotter, Frank, Zur Funktion der juristischen Person in der Bundesrepublik und in der DDR, Karlsruhe, C. F. Müller 1968, 38 p.

Schmidt, Jürgen, ‚Ein soziologischer Begriff des „subjektiven Rechts",' in: Jahrbuch für Rechtssoziologie und Rechtstheorie 1, 1970, pp. 299–320.

Schnur, Roman (Hrsg.), Institution und Recht, Darmstadt, Wiss. Buchgemeinschaft 1968, 420 p.

Schubert, Glendon, The Public Interest. A Critique of the Theory of a Political Concept. Illinois, Free Press of Glencoe 1960, 244 p.

Simitis, Spiros, Die faktischen Vertragsverhältnisse als Ausdruck der gewandelten sozialen Funktion der Rechtsinstitute des Privatrechts, Frankfurt/M., Klostermann 1957, 619 S.

Stone, Julius, Legal Systems and Lawyers' Reasonings, London, Stevens & Sons 1964, 454 p.

Streissler, Erich, ‚Zur Anwendbarkeit von Gemeinwohlvorstellungen in richterlichen Entscheidungen', in: Zur Einheit der Rechts- und Staatswissenschaften, Karlsruhe 1967, pp. 1–47.

Terré, François, ‚Sur la sociologie juridique du contrat', in: Archives de philosophie du droit, 13 (1968), pp. 71–88.

Thoss, Peter, Das subjektive Recht in der gliedschaftlichen Bindung. Zum Verhältnis von Nationalsozialismus und Privatrecht, Frankfurt/M., Akademische Verlagsanstalt 1968, 155 p.

Vinken, Horst, Die Stiftung als Trägerin von Unternehmen und Unternehmensteilen, Baden-Baden, Nomos-Verlagsgesellschaft 1970, 184 S.

Webb, Leicester C. (ed.), Legal Personality and Political Pluralism, London/New York, Cambridge Univ. Press 1958, 200 p.

Westermann, Harry, Person und Persönlichkeit als Wert im Zivilrecht, Köln-Opladen, Westdeutscher Verlag 1957, 55 S.

Wolf, Ernst/Lueke, Gerhard/Hax, Herbert, Scheidung und Scheidungsrecht. Grundfragen der Ehescheidung in Deutschland. Untersucht an Hand der Statistiken. Tübingen, J. C. B. Mohr 1959, 487 S.

4.33. Gesetzgebungstätigkeit

Angelesco, Alexandre C., La Technique législative en matière de codification civile. Étude de droit comparé, Paris, Beccard 1930, 853 p.

Bailey, Stephen Kemp, Congress Makes a Law. The Story behind the Employment Act of 1946, New York/London 1965, Columbia University Press, 282 p.

Ball, Kurt, Vom neuen Weg der Gesetzgebung, Berlin, Industrieverlag Spaeth & Linde 1921, 64 S.

Bentham, Jeremy, On Legislation, London 1802 (The Theory of Legislation, London, Routledge 1950, 556 p.), dtsch: Principien der Gesetzgebung, Hrsg. Etienne Dumont, Köln 1833, Nachdruck Frankfurt/M., Verlag Sauer & Auvermann 1966, 120 S.

Berman, Daniel M., In Congress Assembled. The Legislative Process in the National Government, New York, Macmillan, 1964, 432 p.

Buser, Walter, Die Organisation der Rechtssetzung, in: Probleme der Rechtssetzung – Referate zum Schweizerischen Juristentag 1974, Basel, Helbing & Lichtenhahn 1974, S. 377–456.

David, Aurel, Méthode Sociologique de Droit (Colloques de Strasbourg, 1956), Paris 1958, S. 91–102, Rivista Internazionale di Filosofia del Diritto 34 (1957), S. 300–312, dtsch in Hirsch/Rehbinder: Studien und Materialien zur Rechtssoziologie, Köln/Opladen 1967, S. 151–160.

Ellwein, Thomas / Görlitz, Axel / Schröder, Andreas, Parlament und Verwaltung. 1. Teil Gesetzgebung und politische Kontrolle, Stuttgart/ Berlin/ Köln/ Mainz, W. Kohlhammer 1967, 279 S.

Fiellin, A., ‚The Functions of Informal Groups in Legislative Institutions', in: Journal of Politics 24 (1962), pp. 72–91.

Gagnér, Sten, Studien zur Ideengeschichte der Gesetzgebung, Stockholm, Almquist & Wiksell 1960, 404 p.

Goldschmidt, Verner, ‚Un esperimento di codificazione del diritto penale', in: Quaderni di Sociologia, 14 (1965), pp. 339–348.

Grasserie, Raoul de la, Les Principes Sociologiques du Droit Civil, Paris, Giard & Brière 1906, 434 S.

Grasserie, Raoul de la, Les Principes sociologiques du droit public, Paris, Giard & Brière 1911, 430 p.

Gross, Bertram M., The Legislative Struggle. A Study in Social Combat, New York, McGraw-Hill Comp. 1953, 472 p.

Huber, Eugen, Recht und Rechtsverwirklichung. Probleme der Gesetzgebung und der Rechtsphilosophie, Basel 1921, 2. Aufl. Basel, Helbing & Lichtenhahn 1925, 463 S.

Jordan, E., Theory of Legislation. An Essay on the Dynamics of Public Mind, Indianapolis, Progress pub. comp. 1930, 486 p.

Kaupen, Wolfgang, ‚Naturrecht und Rechtspositivismus. Ein soziologischer Versuch', in: Kölner Zeitschrift für Soziologie, 18 (1966), pp. 112– 130.

Kerimow, D. A., Fragen der Gesetzgebungstechnik. Aus den Erfahrungen der Gesetzgebungspraxis in der UdSSR, Berlin, VEB Deutscher Zentralverlag 1958, 145 S.

Mandelker, Daniel ,The Role of Law in the Planning Process', in: Law and Contemporary Problems, 30 (1965), pp. 26– 37.

Meller, Norman, ‚Legislative Behavior Research Revisited', in: Western Political Quarterly, 18 (1965), pp. 776– 795.

Meller, Norman, ‚Ricerche sul comportamento legislative', in: Rassegna Italiana di Sociologia, 7 (1966), pp. 643– 668.

Müller, Hanswerner, Handbuch der Gesetzgebungstechnik, Cologne/ Berlin/ Bonn, C. Heymann, 1963, 349 p. second edition, 1968.

Noll, Peter, Zusammenhänge zwischen Rechtssetzung und Rechtsanwendung in allgemeiner Sicht, in: Probleme der Rechtssetzung – Referate zum Schweizerischen Juristentag 1974, Basel, Helbing & Lichtenhahn 1974, S. 249–278.

Noll, Peter / Linn, Andreas, Stimmbürger und Gesetz. Gedanken zur gegenwärtigen Gesetzgebung und ihren Aufgaben, Basel, Handschin 1956, 63 S.

Patterson, Samuel C. / Wahlke, John C. (Hrsg.), Comparative Legislative Beha-

vior: Frontiers of Research, New York, Wiley-Interscience 1972, 311 p.
Patterson, Samuel C. (ed.), American Legislative Behavior. A Reader. Princeton, N. J., Van Nostrand, 1968, 451 p.
Recasens Siches, Luis, Tratado general de filosofia del derecho, Republica Argentina, Mexico, Editorial Porrua 1965, 717 p.
Rumpf, Max, Volk und Recht, Oldenburg i. Grosch., Stalling 1910, 117 S.
Schröder, Heinrich J., ‚Zur Erfolgskontrolle der Gesetzgebung', in: Jahrbuch für Rechtssoziologie und Rechtstheorie, 3 (1972), pp. 271–288.
Sinzheimer, Hugo, Theorie der Gesetzgebung. Die Idee der Evolution im Recht, Haarlem, Tjeenk Willink 1948, 96 S.
Strömberg, Hakan, ‚On the Idea of Legislation', in: Scandinavian Studies in Law, 8 (1964), pp. 222–242.
Tozzi, Silvia, ‚Recenti tendenze degli studi comportamento legislative negli Stati Uniti', in: Rassegna Italiana di Sociologia, 7 (1966), pp. 669–684.
Wahlke, J. C. / Eulau, Heinz (eds,), Legislative Behavior: A Reader in Theory and Research, Glencoe, Ill., The Free Press 1959, 413 p.
Wahlke, John C. / Eulau, Heinz / Buchanan, William / Ferguson, Le Roy C., The Legislative System. Explorations in Legislative Behavior, New York/ London, Wiley & Sons 1962, 517 p.
Wertheim, W. F., Kernvragen van Wetgeving, in: Rechtsgeleerde Opstellen. Festschrift Meyers, Amsterdam 1935, S. 719–738.
Zitelmann, Ernst, Kunst der Gesetzgebung, in: Neue Zeit- und Streitfragen 1904, S. 241–288.

4.34. Die Rechtspflege

Casper, Jonathan, Lawyers before the Warren Court, Urbana, University of Illinois Press, 1972, 221 p.
Doelle, Hans, Juristische Entdeckungen. Tübingen, J. C. B. Mohr 1958, 23 S.
Douglas, William O., Vicarious Liability and Administration of Risk, in: Yale Law Journal 38 (1929), pp. 584–604, 710–745.
Jacob, Herbert, Urban Justice; Law and Order in American Cities, Englewood Cliffs N. J., Prentice-Hall 1973, 145 S.
Koch, Harald, Zur Einführung: Justizforschung, in: Juristische Schulung 1973, S. 471–474.
McIntyre, Donald M. (ed.), Law Enforcement in the Metropolis. A working paper on the criminal law system in Detroit, Chicago, American Bar Foundation 1967, 219 p.
Reiss, Albert J., Studies in Crime and Law Enforcement in Major Metropolitan Area, (2 vols). Washington, The President's Commission on Law Enforcement and Administrative Justice, 1967.
Wanner, Craig, The Public Ordering of Private Relations, in: Law & Society Review 8 (1974), S. 421–440 und 9 (1975), S. 293–306.
Wolf, Ernst / Lüke, Gerhard / Hax, Herbert, Scheidung und Scheidungsrecht. Grundfragen der Ehescheidung in Deutschland. Untersucht an Hand von Statistiken, Tübingen, J. C. B. Mohr 1959, 487 S.

4.341. Richterrecht

Baade, Hans, W., ‚Social Science Evidence and the Federal Constitutional Court of West Germany', in: Journal of Politics, 23 (1961), pp. 421–461.
Becker, Theodore (ed.), The Supreme Court Decision; Readings on Causes and Effect, New York, Oxford University Press, 1969, 213 p.
Becker, Theodore L., Comparative Judicial Politics: The Political Functionings of Courts, Chicago, Rand McNally, 1970, 407 p.
Becker, Theodore L., Political Behavioralism and Modern Jurisprudence: A Working Theory and Study in Judicial Decision-Making, Chicago, Rand McNally Co. 1964, 177 p.
Beiser, Edward, ‚A Comparative Analysis of State and Federal Judicial Behavior: The Reapportionment Cases', in: American Political Science Review, 62 (1968), pp. 788–795.

Berns, Walter, ,Law and Behavioral Science', in: Law and Contemporary Problems, 28 (1963), pp. 185–212.

Blawie, J. L. / Blawie, M. J., ,The Judicial Decision: A Second Look at Certain Assumptions of Behavioral Research; in: Western Political Quarterly, 18 (1965), pp. 179–193.

Boehm, Virginia, ,Mr. Prejudice, Miss Sympathy, and the Authoritarian Personality: An Application of Psychoanalytical Measuring Techniques to the Problem of Jury Bias', in: Wisconsin Law Review, 3 (1968), pp. 734–750.

Bohne, Gotthold, Zur Psychologie der richterlichen Überzeugungsbildung, Köln, Universitätsverlag Balduin Pick 1948, 87 S.

Borucka-Arctowa, Maria, Citizen participation in the administration of justice: Research and policy in Poland, in: Jahrbuch für Rechtssoziologie und Rechtstheorie, Bd. 4 (1976), S. 286–299.

Bulla, Gustav Adolf, Die Rechtssprechung der Arbeitsgerichte und Sozialgerichte zu Eingruppierungsstreitigkeiten von Angestellten und Arbeitern, Stuttgart, W. Kohlhammer, 1962, (Schriftenreihe des Bundesministeriums fürArbeit und Sozialordnung, 9).

Cardozo, Benjamin Nathan The Nature of the Judicial Process New Haven/London, Yale University Press 1965, 180 p.

Clayton, J. E. The Making of Justice. The Supreme Court in Action, New York, Dutton 1964, 319 p.

Conard, Alfred F., ,The Quantitative Analysis of Justice', in: Journal of Legal Education, 20 (1967), pp. 1–20.

Dahl, Robert A., Decision-Making in a Democracy: The Supreme Court as a National Policy-Maker, in: Journal of Public Law, 6 (1957), pp. 279–295.

Davis, F. James/Foster, Henry H., ,The Judicial Process and Social Change', in: *Davis:* Society and Law, Glencoe 1962, pp. 95–148.

Dickinson, John, The Law behind the Law, in: Columbia Law Review, 29 (1929), pp. 113–146, 285–319.

Dill, Forrest D., ,Judicial Policy-Making: A Critique of the Behavioralist Approach (Th. Becker, Gl. Schubert)' in: Berkeley Journal of Sociology, 12 (1967): pp. 149–164.

Dorsen, Norman/Friedman, Leon, Disorder in the Court. Report of the Association of the Bar of the City of New York, Special Committee on Courtroom Conduct, New York, Pantheon Books, 1973, 432 p.

Drewry, G., ,One Appeal too many? Analysis of the Function of the House of Lords as a Final Court of Appeal,' in: British Journal of Sociology, 19 (4) 1968, pp. 445–452.

Esser, Josef, Grundsatz und Norm in der richterlichen Fortbildung des Privatrechts. Rechtsvergleichende Beiträge zur Quellen- und Interpretationslehre, Tübingen, *J. C. B. Mohr,* 1964, 394 p.

Evers, Hans Ulrich, Der Richter und das unsittliche Gesetz, Berlin, *de Gruyter* 1956, 154 S.

Evershed, Lord, ,The Judicial Process in 20. Century England', in: Columbia Law Review, 61 (1961), pp. 761–791.

Fair, Daryl R., ,An Experimental Application of Scalogram Analysis to State Supreme Court Decisions', in: Wisconsin Law Review, 2 (1967), pp. 449–467.

Flume, Werner, Richter und Recht, Munich/Berlin, *C. H. Beck,* 1967 35 p.

Frank, Jerome, Courts on Trial. Myth and Reality in American justice, Princeton, N. J., Princeton Univ. Press 1949, 441 p.

Frank, Jerome, What Courts do in Fact, in: Illinois Law Review 24 (1932), pp. 645–650, 761–769.

Frankel, Marvin E., Criminal Sentences: Law without Order, New York, Hill & Wang 1972, 124 p.

Frankfurter, Felix, Of Law and Men. Papers and Addresses of Felix Frankfurter, (ed. *Philip Elman*), Hamden, Connect. 1956.

Gaylin, Willard, Partial Justice: A Study of Bias in Sentencing, New York, *Alfred A. Knopf* 1974, 244 p.

Gluckman, Max, The Judicial Process among the Barotse of Northern Rhodesia, Manchester, University Press 1967, 469 p.

Görlitz, Axel, Verwaltungsgerichtsbarkeit in Deutschland, Neuwied/Berlin, Luchterhand 1970, 330 S.

Goldman, S., ‚Voting Behavior on the United States Courts of Appeals', in: American Political Science Review, 60 (1966), pp. 374–383.

Goldman, Sh., ‚Conflict and Consensus in the United States Courts of Appeals', in: Wisconsin Law Review, 2 (1968), pp. 461–482.

Green, Edward, Judicial Attitudes in Sentencing, London, Macmillan 1961, 149 p.

Green, Leon, Traffic Victims. Tort Law and Insurance, Evanston, Northwestern University Press 1958, 128 p.

Green, Milton D., A Report to the Allegheny County Bar Association on the Courts of Allegheny County, New York, Institute of Judicial Administration, 1960, 69 p.

Grossman, Joel B., ‚Social Background and Judicial Decisions. Notes for a Theory', in: Journal of Politics, 29 (1967), pp. 334–351.

Grossman, Joel B./Sarat, Austin, Litigation in the Federal Courts: A comparative perspective, in: Law & Society Review 9 (1975), S. 321–346.

Grossman, Joel B./Tanenhaus, J. (ed.), Frontiers of Judicial Research, New York, Wiley 1969, 492 p.

Grünebaum, Siegfried, Deutsches Richterrecht. Eine Untersuchung aufgrund § 826 BGB und 1 UWG, Leipzig, *Noske* 1932, 60 S.

Hagan, John, Extra-Legal Attributes and Criminal Sentencing: An Assessment of a Sociological Viewpoint, in: Law & Society Review, 8 (1974), S. 357–383.

Hamilton, Charles V., ‚Southern Judges and Negro Voting Rights: The Judicial Approach to the Solution of Controversial Social Problems', in: Wisconsin Law Review, 1965, pp. 1–31.

Hedemann, Justus Wilhelm, Reichsgericht und Wirtschaftsrecht. Ein Bild deutscher Praxis, Jena, *G. Fischer* 1929, 371 S.

Hesse, Hans Albrecht, ‚Der Einzelne und sein Beruf: Die Auslegung des Art. 12 Abs. 1 GG durch das Bundesverfassungsgericht aus soziologischer Sicht, in: Archiv für öffentliches Recht, 95 (1970), pp. 449–474.

Hood, Roger, Sentencing in Magistrates' Courts. A Study in Variations of Policy, London, Stevens & Sons 1962, 145 p.

Howard, J. Woodford jr., ‚Judicial Biography and the Behavioral Persuasion', in: American Political Science Rev., 65, Sept. 1971, pp. 704–715.

Howard, Woodford jr., ‚On the Fluidity of Judicial Choice', in: The American Political Science Review, 62 (1968), pp. 43–56.

Isaacs, Nathan, How Lawyers Think, in: Columbia Law Review, 23 (1923), pp. 555–563.

Isaacs, Nathan, The Limits of Judicial Descretion, in: Yale Law Journal, 32 (1922–23), pp. 339–352.

Jacob, Herbert (ed.), Law, Politics and the Federal Court, Boston, Little Brown 1967, 236 p.

Johnson, Richard M., The Dynamics of Compliance. Supreme Court Decision-Making from a New Perspective, Evanston, Northwestern University Press 1967, 342 p.

Kalven, Harry, The Jury, the Law, and the personal Injury Damage award, in: Ohio State Law Journal, 19 (1958), pp. 158–178.

Kaplan, Kalman J./Simon, Roger I., ‚Latitude and Severity of Sentencing Opinions, Race of the Victim and Decisions of Simulated Jurors: Some Issues Arising from the „Algiers Motel' Trial', in: Law & Society Rev., 7 (1972), pp. 87–98.

Karlen, D., ‚Civilian and Military Justice at the Appellate Level', in: Wisconsin Law Review, 1968, pp. 786–805.

Karst, Kenneth L., ‚Legislative Facts in Constitutional Litigation,' in: Supreme Court Review, 1960, pp. 75–112.

Klonoski, J. R./Mendelsohn, R. I. (eds.), The Politics of Local Justice, Boston, Little Brown, 1970, 255 p.

Koch, Hans-Joachim, Zur Analyse richterlicher Entscheidungen, Diss. Frankfurt/M. 1971, 122 S.

Kötz, Hein, Über den Stil höchstrichterlicher Entscheidungen, Universitätsverlag Konstanz 1973, 36 S.

Kort, Fred, ‚Simultaneous Equations and Boolean Algebra in the Analysis of Judicial Decisions', in: Law and Contemporary Problems, 28, 1963 pp. 143–163.

Krislov, Samuel, The Supreme Court in the Political Process, New York, Macmillan, 1965, 155 p.

Krislov, Samuel, The Supreme Court and Political Freedom, New York, Free Press, 1968, 239 p.

Krislov, Samuel, ‚Theoretical Attempts at Predicting Judicial Behavior', in: Harvard Law Review, 79 (1966), pp. 1573–1582.

Kübler, Karl, ‚Der deutsche Richter und das demokratische Gesetz. Versuch einer Deutung aus richterlichen Selbstzeugnissen', in: Archiv für civilistische Praxis, 162 (1963), pp. 104–128.

Kulcsár, Kálmán, ‚Sozialer Wandel und die Mitwirkung des Laienelementes in der Rechtspflege', in: Jahrbuch für Rechtssoziologie und Rechtstheorie, 3 (1972), pp. 491–508.

Kúlcsár, Kálmán, ‚Situation in the Law Application Process', in: Acta Juridica Academiae Scientiarum Hungariae, 12 (1970), pp. 215–248.

Lahtinen, Osvi, Zum Aufbau der rechtlichen Grundlagen, Helsinki, Akateeminen Kirjakauppa 1951, 202 S.

Larenz, Karl, Kennzeichen geglückter richterlicher Rechtsfortbildungen, Karlsruhe, C. F. Müller 1965, 14 p.

Laufer, Heinz, Verfassungsgerichtsbarkeit und politischer Prozeß. Studien zum Bundesverfassungsgericht der Bundesrepublik Deutschland, Tübingen, Mohr (Siebeck), 1968, 623 p.

Lautmann, Rüdiger, Justiz, die stille Gewalt: teilnehmende Beobachtung und entscheidungssoziologische Analyse, Frankfurt/M., Athenäum, 1972, 204 p.

Lautmann, Rüdiger, ‚Rolle und Entscheidung des Richters. Ein soziologischer Problemkatalog, in: Jahrbuch für Rechtssoziologie und Rechtstheorie, 1, 1970, pp. 381–416.

Levy, Beryl Harold, ‚Realist Jurisprudence and Prospective Overruling', in: University of Pennsylvania Law Review, 109 (1960), pp. 1–30.

Lewis, P. S. C., Defamation: Reputation and encounter, in: Jahrbuch für Rechtssoziologie und Rechtstheorie Bd. 4 (1976), S. 271–284.

Limbach, Jutta, Die rechtliche Erheblichkeit gesellschaftlicher Unwissenheit, in: Jahrbuch für Rechtssoziologie und Rechtstheorie Bd. 4 (1976), S. 307–319.

Llewellyn, Karl Nickerson, Präjudizienrecht und Rechtsprechung in Amerika, Leipzig, Weicher 1933, 122 S. (Teil 1), 360 S. (Teil 2).

Llewellyn, Karl N., The Common Law Tradition. Deciding Appeals, Boston/Toronto, Little Brown & Co. 1960, 565 p.

Lumbard, J. Edward, ‚Trial by Jury and Speedy Justice', in: Washington and Lee Law Rev., 28 (1971).

Marshall, Leon C./May, Geoffrey, Divorce Court. Vol. I: Maryland, Vol. II: Ohio, Baltimore, Johns Hopkins Vol. I 1932, 359 p. Vol. II 1933, 440 p.

Meier-Hayoz, Arthur, Der Richter als Gesetzgeber. Eine Besinnung auf die von den Gerichten befolgten Verfahrensgrundsätze im Bereiche der freien richterlichen Rechtsfindung gem. Art. 1 Abs. 2 des schweizerischen Zivilgesetzbuches, Zürich, Juris-Verlag 1951, 290 S.

Mendelson, Wallace, The Supreme Court: Law and Discretion. New York, Bobbs-Merrill 1967, 509 p.

Michel, Ulrich, Die allgemeinen Geschäftsbedingungen als Vertragsbestandteil in der Rechtsprechung, Tübingen, J. C. B. Mohr 1932, 74 S.

Müller, Friedrich, Normstruktur und Normativität. Zum Verhältnis von Recht und Wirklichkeit in der juristischen Hermeneutik, Berlin, Duncker & Humblot 1966, 232 p.

Murphy, Walter F., ‚Courts as small Groups', in: Harvard Law Review, 79 (1966), pp. 1565–1572.

Murphy, Walter F., Elements of Judicial Strategy, Chicago/London, Chicago Press 1964, 249 p.

Murphy, Walter F./Tanenhaus, Joseph, ‚Public Opinion and the United States Supreme Court. Mapping of Some Prerequisites for Court Legitimation of Regime Changes', in: Law and Society Review, 2 (1968), pp. 357–384.

Nagel, Stuart, ‚Predicting Court Cases Quantitatively', in: Michigan Law Review, 63 (1965), pp. 1411–1422.

Neppi Madona, Guido, Sciopero, potere politico e magistratura 1870–1922, Bari, Laterza, 1969, 486 p.

Peters, Karl, Fehlerquellen im Strafprozeß. Eine Untersuchung der Wiederaufnahmeverfahren in der BRD, Karlsruhe, C. F. Müller Verlag, Bd. 1 = 1970, 574 S. Bd. 2 = 1972, 371 S. Bd. 3 = 1974, 202 S. Bd. 1: Einführung und Dokumentation, Bd. 2: Systemat. Untersuchungen und Folgerungen, Bd. 3: Wiederaufnahmerecht.

Philippi, Klaus Jürgen, Tatsachenfeststellungen des Bundesverfassungsgerichts. Ein Beitrag zur rational-empirischen Fundierung verfassungsrechtlicher Entscheidungen, Köln, Heymanns Verlag 1971, 205 S.

Podgorecki, Adam, ‚Sociological Research on legal Actions against the Press. A Study on the Sociology of Law', in: Polish Sociological Bulletin, 1962, pp. 109–112, italienisch: ‚Una Ricerca Sociologica sulle azioni giudiziarie in materia di stampa', in Quaderni di Sociologia, 14 (1965), pp. 349–353.

Pound, Roscoe, Law Finding through Experience and Reason, Athens, Univ. of Georgia Press, 1960, 65 p.

Pound, Roscoe, Justice according to Law, New Haven, Yale University Press 1958, 98 S.

Pritchett, C. H., The Roosevelt Court: A Study in Judicial Politics and Values, 1937–1947, New York, Octagon Books, 1963, 314 p.

Radin, Max, The Theory of Judicial Decision, in: American Bar Association Journal 11 (1925), pp. 357–361.

Reinhardt, Rudolf/König Wilhelm, Richter und Rechtsfindung. München/Berlin, Beck Verlag 1957, 46 S.

Richardson, R. J./Vines, K. N., Politics of the Federal Courts., Boston, Little Brown, 1970, 180 p.

Rose, Gordon, ‚An experimental Study of Sentencing', in: British Journal of Criminology, 5 (1965), pp. 314–319.

Rottleuthner, Hubert, Richterliches Handeln: Zur Kritik der juristischen Dogmatik, Frankfurt/M., Athenäum 1973, 208 S.

Rottleuthner, Hubert, ‚Zur Soziologie richterlichen Handelns', in: Kritische Justiz, 3 (1970), pp. 283–306 und 4 (1971), pp. 60–88.

Savona, Ernesto Ugo, Civil trial and social justice in Italy. A sociological analysis of the proceedings under art. 28 of the Workers' Statute, in: Jahrbuch für Rechtssoziologie und Rechtstheorie Bd. 4, Opladen 1976, S. 207–215.

Schroeder, Theodore, The Psychological Study of Judicial Opinions, in: California Law Review 6 (1918), pp. 89–113.

Schubert, Glendon, The Judicial Mind Revisited: Psychometric Analysis of Supreme Court Ideology, New York, Oxford University Press 1974, 183 p.

Schubert, Glendon A., Quantitative Analysis of Judicial Behavior, New York, Free Press 1960, 392 p.

Schubert, Glendon A., Constitutional Politics. The Political Behaviour of Supreme Court Justices and the Constitutional Policies That They Make, New York, 1964.

Schubert, Glendon, Judicial Policy Making. The Political Role of the Courts, Chicago, Scott Foresman 1967, 212 p., rev.ed.: Glencoe/Ill., Scott and Comp. 1974, 239 pp.

Schubert, Glendon A., ‚Judicial Attitudes and Voting Behavior: The 1961 Term of the United States Supreme Court', in: Law and Contemporary Problems, 28 (1963), pp. 100–142.

Schubert, Glendon (ed.), Judicial Decision-Making, London, Free Press of Glencoe 1963, 278 p.

Schubert, Glendon, ‚The 1960 Term of the Supreme Court. A Psychological Analysis', in: American Political Science Review, 56 (1962), pp. 90–108.

Schubert, Glendon, ‚Behavioral Jurisprudence', in: Law and Society Review, 2 (1968), pp. 407–428.
Schubert, G./Danelski, D. J., Comparative Judicial Behavior: Cross Cultural Studies in Political Decision-Making in the East and West, New York, Oxford University Press 1969, 412 p.
Scigliano, Robert, The Courts. A Reader in the Judicial Process, Boston/Toronto, Little Brown & Co. 1962, 504 p.
Shapiro, Martin, Law and Politics in the Supreme Court. New Approaches to Political Jurisprudence, London, Collier-Macmillan 1964, 364 p.
Simon, Rita James, The Jury and the Defense of Insanity, Boston, Little Brown, 1967, 269 p.
Slayton, Philip, ‚A Critical Comment on Scalogram Analysis of Supreme Court of Canada Cases', in: Univ. of Toronto Law Journal, 21 (1971): p. 383.
Spaeth, Harold, ‚Judicial Power as a Variable Motivating Supreme Court Behavior', in: Midwest Journal of Political Science, 6 (1962), pp. 54–82.
Spaeth, Harold J./Meltz, David B./Rathjen, Gregory/v. Haselswerdt, Michael, ‚Is Justice blind: An Empirical Investigation of a Normative Ideal', in: Law & Society Rev., 7 (1972), pp. 119–138.
Tausch, Anne-Marie/Langer, Inghard, Soziales Verhalten von Richtern gegenüber Angeklagten. Merkmale, Auswirkungen sowie Änderung durch Selbsttraining, in: Zeitschrift für Entwicklungspsychologie und Pädagogische Psychologie III (1971), S. 283–303.
Trynor, Roger J., Fact Skepticism and the Judicial Process, in: University of Pennsylvania Law Review 106 (1958), pp. 635–640.
Ulmer, Sidney S., Supreme Court Justices as Strict and Not-So-Strict Constructionists: Some Implications, in: Law & Society Review, 8 (1973), S. 13–32.
Ulmer, S. Sidney, ‚Quantitative Analysis of Judicial Process: Some Practical and Theoretical Applications', in: Law and Contemporary Problems, 28 (1963), pp. 164–184.
Virtue, Maxine Boord, Family cases in court. A group of four court studies dealing with judicial administration, London, Duke University Press 1956, 291 p.
Weiss, Manfred, Die Theorie der richterlichen Entscheidungstätigkeit in den Vereinigten Staaten von Amerika, Frankfurt/M., Athenäum 1971, 148 S.
Wells, R. S./Grossman, Joel B., ‚The Concept of Judicial Policy-Making: A Critique', in: Journal of Public Law, 15 (1966), pp. 286–310.
Werner, Fritz, Zum Verhältnis von gesetzlichen Generalklauseln und Richterrecht, Karlsruhe, C. F. Müller 1966, 26 p.
Wieacker, Franz, Gesetz und Richterkunst. Zum Problem der außergesetzlichen Rechtsordnung, Karlsruhe, C. F. Müller 1958, 22 S.
Wieacker, Franz, Zur rechtstheoretischen Präzisierung des § 242 BGB, Tübingen, J. C. B. Mohr 1956, 53 S.
Winter, Gerd, Tatsachenurteile im Prozeß richterlicher Rechtssetzung, in: Rechtstheorie, 2 (1971), S. 171–207.
Zolla, Elemire, ‚Lo scetticismo giuridico', in: Rassegna Italiana di Sociologia, 1 (1960), pp. 19–30.

4.342. Verwaltungshandeln (einschließlich Handeln der Staatsanwaltschaft, der Polizei, des Vollzugsdienstes usw.)

Aaron, Thomas J., The Control of Police Discretion: The Danish Experience, Springfield, Ill., Thomas, 1966, 107 p.
Adams, Th. F., Law Enforcement. An Introduction to the Police Role in the Community, Englewood Cliffs, Prentice Hall 1968, 250 p.
Banton, M., The Policeman in the Community, New York, Basic Books London, Tavistock publications, 1964, 276 p.
Barrett, Edward, ‚Police Practices and the Law – From Arrest to Release or Charge, in: California Law Review, 50 (1962), pp. 11–55.
Barth, Alan, Law Enforcement Versus the Law, New York 1961.
Bernstein, Marver H. (ed.), The Govern-

ment as Regulator, in: The Annals of the American Academy of Political and Social Science 400 (1972), pp. 1– 139.

Bittner, Egon, ‚The Police on Skid-Row: A Study of Peace Keeping', in: American Sociological Review, 32 (1967), pp. 699–715.

Bordua, David J. (ed.), The Police. Six Sociological Essays, New York, Wiley & Sons 1967, 258 p.

Brown, Ray E., Judgement in Administration, New York/St. Louis, McGraw-Hill 1966, 225 p.

Brusten, Manfred u. a. (Hrsg.), Die Polizei, eine Institution öffentlicher Gewalt: Analysen, Kritik, empirische Daten, Neuwied, Luchterhand 1975, 177 S.

Chambliss, William J./Liell, John T., ‚The Legal Process in the Community Setting', in: Crime and Delinquency, 12 (1966), pp. 310– 317.

Coffey, Alan et al., Human Relations: Law Enforcement in a Changing Community, Englewood Cliffs, N. J., Prentice-Hall, 1971, 241 p.

Cohen, Bernard, The Police Internal Administration of Justice in New York City, New York City, Rand Institute 1970, 84 S.

Cole, George F., ‚The Decision to Prosecute', in: Law and Society Review, 4 (1970), pp. 331– 343.

Derlien, Hans-Ulrich, Die Erfolgskontrolle staatlicher Planung: eine empirische Untersuchung über Organisation, Methode und Politik der Programmevaluation, Baden-Baden, Nomos-Verlagsgesellschaft 1976, 216 S.

Dickinson, John, Administrative Justice and the Supremacy of Law in the United States, New York 1927, Neudruck New York, Russell & Rusell 1959, 403 p.

Diehl, Dieter, Rationale Administration als Voraussetzung einer erfolgreichen Entwicklungspolitik. (Ein Beitrag zur Verwaltungsökonomie), Wiesbaden, in Kommission bei O. Harrassowitz, 1971, 325 p.

Edwards, George C., The Police on the Urban Frontier: A Guide to Community Understanding, New York, Institute of Human Relations Press, 1968, 89 p.

Feest, Johannes/Blankenburg, Erhard, Die Definitionsmacht der Polizei. Strategien der Strafverfolgung und soziale Selektion., Düsseldorf, Bertelsmann-Univ.-Verlag 1972, 148 p.

Feest, Johannes/Lautmann, Rüdiger (Hrsg.), Die Polizei. Soziologische Studien und Forschungsberichte., Opladen, Westdeutscher Verlag, 1971, 208 S.

Fox, Vernon, ‚The Sociological and Political Aspects of Police Administration', in: Indian Sociological Bulletin, 3 (1965), pp. 94– 100.

Gardiner, John A., Traffic and the Police. Variations in Law-Enforcement Policy, Cambridge/Mass., Harvard Univ. Press, 1969, 176 p.

Goeschel, Albrecht/Heyer, Anselm/Schmidbauer, Gertraud, Beiträge zu einer Soziologie der Polizei, Frankfurt/M., Suhrkamp 1971, 179 S.

Goldstein, Herman, ‚Police Policy Formulation', in: Michigan Law Review, 66 (1967), pp. 1123– 1147.

Goldstein, Joseph, ‚Police Discretion not to invoke the Criminal Process: Low-Visibility Decision in the Administration of Justice', in: Yale Law Journal, 69, (1960), pp. 543– 594.

Grosman, Brian A., Police Command: Decisions and Discretion, Toronto, Macmillan of Canda Ltd. 1975, 154 S.

Grosman, Brian A., The Prosecutor: An Inquiry into the Exercise of Discretion, Toronto, Univ. of Toronto Press, 1970, 121 p.

Grunow, Dieter/Hegner, F./Kaufmann, Franz Xaver, Empirische Sozialforschung in der Verwaltung: zum Verhältnis von Steuerzahlung und Finanzamt, in: VerwArch, 66 (1975), S. 1– 33.

Hall, Jerome H., ‚Police and Law in a Democratic Society', in: Indiana Law Journal, 38 (1963), pp. 133– 177.

Handler, Joel F./Hollingsworth, Ellen Jane, The „Deserving Poor': A Study of Welfare Administration, Chicago, Markham Pub. Co., 1971, 323 p.

Jowell, Jeffrey, Law and Bureaucracy, Port

Washington, Kennikat Press 1975, 214 S.

Kadish, Sanford H., ,Legal Norm and Discretion in the Police and Sentencing Process', in: Harvard Law Review, 75 (1962), pp. 904–931.

Kaufmann, Herbert, The Forest Ranger. A Study in Administrative Behavior, Baltimore, John Hopkins Press, 1960, 259 p.

La Fave, Wayne R., ,Improving Police Performances through the Exclusionary Rule', in: Missouri Law Review, 30 (1965), pp. 391–458, 566–610.

La Fave, Wayne R., ,The Police and Non-Enforcement of the Law', in: Wisconsin Law Review, 1962, pp. 104–137, 179–239.

Lahti, Raimo, ,On the Reduction and Distribution of the Costs of Crime', in: Jurisprudentia, 1972 (1), pp. 298–313.

Lange, Ernot, ,Verwaltungsjuristen und Soziologie', in: Bayr. Verwaltungsblätter 1970, pp. 208–210.

Leroy, Maxime, Les transformations de la puissance publique. Les Syndicats de Fonctionaires, Paris, Giard & Brière 1907, 286 S.

Luhmann, Niklas, Recht und Automation in der öffentlichen Verwaltung. Eine verwaltungswissenschaftliche Untersuchung, Berlin, Duncker & Humblot 1966, 166 p.

Mather, Lynn M., Some determinants of the method of case disposition: decision-making by public defenders in Los Angeles, in: Law & Society Review, 8 (1974), pp. 187–216.

Nonet, Philippe, Administrative Justice: Advocacy and Change in Government Agencies, New York, Russell Sage Foundation, 1969, 274 p.

Piliavin, Irbing/Briar, Scott, ,Police Encounters with Juveniles', in: American Journal of Sociology, 70 (1964), pp. 206–214.

Reisner, Ralph, ,Selective Service Appeal Boards and the Conscientious Objector Claimant: Congressional Standards and Administrative Behavior', in: Wisconsin Law Rev., 1971 (1971): p. 521.

Reiss, Albert J., The Police and the Public, New Haven, Yale Univ. Press, 1971, 228 p.

Schüler, Erhard, Die Ermessensentscheidung der Ausländerbehörde, erörtert anhand der Verwaltungspraxis in Berlin, Berlin, Duncker & Humblot 1974, 316 S.

Simon, Herbert A., Administrative Behavior. A Study of Decision-Making Process in Administrative Organization, New York/London, The Free Press 1965, 259 p.

Skolnick, Jerome H., Justice without Trial: Law Enforcement in Democratic Society, New York/London, Wiley & Sons 1966, 279 p.

Smith, Paul E./Hawkins, Richard O., Victimization, types of citizen-police contacts, and attitudes toward the police, in: Law & Society Review, 8 (1973), S. 135–152.

Sowle, Claude R. (ed.), Police Power and Individual Freedom. The Quest for Balance, Chicago, Aldine Pub. Co., 1962, 287 p.

Stanley, David T./Girth, Marjorie, Bankruptcy: Problem, Process, Reform, Washington, Brookings Institution, 1971, 270 p.

Steer, D., Police Cautions: A Study in the Exercise of Police Discretion, Oxford, Blackwell for the Penal Research Unit, 1970, 64 p.

Stinchcombe, Arthur L., ,Institutions of Privacy in the Determination of Police Administrative Practice, in: American Journal of Sociology, 69 (1963), pp. 150–160.

Vetri, P., ,Guilty Plea Bargaining: Compromises by Prosecutors to Secure Guilty Pleas', in: University of Pennsylvania Law Review, 112 (1964), pp. 865–908.

Welck, Stephan Frhr. von, Rechtstatsachenuntersuchungen im Verwaltungsermessen, in: DÖV 1973, S. 732–736.

Westley, William A., Violence and Police: A Sociological Study of Law. Custom and Morality, Cambridge, Mass., MIT Press, 1970, 222 p.

Whitaker, Benjamin C., The Police, London, Eyre and Spottiswoode, 1964, 224 p.

Wills, R., ,Prosecutor: Charging and Bargaining', in: University of Illinois Law Forum, 1966, pp. 511–522.

Wilson, J. Q., Varieties of Police Behavior. The Management of Law and Order in eight Communities, Cambridge, Mass., Harvard Univ. Press 1968, 309 p.

Wilson, Orlando Winfield, Police Administration, 2nd ed., New York, McGraw-Hill, 1963, 528 p.

Woll, Peter, Administrative Law: The Informal Process, Berkeley, University of California Press 1974, 203 S.

Woll, Peter, ‚Administrative Justice: Formal Prescription and Informal Adjudication', in: Western Political Quarterly, 14 (1961), pp. 647–662.

4.343. Kautelarjurisprudenz

Arndt, Gabriele Der Reiseveranstaltungsvertrag, Berlin 1972, Duncker & Humblot, 142 p.

Arnold, T. W., Bottlenecks of Business, New York 1940.

Caplovitz, David, The Poor Pay More. Consumer Practices of Low-Income Families, Glencoe/Ill., Free Press 1963, 170 p.

Carlin, Jerome E., Lawyers' Ethics. A Survey of the New York City Bar, New York, Russell Sage Foundation 1966, 267 p.

Eisenberg, Melvin A., Private Ordering through Negotiation: Dispute – Settlement and Rulemaking, in: Harvard Law Review, 89 (1976), pp. 637–681.

Giger, Hans, Systematische Darstellung des Abzahlungsrechts, unter besonderer Berücksichtigung von Fernkurs-, Unterrichts-, Mietkauf- und Leasingvertrag. Gleichzeitig ein Beitrag zur rechtssoziologischen Grundlagenforschung, Zürich, Polygraphischer Verlag Schulthess, 1972, 232 p.

Green, Leon, Traffic Victims. Tort Law and Insurance, Evanston, Northwestern University Press 1958, 128 p.

Havighurst, Harold, The Nature of Private Contract, Evanston, Ill., Northwestern University Press 1961, 144 p.

Hines, William, ‚Personal Property Joint Tenancies: More Law, Fact and Fancy', in: Minnesota Law Review, 54, Jan. 1970, 509 p.

Hines, William, ‚Real Property Joint Tenancies: Law, Fact and Fancy', in: Iowa Law Review, 51 (1966), p. 582.

Hoene, Eberhard, Präventiver Kreditschutz und Zwangsvollstreckung durch Private, Berlin, Duncker & Humblot 1971, 155 p.

Keeton, Robert F./O'Connel, Jeffrey, Basic Protection for the Traffic Victim. A Blueprint for Reforming Automobile Insurance, Boston, Little Brown, 1965, 624 p.

Lempert, Richard, ‚Norm-Making in Social Exchange: A Contract Law Model', in: Law & Society Rev., 7 (1972), pp. 1–32.

Macaulay, Stewart, ‚Private Legislation and the Duty to Read – Business Run by IBM Machine, the Law of Contracts and Credit Cards', in: Vanderbilt Law Review, 19 (1966), p. 1051.

McIntyre, H. J./Patterson, E. P., Unsecured Creditor's Insurance, in: Columbia Law Review 31 (1931), pp. 212–237.

Meilicke, Heinz, ‚Korporative Versklavung deutscher Aktiengesellschaften durch Beherrschungs- und Gewinnabführungsverträge gegenüber in- und ausländischen Unternehmen', in: Festschrift für E. E. Hirsch, Berlin 1968, pp. 99–126.

Mueller, Warren, ‚Residential Tenants and their Leases: An Empirical Study', in: Michigan Law Review, 69 (1970), pp. 247–298.

Nussbaum, Arthur, Deutsches Hypothekenwesen. Ein Lehrbuch, Tübingen 1913, 2. Aufl. Tübingen, J. C. B. Mohr 1921, 291 S.

O'Gorman, Hubert J., Lawyers and Matrimonial Cases. A Study of Informal Pressures in Private Professional Practice, New York, The Free Press 1963, 206 p.

Payne, John, ‚Ancillary Costs in the Purchase of Homes', in: Missouri Law Review, 35 (1970), p. 455.

Pikalo, Alfred, ‚Der Einfluß der Kautelarjurisprudenz auf die Fortentwicklung des Agrarrechts', in: Deutsche Notarzeitung 1970, pp. 711–732.

Poisson, Jean Paul, Le concret en sociologie juridique, in: Revue de L'Institut de So-

ciologie Brussels 3 (1958), pp. 505–515.
Rehbinder, Manfred, Der Kantinenpachtvertrag im Blickwinkel der Rechtstatsachenforschung, Berlin, J. Schweitzer Verlag 1972, 51 S.
Rehbinder, Manfred, Das Kaufrecht in den Allgemeinen Geschäftsbedingungen der deutschen Wirtschaft, Berlin, Dunkker & Humblot 1970, 239 S.
Rehbinder, Manfred, Der Tankstellenvertrag im Blickfeld der Rechtstatsachenforschung, Berlin, J. Schweitzer Verlag 1971, 40 S.
Schaudwet, Manfred, Bankenkontokorrent und Allgemeine Geschäftsbedingungen. Die Entwicklung der das Kontokorrentverhältnis betreffenden Klauseln der AGB der Banken, Berlin, Dunkker & Humblot 1967, 152 p.
Schultz, Franklin M., ‚The Firm Offer Puzzle: A Study of Business Practice in the Construction Industry', in: University of Chicago Law Review, 19 (1952), pp. 237–285.
Schaffer, Thomas, ‚Death, Property, and Lawyers: A Behavioral Approach', New York, Dunellen, 1970, 292 p.
Smigel, Erwin O., The Wall Street Lawyer. Professional Organization Man? London, The Free Press of Glencoe 1964, 369 p.
Stelzl, Hans-Joachim, Das Recht der Galerien, Diss. Bielefeld 1974, 172 S.
Sternlieb, George, The Tenement Landlord, New Brunswick, N. J., Urban Studies Center, Rutgers, State Univ., 1966, 269 p.
Vaughan, Richard, ‚The Landlord-Tenant Relation in a Low-Income Area', in: Social Problems, 16 (1968), pp. 208–218.
Weyers, Hans-Leo, Unfallschäden. Praxis und Ziele von Haftpflicht- u. Vorsorgesystemen, Frankfurt/M., Athenäum Verlag, 1971, 681 p.
Wolf, Manfred, Normsetzung durch private Institutionen?, in: Juristen-Zeitung 1973, S. 229–232.

4.344. Verbandsrecht

Arnold, Thurman W., Bottlenecks of Business, New York 1940.
Arnold, Thurman W., The Folklore of Capitalism., New Haven, Yale University Press 1960, 400 p.
Bärmann, Johannes, Typisierte Zivilrechtsordnung der Daseinsvorsorge. Eigenständigkeit und Überstaatlichkeit im Beispiel des Verkehrs. Karlsruhe, C. F. Müller 1948, 103 S.
Berle, Adolph A./Means, Gardiner C., The Modern Corporation and private property, New York/Chicago/Washington, Commerce Clearing House 1932, 396 p.
Bohne, Gotthold, Die soziologische Natur des Verbandsbeschlusses, in: Festschrift Karl Haff, Innsbruck 1950, S. 232–248.
Brinkmann-Herz, Dorothea, Entscheidungsprozesse in den Aufsichtsräten der Montanindustrie. Eine empirische Untersuchung über die Eignung des Aufsichtsrates als Instrument der Arbeitnehmermitbestimmung, Berlin, Dunkker & Humblot, 1972, 179 p.
Buss, Eugen, ‚Eine theoretische Genossenschaftsanalyse', in: *Naucke/Trappe:* Rechtssoziologie und Rechtspraxis, Neuwied 1970, pp. 250–276.
Domke, Martin, Commercial Arbitration, Englewood Cliffs, N. J., Prentice-Hall 1965, 116 p.
Douglas, William O., A Functional Approach to the Law of Business Associations, in: Illinois Law Review, 23 (1929), pp. 673–682.
Efls, Richard, The Government of Corporations, New York 1962.
Evan, William M., ‚Due Process of Law in Military and Industrial Organizations', in: Administrative Science Quarterly, 7 (1962), pp. 187–207.
Evan, William M., ‚Organization Man and due Process of Law', in: American Sociological Review, 26 (1961), pp. 540–547.
Gierke, Otto von, Das Wesen der menschlichen Verbände, Leipzig 1902, Neudr. Darmstadt, Wissenschaftl. Buchgemeinschaft 1954, 36 S.
Grodin, Joseph R., Union Government and the Law. British and American Experiences, Los Angeles, Institute of Industrial Relations 1961, 208 p.
Haemmerle, Hermann, Zur Soziologie des Wirtschaftsrechts (3 Teile), in: Kölner

Vierteljahreshefte für Sozialwissenschaften, 9 (1930/31), S. 29- 60, 244- 254, 430- 447.

Haff, Karl, Kritik der Genossenschaftstheorie, zugleich ein Beitrag zur Rechtssoziologie der deutschen Verbände, in: Jahrbuch für Soziologie Bd. II, Karlsruhe 1926, S. 277- 299.

Helm, R. E./Meil, F. J. (eds.), Professional Corporations, Springfield, (Illinois Institute for Continuing Legal Education), 1970.

Hoene, Eberhard, Präventiver Kreditschutz und Zwangsvollstreckung durch Private, Berlin, Duncker & Humblot 1971, 155 p.

Kaiser, Eberhard, ‚Die sogenannte Betriebsjustiz im Lichte der staatlichen Rechtspflege', in: Der Betriebsberater, 21 (1966), pp. 1107- 1110.

Kaiser, Günther/Metzger-Pregizer, Gerhard (Hrsg.), Betriebsjustiz. Untersuchung über die soziale Kontrolle abweichenden Verhaltens in Industriebetrieben, Berlin, Duncker & Humblot 1976, 477 S.

Königbauer, Gerhard, Freiwillige Schlichtung und tarifliche Schiedsgerichtsbarkeit. Eine rechtstatsächliche Untersuchung, Stuttgart, G. Fischer, 1971, 254 p.

Kohler, Klaus, Die moderne Praxis des Schiedsgerichtswesens in der Wirtschaft. Ergebnisse einer Untersuchung in Frankfurt/M., Berlin, Duncker & Humblot 1967, 154 p.

Latham, Earl, ‚The Commonwealth of the Corporation', in: North-Western University Law Review 55 (1960), pp. 25–37

Leiseron, William M., American Trade Union Democracy (2. Edition), New York/ London, Columbia Univ. Press, 1961, 354 p.

Lisiecki, Dieter, Reaktionsformen von Betrieben auf innerbetriebliche kriminelle Vorgänge, Diss. Hamburg 1965, 199 p.

Manning, Bayless, ‚Corporative Power and Individual Freedom; Some General Analysis and Particular Reservations', in: North-Western University Law Review 55 (1960), pp. 38–53.

Mason, Edward S. (ed.), The Corporation in Modern Society, Cambridge, Mass., Harvard University Press 1961, 335 p.

Mathies, Otto, Die ständigen Schiedsgerichte des Hamburger Großhandels, Braunschweig/ Hamburg, G. Westermann 1921, 204 S.

McIntyre, H. J. / Patterson, Edwin P., Hedging and Wagering on Produce Exchanges, in: Yale Law Journal 40 (1931), pp. 843- 884.

Melsheimer, Klaus, Sicherungsübereignung oder Registerpfandrecht. Eine politologische Studie über den Kampf von Interessengruppen um die Reform des Kreditsicherungsrechts, Cologne/ Opladen, Westdeutscher Verlag 1967, 136 p.

Michel, Ulrich, Die allgemeinen Geschäftsbedingungen als Vertragsbestandteil in der Rechtsprechung, Tübingen, Mohr 1932, 74 S.

Moore/ Shamos, Interest on the Balance of Checking Accounts, in: Columbia Law Review 27 (1927), pp. 633- 649.

Moore/ Sussmann, Gilbert, The Current Account and Sett-Offs between an Insolvent Bank and its Customer, in: Yale Law Journal 41 (1932), pp. 1109- 1133.

Müller-Thoma, Frank, Der halbstaatliche Verein, eine Organisationserscheinung der institutionalisierten Durchdringung von Staat und Gesellschaft, Berlin, J. Schweitzer 1974, 118 S.

Nickusch, Karl-Otto, Die Normativfunktion technischer Ausschüsse und Verbände als Problem der staatlichen Rechtsquellenlehre, Diss. München 1964, 221 p.

Paulsen, Andreas, Zur Praxis des außergerichtlichen Vergleichs, Leipzig, Industrie- und Handelskammer 1931, 75 S.

Reichstein, K. J. / Pipkin, R. M., ‚Appeals Day: A Study of Academic Justice', in: Law and Society Review, 2 (1968), pp. 259- 276

Romagnoli, U., ‚La tutela sindacale contro i licenziamenti individuali nella dottrina e nell'esperienza', in: Rivista trimestrale di diritto e procedura civile, 20 (4) 1966, pp. 1428- 1450.

Ross, Laurence H., Insurance Claims Complaints: a private appeals procedure, in:

Law & Society Review 9 (1975), pp. 275–292.
Roth, Günther H., Die Herrschaft der Aktionäre in der Publikums-AG als Gegenstand rechtssoziologischer Betrachtung, in: Festschrift für Heinz Paulick zum 65. Geburtstag, Köln-Marienburg, Dr. Otto Schmidt 1973, S. 81–100.
Ruehl, H., Rechtsschöpfung durch die Wirtschaft, München, Bensheimer 1931, 24 S.
Schaudwet, Manfred, Bankenkontokorrent und Allgemeine Geschäftsbedingungen. Die Entwicklung der das Kontokorrentverhältnis betreffenden Klauseln der AGB der Banken, Berlin, Duncker & Humblot 1967, 152 p.
Schelsky, Helmut, Über die Stabilität von Institutionen, besonders Verfassungen. Kulturanthropologische Gedanken zu einem rechtssoziologischen Thema, in: Jahrbuch für Sozialwissenschaft 3 (1952), S. 1–21, neu gedruckt in: *ders.* Auf der Suche nach Wirklichkeit. Düsseldorf/Köln 1965, S. 33–55.
Schelsky, Helmut (Hrsg.), Zur Theorie der Institution, Düsseldorf, Bertelsmann Universitätsverlag, 1970, 162 p.
Schlosser, Peter, Vereins- und Verbandsgerichtsbarkeit, Munich, Goldmann 1972, 277 p.
Schmidt, Gerold, Die Allgemeinen Geschäftsbedingungen des deutschen Textilreinigungsgewerbes, Diss. Münster 1965, 207 p.
Schwartz, Louis B., ‚Institutional Size and Individual Liberty: Authoritarian Aspects of Bigness', in: North-Western University Law Review, 55 (1960), pp. 4–24.
Selznick, Philip, Law, Society, and Industrial Justice, New York, Russel Sage Foundation 1969, 282 p.
Shuchman, Philip, ‚Empirical Studies in Commercial Law', in: Journal of Legal Education, 23 (1971): 181.
Shuchman, Philip, ‚Ethics and Legal Ethic: The Propriety of the Canons as a Group Moral Code'„ in:George Washington Law Review 37 (1968), pp. 244–269.
Surberg, Klaus-Detlev, Die allgemeinen Geschäftsbedingungen der deutschen Textilindustrie, Diss. München, 1966, 243 p.
Teubner, Gunther, Ziele und Methoden der verbandsrechtlichen Reformdiskussion, in: Zeitschrift für Unternehmens- und Gesellschaftsrecht 4 (1975), S. 459–476.
Ulmer, Peter, Der Vertragshändler. Tatsachen und Rechtsfragen kaufmännischer Geschäftsbesorgung beim Absatz von Markenwaren, Munich, Beck 1969, 529 p.
Vollmer, Howard M., Employee Rights and the Employment Relationship, Berkeley, University of California Press 1960, 175 p.
Weitbrecht, Hansjörg, Effektivität und Legitimität der Tarifautonomie. Eine soziologische Untersuchung am Beispiel der deutschen Metallindustrie, Berlin, Duncker & Humblot 1969, 267 p.
Wellington, Harry H. / Winter, Ralph K., The Unions and the Cities, Washington, Brookings Institution, 1971, 226 p.
Winkler, Gottfried, Die kollektive Gestaltung der Arbeitsbedingungen in rechtssoziologischer und rechtspolitischer Sicht, in: Gedächtnisschrift für René Marcic „Dimensionen des Rechts", Berlin, Duncker & Humblot 1974, Bd. 2, S. 1213 - 1222.
Winter, Heinz, Übersicht über die Ergebnisse der Umfrage zur rechtstatsächlichen Struktur der GmbH., in: GmbH-Rundschau, 60. Jg., 1969, S. 119–123.

4.345. Professorenrecht

Doelle, Hans, Juristische Entdeckungen, Tübingen, J. C. B. Mohr 1958, 23 S.
Emge, Carl August, Philosophie der Rechtswissenschaft, Berlin, Duncker & Humblot, 1961, 341 p.
Grasserie, Raoul de la, Les Principes Sociologiques du Droit Civil, Paris, Giard & Brière 1906, 434 S.
Jellinek, Walter, Schöpferische Rechtswissenschaft, Kiel, Lipsius & Tischer 1928, 22 S.
Klausa, Ekkehard, Programm einer Wissenschaftssoziologie der Jurisprudenz, in:

Stehr, Nico / König, René, Kölner Zeitschrift für Soziologie und Sozialpsychologie, Sonderheft 18 (1975), S. 100–121.
Koschaker, Paul, Europa und das römische Recht, München/ Berlin, C.H. Beck 1966, 378 S. 4. Aufl.
Radbruch, Gustav, Rechtswissenschaft als Rechtsschöpfung. Ein Beitrag zum juristischen Methodenstreit, in: Archiv für Sozialwissenschaft und Sozialpolitik 22 (1906), S. 355–362.
Schmitt, Carl, Die Lage der europäischen Rechtswissenschaft, Tübingen, Internat. Universitäts-Verlag 1950, 32 S.
Schubert, Glendon A., ‚Ideologies and Attitudes, Academic and Judicial', in: Journal of Politics, 29 (1967), pp. 3–40.
Wieacker, Franz, Gründer und Bewahrer. Rechtslehrer der neueren deutschen Privatrechtsgeschichte, Göttingen, Vandenhoeck & Ruprecht 1959, 238 S.
Wolf. Erik, Große Rechtsdenker der deutschen Geistesgeschichte (4. Aufl.), Tübingen, J.C.B. Mohr 1963, 803 S.

5.0. Das Recht als Funktion des Soziallebens (genetische Rechtssoziologie)

Beyer, Wilhelm R., Der Spiegelcharakter der Rechtsordnung, Meisenheim a.Gl., Westkulturverlag 1951, 67 S.
Blumrosen, Alfred W., ‚Legal Process and Labor Law. Some Observations on the Relation between Law and Sociology', in: *Evan, W.M.,* Law and Sociology, 1962, pp. 185–225.
Dickinson, John, The Law behind the Law, in: Columbia Law Review 29 (1929), pp. 113–146, 285–319.
Fehr, Hans, Recht und Wirklichkeit. Einblick in Werden und Vergehen der Rechtsformen, Potsdam, Müller & Kiepenhauer; Zürich, Orell & Füssli 1928, 191 S.
Gaudemet, Jean, L'élaboration de la règle de droit et les données sociologiques. Rapport, in: Annales de la Faculté de Droit de Toulouse 1 (1958), S. 21–33.
Gray, John Chipman, The nature and sources of the law (2. Aufl.), Boston, Beacon Press 1963, 348 p.
Gurvitch, Georges, Le temps présent et l'idée du droit social, Paris, J. Vrin 1931, 336 p.
Haesaert, Jean Polydore, Contingences et régularités du droit positif, Paris, Champion 1933, 111 S.
Hauriou, Maurice, Aux sources du droit. Le pouvoir l'ordre et la liberté, Paris, Libr. Bloud et Gay 1933, 219 p.
Hirsch, Ernst E., Sozialer Sachverhalt und rechtliche Regulierung als Interdependenzprobleme, in: Festschrift für Wilhelm Wengler, Berlin 1973, Bd. I, S. 209–230.
Huber, H., Recht, Staat und Gesellschaft, Bern, Lanf & Cie. 1946, 54 S.
Husson, Léon, L'élaboration de la règle de droit et les données sociologiques. Rapport, in: Annales de la Faculté de Droit de Toulouse, 1 (1958), pp. 35–57.
Jerusalem, Franz W., Völkerrecht und Soziologie, Jena, Fischer 1921, 39 S.
Jhering, Rudolf von, Der Kampf um's Recht (4. Aufl.), Wien, G.J. Manz 1874, 96 S.
Jung, Erich, Subjektives und objektives Recht. Die neue Rechtsquellenlehre, Marburg, Elwertsche Verlagsbuchhandlung 1939, 140 S.
Kaestner, Alexander, Das Problem einer Geo- und Ethnojurisprudenz. Zur Kritik der Lehre von Manfred Langhans-Ratzeburg, Leipzig, R. Noske 1931, 79 S.
Knauthe, Karlheinz, Kausales Rechtsdenken und Rechtssoziologie. Eine Würdigung der Lehre von Müller-Erzbach, Berlin, Duncker & Humblot 1968, 112 p.
Lahtinen, Osvi, Zum Aufbau der rechtlichen Grundlagen, Helsinki, Akateeminen Kirjakauppa 1951, 202 S.
Leist, Alexander, Privatrecht und Kapitalismus im 19. Jahrhundert. Eine rechtsgeschichtliche Voruntersuchung, Tübingen, J.B.C. Mohr 1911, 288 S.
Leist, Burkhard Wilhelm, Die realen Grundlagen und die Stoffe des Rechts, Jena, Frommann 1877, 244 S.
Lévy, Emmanuel, Les fondements du droit, Paris, Alcan 1933, 170 p.
Maiwald, Serge, Das Recht als Funktion ge-

sellschaftlicher Prozesse, in: ARSP 40 (1952), S. 55–83.
Mazzarella, Giuseppe, Gli elementi irriduttibili dei sistemi giuridici, 2 Bde., Catania, Giannotta 1918 – 20.
Meislin, Bernhard / Cohen, Morris L., ‚Backgrounds of the Biblical Law against Usury', in: Comparative Studies in Society and History, VI 3 (1964), pp. 250–267.
Menger, Anton, Das Bürgerliche Recht und die besitzlosen Volksklassen, Tübingen 1927, 5. Aufl. Darmstadt, Wissenschaftliche Buchgemeinschaft 1968, 241 S.
Oliphant, Herman, The Public and Law, the Three Major Criticisms of Law and their Validity, in: American Bar Association Journal 18 (1932), pp. 787– 796.
Picard, Edmond, Les Constantes du Droit. Institutes Juridiques Modernes, Paris, Flammarion 1921, 274 S.
Ripert, Georges, Aspects juridiques du capitalisme moderne. (2. Aufl.), Paris, Pichon 1951, 354 p.
Ross, Alf, Theorie der Rechtsquellen, Leipzig/ Wien, F. Deuticke 1929, Neudruck Kopenhagen, Munksgaard 1948, 458 S.
Schindler, Dietrich, Werdende Rechte. Betrachtungen über Streitigkeiten und Streiterledigung im Völkerrecht und Arbeitsrecht, Festgabe für Fritz Fleiner, Tübingen, J.C.B. Mohr 1927, S. 400– 431.
Wurzel, Karl Georg, Die Sozialdynamik des Rechts. Die Lehre von den Eigenkräften des Rechtslebens als Verbindungsgebiet der auseinanderstrebenden Rechtstheorien, Wien, Bondi & Sohn 1924, 160 S.

5.1. Soziale Einflüsse auf das Handeln des Rechtsstabes

Ballweg, Ottmar, Zu einer Lehre von der Natur der Sache, (2. edition), Basel, Helbing & Lichtenhahn 1963, 75 p.
Beard, Charles A., An economic interpretation of the United States, New York 1913, 3. Aufl. 1961, Neudr. New York, Macmillan 1965, 330 p. Eine ökonomische Interpretation der amerikanischen Verfassung, Frankfurt/M., Suhrkamp Verlag 1974, 392 S.
Benda, Ernst, Demoskopie und Recht, in: Juristenzeitung 17 (1972), S. 497– 501.
Beyme, Klaus von, Interessengruppen in der Demokratie, München, Piper 1969, 233 S. (paperback), 3. Aufl. München, Piper 1971.
Bobbio, Norberto, La consuetudine come fatto normativo, Padova, Cedam, Casa ed. dott. A. Milani 1942, 93 p.
Cezarini Sforza, Widar, Ex facto oritur ius, in: Festschrift für Del Vecchio Bd. I (1930) München, S. 94– 102.
Dessauer, Friedrich, Recht, Richtertum und Ministerialbürokratie. Studie über den Einfluß von Machtverschiebungen auf die Gestaltung des Privatrechts, Mannheim/ Berlin/ Leipzig, Bensheimer 1928, 113 S.
Ehrlich, Eugen, Die Tatsachen des Gewohnheitsrechts, Wien, F. Deuticke 1907, 42 S.
Engisch, Karl, Vom Weltbild des Juristen, Heidelberg, Winter Universitäts-Verlag 1965, 178 S.
Fechner, Erich, Die Wirklichkeit als Rechtsquelle im Arbeitsrecht, in: Zeitschrift für die gesamte Staatswissenschaft 102 (1942), S. 78–89.
Getz, Heinrich, Die deutsche Rechtseinheit im 19. Jahrhundertals rechtspolitisches Problem, Bonn, Röhrscheid, 1966, 166 p.
Hennis, Wilhelm, Verfassung und Verfassungswirklichkeit. Ein deutsches Problem, Tübingen, J.C.B. Mohr 1968, 38 p.
Honigsheim, Paul, Soziologie der Jurisprudenz, in: *Scheler, Max,* Versuche zu einer Soziologie des Wissens, München 1924, S. 263– 272.
Kästner, Alexander, Das Problem einer Geo- und Ethnojurisprudenz. Zur Kritik der Lehre von Manfred Langhans-Ratzeburg, Leipzig, R. Noske 1931, 79 S.
Kaupen, Wolfgang, ‚Rechtspolitik und Meinungsforschung', in: Recht und Politik, 1971, pp. 162– 167
Kliege, Helmut, Rechtsprobleme der allgemeinen Geschäftsbedingungen in wirtschaftswissenschaftlicher Analyse unter besonderer Berücksichtigung der Freizeichnungsklauseln, Göttingen, Otto Schwartz 1966, 158 p.

Lüderssen, Klaus, Erfahrung als Rechtsquelle. Abduktion und Falsifikation von Hypothesen im juristischen Entscheidungsprozeß; eine Fallstudie aus dem Kartellrecht, Frankfurt/M., Suhrkamp, 1972, 258 p.

Macaulay, Stewart, Law and the Balance of Power. The Automobile Manufacturers and their Dealers, New York, Russell Sage Foundation 1966, 224 p.

Medina, H.R. (ed.), Radio, Television and the Administration of Justice. A Documented Survey of Materials, New York, Columbia University Press 1965, 321 p.

Meynaud, Jean, Nouvelles Études sur les Groupes de Pression en France, Paris, A. Colin, 1962, 448 p.

Otero Diaz, C., La Influencia De La Economia En El Derecho, Madrid, Instituto de Estudeos Politicos, 1966, 141 p.

Phelan, James / Pozen, Robert, The Company State: Ralph Nader's Study Group Report on DuPont in Delaware, New York, Grossman, 1973, 464 p.

Rabin, Robert, ‚Some Thought on Tort Law from a Socio-political Perspective', in: Wisconsin Law Review, 1969, p. 51.

Rehbinder, Manfred, Entwicklungstendenzen im Recht der Gegenwart, in: Schweizerische Juristen-Zeitung 1975, S. 373–381.

Swett, Daniel H., ‚Cultural Bias in the American Legal System', in: Law and Society Review, 4 (1969), pp. 79–110.

Westin, A.F. (ed.), Information Technology in Democracy, Cambridge, Mass., Harvard Univ. Press, 1971, 499 p.

5.11. Gesetzgebung

Bailey, Stephen Kemp, Congress makes a Law. The story behind the employment act of 1946, New York/ London 1965, Columbia University Press, 282 p.

Bethusy-Huc, Viola Gräfin v., Demokratie und Interessenpolitik, Wiesbaden, F. Steiner, 1962, 176 p.

Crumm, J.G.A., ‚Factor Analysis of Legislative Behavior', in: Midwest Journal of Political Science, 7 (1963), pp. 336–356.

Darmstaedter, Friedrich, Recht und Rechtsordnung. Ein Beitrag zur Lehre vom Willen des Gesetzgebers, Berlin, W. Rothschild 1925, 218 S.

Ebel, Wilhelm, Geschichte der Gesetzgebung in Deutschland (2. Aufl.), Göttingen, Schwartz 1958, 107 S.

Ellwein, Thomas / Görlitz, Axel / Schröder, Andreas, Parlament und Verwaltung. 1. Teil Gesetzgebung und politische Kontrolle, Stuttgart/ Berlin/ Köln/ Mainz, W. Kohlhammer 1967, 279 S.

Freeman, D.C., ‚The Poor and the Political Process: Equal Access to Lobbying', in: Harvard J. on Legislation, 6 (1969), P. 368ff.

Gross, Bertram M., The Legislative Struggle. A Study in Social Combat, New York, McGraw-Hill Comp. 1953, 472 p.

Honigman, John J., Value Conflict and Legislation, in: Social Problems 9 (1959), pp. 34–40.

Jenny, Beat Alexander, Interessenpolitik und Demokratie in der Schweiz, Zürich, Polygraphischer Verlag 1966, 103 S.

Kocher, Gerhard, Verbandseinfluß auf die Gesetzgebung, Bern, Francke Verlag 1967, 268 S.

Krüger, Herbert, ‚Rechtsetzung und technische Entwicklung', in: Neue Juristische Wochenschrift, 1966, pp. 617–624.

Latham, Earl, The Group Basis of Politics. A Study in Basing-Point Legislation, New York, Octagon Books 1965, 244 p.

Loewenberg, Gerhard, Parlamentarismus im politischen System der Bundesrepublik Deutschland, mit einer Bibliographie des Schrifttums zum Deutschen Bundestag, Tübingen, Rainer Wunderlich Verlag 1969, 581 S, Parliament in the German Political System, Ithaca/ N.Y., Cornell Univ. Press 1966, 463 p.

Melsheimer, Klaus, Sicherungsübereignung oder Registerpfandrecht. Eine politologische Studie über den Kampf von Interessengruppen um die Reform des Kreditsicherungsrechts, Cologne/ Opladen, Westd. Verlag 1967, 136 p.

Neidhart, Leonhard, Plebiszit und pluralitäre Demokratie – Eine Analyse der Funktion des schweizerischen Gesetzes-

referendums, Bern, Francke Verlag 1970, 352 S.
Noll, Peter, Gesetzgebungslehre, Reinbek b. Hamburg, Rowohlt Taschenbuch-Verlag 1973, 314 p.
O'Rourke, Terry B., Reapportionment: Law, Politics, Computers, Washington, American Enterprise Institute for Public Policy Research 1972, 111 p.
Prins, J., ‚Legislation et Droit Coutumier', in: Revue de l'Institut Sociologique Solvay, 33 (1960), pp. 669–684.
Patterson, Samuel C. / Wahlke, John C. (Hrsg.), Comparative Legislative Behavior: Frontiers of Research, New York, Wiley-Interscience 1972, 311 p.
Stammer, Otto, Verbände und Gesetzgebung. Die Einflußnahme der Verbände auf die Gestaltung des Personalvertretungsgesetzes, Cologne/ Opladen, Westd. Verlag 1965, 315 p.
Stöcker, Hans A., ‚Die Neuordnung der gesetzlichen Erbfolge im Spiegel des mutmaßlichen Erblasserwillens', in: Familienrechtszeitschrift 1971, pp. 609–618.
Stone, O. M., ‚The New Fundamental Principles of Soviet Family Law and their Social Backgrounds', in: International Comparative Law Quarterly, 18 (1969), pp. 392–423.
Tozzi, Silvia, ‚Gruppi d'interesse e processo legislativo. Le modifiche al codice della strada del 17.10. 1958', in: Rassegna italiana di sociologia, 9 (4) 1968, pp. 705–713.
Wahl, Edward, Influences Climatiques sur l'Evolution du Droit en Orient et en occident, in: Revue Internationale de Droit Comparé 1973, S. 261–276.

5.12. Rechtsprechung

Baumgärtel, Gottfried, Rechtstatsachen zur Dauer des Zivilprozesses, 2. Bde. Köln, C. Heymann, 1971/1972, 271/212 S.
Bendix, Ludwig, Zur Psychologie der Urteilstätigkeit des Berufsrichters und andere Schriften (hrsg. v. Manfred Weiss), Neuwied, Luchterhand 1968, 450 S.
Bickel, Alexander, The Supreme Court and the Idea of Progress, New York, Harper and Row, 1970, 210 p.
Birke, Wolfgang, Richterliche Rechtsanwendung und gesellschaftliche Auffassungen, Cologne, Dr. O. Schmidt, 1968, 59 p.
Broeder, Dale W., ‚The Import of the Vicinage Requirement: An Empirical Look', in: Nebraska Law Review, 45 (1966), pp. 99–118.
Carlin, Jerome E. / Howard, Jan / Messinger, Sheldon, ‚Civil Justice and the Poor', in: Law and Society Review 1966, pp. 9–89.
Dolan, Paul, Social Responsiveness of State Courts, in: University of Pittsburgh Law Review 11 (1950), pp. 250–255.
Eikenberg, Henning, ‚Voraussetzungen und Schwierigkeiten der empirischen Erforschung richterlicher Entscheidungsgrundlagen, in: Jahrbuch für Rechtssoziologie und Rechtstheorie, 1 (1971), pp. 361–379
Ellsworth, Phoebe C. / Levy, Robert J., ‚Legislative Reform of Child Custody Adjudication. An Effort to Rely on Social Science Data in Formulating Legal Policies', in: Law and Society Review, 4 (1969), pp. 167–233.
Esser, Josef, Grundsatz und Norm in der richterlichen Fortbildung des Privatrechts. Rechtsvergleichende Beiträge zur Rechtsquellen- und Interpretationslehre, (2nd edition), Tübingen, J. C. B. Mohr 1964, 394 p.
Felstiner, William L. F., Influences of Social Organization on Dispute Processing, in: Law & Society Review 9 (1974), pp. 63–94.
Fiedler, Wilfried, Sozialer Wandel, Verfassungswandel, Rechtsprechung, Freiburg/Br. / München, Verlag Alber 1972, 119 S.
Freedman, Warren A., Society On Trial. Current Court Decisions And Social Change, Springfield, Thomas 1965, 302 p.
Friedman, Lawrence M., Trial courts and their work in the modern world, in: Jahrbuch für Rechtssoziologie und Rechtstheorie Bd. 4 (1976), S. 25–38.

Gaylin, Willard, Partial Justice: A Study of Bias in Sentencing, New York, Alfred A. Knopf 1974, 244 p.

Green, Edward, ‚The Effect of Stimulus Arrangements on Normative Judgement in the Award of Penal Sanctions', in: Sociometry, 31, 1968, pp. 125– 137.

Green, L., ‚The Influence of Environment on the Litigation Process', in: Louisiana Law Review, 20 (1960), pp. 548– 552.

Hagan, John, Extra-Legal Attributes and Criminal Sentencing: An Assessment of a Sociological Viewpoint, in: Law & Society Review 8 (1974), S. 357– 383.

Hakman, N., ‚Lobbying the Supreme Court. An Appraisal of Political Science Folklore', in: Fordham Law Review, 35, 1966, pp. 15–50.

Hedemann, Justus Wilhelm, Reichsgericht und Wirtschaftsrecht. Ein Bild deutscher Praxis, Jena, G. Fischer 1929, 371 S.

Isay, Hermann, Rechtsnorm und Entscheidung, 1929, Neudruck Aalen, Scientia Verlag 1970, 379 S.

Jacob, Herbert (ed.), Law, Politics and the Federal Court, Boston, Little Brown 1967, 236 p.

Kidder, Robert L., Formal Litigation and Professional Insecurity: Legal Entrepreneurship in South India, in: Law & Society Review 9 (1974), pp. 11–37.

Klonoski, J. R. / Mendelsohn, R. I. (eds.), The Politics of Local Justice, Boston, Little Brown 1970, 255 p.

Kulcsár, Kálmán, ‚Sozialer Wandel und die Mitwirkung des Laienelementes in der Rechtspflege', in: Jahrbuch für Rechtssoziologie und Rechtstheorie 3 (1972), pp. 491– 508.

Laufer, Heinz, Verfassungsgerichtsbarkeit und politischer Prozeß. Studien zum Bundesverfassungsgericht der Bundesrepublik Deutschland, Tübingen, Mohr (Siebeck), 1968, 623 p.

Limbach, Jutta, ‚Die Feststellung von Handelsbräuchen', in: Festschrift für Ernst E. Hirsch, Berlin 1968, pp. 77–98.

Newby, I. A., Challenge to the Court. Social Scientists and the Defense of Segregation 1954 – 1966, Baton Rouge, Louisiana State University Press 1967, 239 p.

Odorisio, Roberto / Maria Cristina Celoria / Generoso Petrella / Domenico Pulitanò, Valori socio-culturali della giurisprudenza, Bari, Laterza 1970, 228 S.

Opp, Karl-Dieter / Peuckert, Rüdiger, Ideologie und Fakten in der Rechtsprechung. Eine soziologische Untersuchung über das Urteil im Strafprozeß, Munich, 1971, Wilhelm Goldmann, 150 p.

Ostermeyer, Helmut, Strafrecht und Psychoanalyse, München, Goldmann, 1972, 120 p.

Peters, Dorothee, Richter im Dienst der Macht. Zur gesellschaftlichen Verteilung der Kriminalität, Stuttgart, Enke Verlag 1973, 189 S.

Richter, Walther, Zur Bedeutung der Herkunft des Richters für die Entscheidungsbildung, Berlin, J. Schweitzer 1973, 55 p.

Rositi, Franco / Treu, Tiziano, L'applicazione dello statuto dei lavoratori, in: Sociologia del diritto 1974, S. 333– 376.

Schmölders, Günther, Die Politiker und die Währung. Bericht über eine demoskopische Untersuchung, Frankfurt/M., Knapp 1959, 158 S.

Schneider, Egon, Der mögliche Einfluß von Soziologie und Psychologie auf den Entscheidungsvorgang des Richters, in: DRiZ 1975, S. 265– 268.

Shapiro, Martin, Law and Politics in the Supreme Court. New Approaches to Political Jurisprudence, London, Collier-Macmillan 1964, 364 p.

Smith, Alexander / Blumberg, Abraham S., ‚The Problem of Objectivity in Judicial Decision-Making', in: Social Forces, 46 (1) 1967, pp. 95–105.

Speidel, Richard E., ‚Contract Law: Some Reflections upon Commercial Context and the Judicial Process', in: Wisconsin Law Review, 1967: 822.

Stammer, Otto, Verbände und Gesetzgebung. Die Einflußnahme der Verbände auf die Gestaltung des Personalvertretungsgesetzes, Cologne/ Opladen, Westd. Verlag 1965, 315 p.

Streissler, Erich, ‚Zur Anwendbarkeit von Gemeinwohlvorstellungen in richterlichen Entscheidungen', in: Zur Einheit der Rechts- und Staatswissenschaften, Karlsruhe 1967, pp. 1–47.

Toharia, José Juan, Economic development and litigation: The case of Spain, in: Jahrbuch für Rechtssoziologie und Rechtstheorie Bd. 4, 1976, S. 39–82.

Wassermann, Rudolf, ‚Zur Soziologie des Gerichtsverfahrens', in: *Naucke/ Trappe:* Rechtssoziologie und Rechtspraxis, Neuwied 1970, pp. 127–153.

Weimar, Robert, Psychologische Strukturen richterlicher Entscheidung, Basel, Helbing & Lichtenhahn 1969, 219 S.

Weiss, Manfred, ‚Die Multidimensionalität richterlichen Handelns. Der Beitrag der USA für die Justizforschung in der BRD', in: Die öffentliche Verwaltung 1972, pp. 482–485.

Weyrauch, Walter O., The Personality of Lawyers. A Comparative Study of Subjective Factors in Law, Based on Interviews with German Lawyers, New Haven/ London, Yale Univ. Press 1964, 316 p. deutsch: Zum Gesellschaftsbild des Juristen. Eine vergleichende Studie über die subjektiven Faktoren im Recht, Neuwied/ Berlin, Luchterhand 1970, 344 s.

Wulfhorst, Traugott, ‚Soziologische Erkenntnisse in der Rechtsprechung aus der Sicht der Sozialgerichtsbarkeit', in: Sozialgerichtsbarkeit 1971, pp. 293–297, 336–340.

5.13. Verwaltung

Furstenberg, Frank F. / Wellford, Charles F., Calling the Police: The Evaluation of Police Service, in: Law & Society Review 7 (1973), S 393–406.

Hawkins, Richard O., Who called the Cops?: Decision to Report Criminal Victimization, in: Law & Society Review 7 (1973), S. 427–444.

Skolnick, Jerome H., Justice without Trial: Law Enforcement in Democratic Society, New York/ London, Wiley & Sons 1966, 279 p.

Stanley, David T., Managing Local Government under Union Pressure, Washington, Brookings Institution, 1972, 177 p.

5.2. Recht als Ausdruck von Wertvorstellungen

Arnold, Thurman W., The Symbols of Government, New York, Harbinger 1962, 278 p.

Bailey, Stephen Kemp, Congress makes a Law. The story behind the employment act of 1946, New York / London 1965, Columbia University Press, 282 p.

Borucka-Arctowa, Maria, ‚The Problem of Valuation in Legal Science', in: Archivum Juridicum Cracoviense, 2 (1969), pp. 7–17.

Bruck, Eberhard, Kirchenväter und soziales Erbrecht. Wanderungen religiöser Ideen durch die Rechte der östlichen und westlichen Welt, Berlin/ Göttingen/ Heidelberg, Springer 1956, 286 S.

Busch, Otto, Toleranz und Grundgesetz. Ein Beitrag zur Geschichte des Toleranzdenkens, Bonn, Bouvier & Co. 1967, 124 p.

Carlston, Kenneth S., Law and Structure of Social Action, London, Stevens & Sons 1956, 288 p.

Cohen, Felix S., Ethical Systems and Legal Ideals. An Essay on the Foundations of Legal Criticism, New York, Great Seal Books 1959, 303 p.

Conrad, Hermann, Die geistigen Grundlagen des Allgemeinen Landrechts für die preußischen Staaten von 1794, Köln/ Opladen, Westdeutscher Verlag 1958, 54 S.

Däubler, Wolfgang, Das soziale Ideal des Bundesarbeitsgerichts, in: *M. Kittner:* Streik und Aussperrung, Frankfurt/M. 1974, S. 411–522.

Davis, F. James, ‚Law as a Type of Social Control', in: *Davis (ed.):* Society and Law, Glencoe 1962, pp. 39–63.

Davitt, T. E., The Basic Values in Law: A Study of the Ethico-Legal Implications of Psychology and Anthropology, Philadelphia, American Philosophical Society, 1968, 144 p.

Drath, Martin, Grund und Grenzen der

Verbindlichkeit des Rechts. Prolegomena zur Untersuchung des Verhältnisses von Recht und Gerechtigkeit, Tübingen, J. C. B. Mohr 1963, 60 p.

Eckhoff, Torstein, ‚Justice and Social Utility', in: Legal Essays. Festskrift til Frede Castberg, Oslo 1963, pp. 74–93.

Egger, A., Über die Rechtsethik des Schweizerischen Zivilgesetzbuches (2. unveränd. Aufl.), Zürich, Schulthess 1950, 136 S.

Ehrenzweig, Albert A., Psychoanalytische Rechtswissenschaft, Berlin, Dunker & Humblot 1973, 467 S.

Esser, Josef/Stein, Erwin, Werte und Wertewandel in der Gesetzesanwendung, Frankfurt/M., Evangelischer Presseverband, 1966, 74 p.

Frank, Jerome, Law and the Modern Mind, Garden City/New York, Doubleday & Co. 1963, 404 p., (New York 1930, 6. Aufl. 1949).

Garlan, Edwin N., Legal Realism and Justice, New York, Columbia University Press 1941, 161 p.

Governatori, Federico, Stato e cittadino in tribunale. Valutazioni politiche nelle sentenze, Bari, Laterza, 1970, 281 p.

Hägerström, Axel, Inquiries into the Nature of Law and Morals, Stockholm, Almquist & Wiksell 1953, 377 p.

Hägerström, Axel A. T., Der römische Obligationsbegriff im Lichte der allgemeinen römischen Rechtsanschauung (2 Bde), Uppsala/Leipzig, Almquist & Wiksell, Harassowitz 1927, 631 S.

Hart, H. L. A., Law, Liberty and Morality, London, Oxford University Press 1964, 88 p.

Jaehner, Theodor, Der Mythos vom Recht und seine empirischen Grundlagen. Eine Untersuchung über die erfahrungsmäßigen Grundlagen der Rechtsvorstellung, München/Berlin/Leipzig, J. Schweitzer 1933, 211 S.

Karewa, M. P., Recht und Moral in der sozialistischen Gesellschaft, Berlin, Verlag Kultur und Fortschritt 1954, 182 S.

Kelsen, Hans, Aufsätze zur Ideologiekritik hrsg. v. *Ernst Topitsch*, Neuwied/Berlin, Luchterhand 1964, 369 p.

Legaz y Lacambra, Luis, Rechtsphilosophie, Neuwied/Berlin, Luchterhand, 1965, 798 p.

Lerner, Dieter Waldemar, Das Problem der Objektivität von rechtlichen Grundwerten, Zürich/St. Gallen, Polygraph. Verlag 1967, 333 p.

Lundstedt, Anders Vilhelm, Die Unwissenschaftlichkeit der Rechtswissenschaft. Bd. 1–2, (Bd. 1 u. 2,1 ersch.), Berlin, Verlag für Staatswiss. und Geschichte, Bd. 1: Die falschen Vorstellungen von objektivem Recht und subjektiven Rechten 1932, 364 S., Bd. 2,1: Strafrecht, Vertragsrecht. Deliktische Haftung 1936, 335 S.

Mauss, Marcel, Le religion et les origines du droit pénal, in: Revue de l'histoire des religions 34 (1896/97), S. 269–73 und 35 (1897), S. 31–48.

Ornstein, Hans, Macht, Moral und Recht. Studien zur Grundproblematik menschlichen Zusammenlebens, Bern, Francke 1946, 340 S.

Paresce, Enrico, La genesi ideale del diritto. Saggio sulla attuazione spontanea del diritto e la sua creatività, Milano, A. Giuffrè 1938, 2. Aufl. Roma, A. Giuffrè 1947, 171 p.

Posner, Richard A., Economic Analysis of Law, Boston, Little, Brown & Company 1973, 415 p.

Pound, Roscoe, The Spirit of the Common Law. (2. Aufl.), Boston, Beacon Press 1966, 224 p.

Pound, Roscoe, The Ideal Element of Law, Calcutta, University 1958, 370 p.

Pound, Roscoe, Justice according to Law, New Haven, Yale University Press 1958, 98 S.

Recasens Siches, Luis, Vida humana, sociedad y derecho. Fundamentación de la filosofia del derecho, Mexico, Fondo de cultura económica 1939, 386 p., 2. Aufl. Mexico 1945; englisch: Cambridge, Harvard Univ. Press 1948, 557 p.

Recasens Siches, Luis, Tratado general de filosofia del derecho 3. Aufl., Republica Argentina, Mexico, Editorial Porrua 1965, 717 p.

Redmount, Robert S., Law as a Psychologi-

cal Phenomenon, in: American Journal of Jurisprudence 18 (1973), S. 80– 104.
Reinach, Adolf, Die apriorischen Grundlagen des bürgerlichen Rechts. 2. unveränd. Aufl., Halle/S., Niemeyer 1922, S. 686– 847 (Jahrbuch für Philosophie und phänomenologische Forschung, Bd. 1).
Ripert, Georges, Aspects juridiques du capitalisme moderne (2. Aufl.), Paris, Pichon 1951, 354 p.
Sauer, Wilhelm, Die Gerechtigkeit. Wesen und Bedeutung im Leben der Menschen und Völker, Berlin, de Gruyter 1959, 186 S.
von Schenk, Karl (ed.), Psychological Jurisprudence, Stanford, University Press 1974, 1498 S.
Stone, Julius, Human Law and Human Justice, London, Stevens & Sons 1965, 413 p.
Tomberg, Valentin, Degeneration und Regeneration der Rechtswissenschaft, Bonn, Götz Schwippert 1946, 72 S.
Waline, Marcel, L'Individualisme et le droit (12. Aufl.), Paris, Ed. Domat-Montchrestion 1949, 436 p.
Werner, Fritz, Recht und Roleranz, Tübingen, J. C. B. Mohr 1963, 15 p.

521 Recht als Legitimierung der Macht

Darmstädter, Friedrich, Recht und Gewalt, in: Archiv für civilistische Praxis 125 (1926), S. 22– 34.
Dickinson, John, The Law behind the Law, in: Columbia Law Review, 29 (1929), S. 113– 146, 285– 319.
Drath, Martin H., Grund und Grenzen der Verbindlichkeit des Rechts. Prolegomena zur Untersuchung des Verhältnisses von Recht und Gerechtigkeit, Tübingen, J. C. B. Mohr 1963, 60 p.
Emge, Carl August, Philosophie der Rechtswissenschaft, Berlin, Dunkker & Humblot 1961, 341 p.
Friedmann, Wolfgang, The Changing Structure of International Law, London, Stevens & Sons 1964, 410 p.
Heilinger, Alois, Recht und Macht. Das Prinzip der vier Elemente der Gesellschaft (2. unveränd. Aufl.), Wien, Manz'sche k. u. k. Hof-Verlags- u. Univ. Buchhandlung 1917, 87 S.
Hernandez Gil, A., La función social de la posesión. Ensayo de teorización sociológico-jurídica, Madrid, Real Academia de jurisprudencia y legislacion 1967, 239 p.
Hirsch, Ernst Eduard, Das Recht im sozialen Ordnungsgefüge. Beiträge zur Rechtssoziologie, Berlin, Dunkker & Humblot 1966, 360 p.
Hirsch, Ernst E., Macht und Recht, in: *Ernst E. Hirsch*, Das Recht im sozialen Ordnungsgefüge, Berlin 1966, S. 243– 259, ferner in: *M. Rehbinder*: Einführung in die Rechtssoziologie, Frankfurt/M. 1971, S. 178– 194.
Hirsch, Ernst E., ‚Rationale Legitimierung eines Staatsstreichs als soziologisches Problem', in: *Ernst E. Hirsch*, Das Recht im sozialen Ordnungsgefüge, Berlin 1966, pp. 260– 274.
Hofmann, Hasso, Legitimität gegen Legalität. Der Weg der politischen Philosophie Carl Schmitts, Neuwied/Berlin, Luchterhand 1964, 304 p.
Isay, Hermann, Rechtsgeschäft und wirtschaftliche Machtverschiedenheit, Berlin, Vahlen 1902, 34 S.
Jerusalem, Franz W., Völkerrecht und Soziologie, Jena, Fischer 1921, 39 S.
Kirchheimer, Otto, Political Justice: The Use of Legal Procedures for Political Ends, Princeton, Princeton University Press 1961, 452 p., german version, Politische Justiz. Verwendung juristischer Verfahrensmöglichkeiten zu politischen Zwecken, Neuwied/Berlin, Luchterhand 1965, 687 p.
Latham, Earl, Political Theories of Monopoly Power, Maryland, University of Maryland 1957, 15 S.
Leibholz, Gerhard, Ideologie und Macht in den zwischenstaatlichen Beziehungen des 20. Jahrhunderts, Göttingen, Fleischer 1949, 18 S.
Murphy, Walter F./Tanenhaus, Joseph, ‚Public Opinion and the United States Supreme Court. Mapping of Some Prerequisites for Court Legitimation of Regime Changes', in: Law and Society Review, 2 (1968), pp. 357– 384.

Oertzen, Peter von, Die soziale Funktion des staatsrechtlichen Positivismus: eine wissenssoziolog. Studie über die Entstehung des formalistischen Positivismus in der deutschen Staatsrechtswissenschaft, Frankfurt/M., Suhrkamp 1974, 356 S.

Schneider, Peter, Ausnahmezustand und Norm. Eine Studie zur Rechtslehre von Carl Schmitt, Stuttgart, Deutsche Verlagsanstalt 1957, 295 S.

Schubert, Glendon, The Public Interest: A Critique of a Political Concept, Glencoe/Ill, Free Press of Glencoe 1960, 244 p.

Shapiro, Martin, Law and Politics in the Supreme Court. New Approaches to Political Jurisprudence, London, Collier-Macmillan 1964, 364 p.

Stefano, Rodolfo de, Il Problema del Potere, Milan, Giuffrè, 1962, 175 p.

Stefano, Rodolfo de, La legge e il potere, Milan, A. Giuffre 1960, 173 p.

Strahl, Ivar, Makt och rätt, Stockholm, Bonnien 1957, 2. Aufl. Stockholm, Bonnien 1959, 119 S.

Tarde, G., Les Transformations du Droit. Etude Sociologique. 5. Aufl., Paris, Alcan 1906, 208 p.

Welzel, Hans, An den Grenzen des Rechts. Die Frage nach der Rechtsgeltung, Cologne/Opladen, Westd. Verlag 1966, 34 p.

Wiarda, Howard J., ‚Contemporary Constitutions and Constitutionalism in the Dominican Republic. The Basic Law within the Political Process', in: Law and Society Review, 2 (1968), pp. 385–405.

Woude, M. V., ‚Het recht als neerslag van de machtverhoudingen', in: Themis, 1968, pp. 29–58.

5.22. Gerechtigkeitsgefühl (Rechtsbewußtsein)

Aubert, Vilhelm, ‚Justice as a Problem of Social Psychology', in: Archiv für Rechts- und Sozialphilosophie, 56 (1970), pp. 465–483.

Barton, A./Mendlowitz, S., ‚The Experience of Injustice as a Research Problem', in: Journal of Legal Education, 13 (1960), pp. 24–39.

Berkowitz, Leonard/Walker, Nigel, ‚Laws and Moral Judgements', in: Sociometry, 30 (1967), pp. 410–422.

Borucka-Arctowa, Maria, ‚Legalism Vs. Conformity and Opportunism', in: Polish Round Table, 1967, pp. 131–144.

Carbonnier, Jean/Francois Terré, ‚Attitudes des Francais à l'égard des successions', in: Sondages Nr. 4 (1970), 120 S.

Clark, John Pradhee/Wenninger, Eugene P., ‚The Attitude of Juveniles toward the Legal Institution', in: Journal of Criminal Law, Law and Police Science, 55 (1964), pp. 482–489.

Cohen, Julius/Robson, Reginald A. H./Bates, Alan, Parental Authority: The Community and the Law, New Brunswick/New Jersey, Rutgers 1958, 301 p.

Cohen, Felix S., The Legal Conscience, New Haven, Yale University Press 1960, 505 p.

Cortese, Charles F., ‚A Study in Knowledge and Attitudes toward the Law: The Legal Knowledge Inventory', in: Rocky Mountain Social Science Journal, 3 (1966), pp. 192–204.

Dolbeare, Kenneth M./Hammond, P. E., ‚The political party basis of attitudes toward the Supreme Court', in: Public Opinion Quarterly, 32 (1968), pp. 16–30.

Engler, Günther, Zum Bild des Strafrechts in der öffentlichen Meinung: die weibl. Befragten, Göttingen, Schwartz Verlag 1973, 186 S.

Frank, Jerome, Law and the Modern Mind, Garden City/New York, Doubledey & Co. 1963, 404 p., (New York 1930, 6. Aufl. 1949).

Gardiner, John A., ‚Public Attitudes Toward Gambling and Corruptions', in: Annals of the American Academy of Political and Social Science, 379 (1967), pp. 123–134.

Grandke, Anita, ‚Familienrecht und Soziologie', in: Staat und Recht, 7 (1965), pp. 1054–1061.

Grandke, Anita/Kuhrig, Hertha/Weise, Wolfgang, ‚Die öffentliche Meinung in der Deutschen Demokratischen Republik zur Entwicklung der Familie und des Familienrechts und ihr Einfluß auf den Inhalt des Familiengesetzbuches', in: *Hirsch/Rehbinder*, Studien und Materialien zur Rechtssoziologie, Cologne/Opladen 1967, pp. 310–322.

Herren, Rüdiger, Freud und die Kriminologie: Einführung in die psychoanalytische Kriminologie, Stuttgart, Enke Verlag 1973, 281 S.

Hoche, A. E., Das Rechtsgefühl in Justiz und Politik, Berlin, Julius Springer 1932, 102 S.

Jones, Alfred Winslow, Life, Liberty and Property. A Story of Conflict and a Measurement of Conflicting Rights, New York, Octagon 1964, 397 p.

Kaupen, Wolfgang/Rasehorn, Theo, ‚Die Einstellung der Bevölkerung der Bundesrepublik zum Strafrecht und Strafvollzug', in: Zeitschrift für Rechtspolitik, 1972, pp. 21–22.

Kaupen, Wolfgang/Rasehorn, Theo, ‚Das Verhältnis der Bevölkerung der Bundesrepublik zur Rechtspflege. – Ergebnisse einer repräsentativen Umfrage', in: Neue Juristische Wochenschrift, 1971, pp. 497–499.

Kelsen, Hans, Was ist Gerechtigkeit?, Wien, Franz Deuticke 1953, 47 S.

Kornfeld, Sigmund, Das Rechtsgefühl, in Zeitschrift für Rechtsphilosophie in Lehre und Praxis, Leipzig I 1914, S. 135–187.

Kübl, Friedrich, Das Rechtsgefühl, Berlin, Puttkammer & Mühlbrecht 1913, 161 S.

Kutschinsky, Berl, ‚Advances in Scandinavian Studies on Knowledge and Opinion about Law', in: *Maeijer, J. M. M.* et al., Rechtssociologie en jurimetrie, Deventer Kluwer 1970, pp. 71–82.

Kutschinsky, Berl, ‚Law and Education: Some Aspects of Scandinavian Studies into „The General Sense of Justice"', in: Acta Sociologica 10 (1966) pp. 21–41.

Leonardi, Franco, ‚Le aspettative de giustizia (The Expectations of Justice)', in: Rassegna Italiana di Sociologia, 5 (1964), pp. 11–32.

Mäkelä, Klaus, ‚Public Sense of Justice and Judicial Practice', in: Acta Sociologica, 10 (1966), pp. 42–67.

Matz, Ulrich, Rechtsgefühl und objektive Werte. Beitrag zur Kritik des wertethischen Naturrechts, Munich, C. H. Beck 1966, 148 p.

McIntyre, Jennie, ‚Public Attitudes Towards Crime and Law Enforcement', in: Annals of the American Academy of Political and Social Science, 374 (1967), pp. 34–46.

Moser, Tilmann (Hrsg.), Psychoanalyse und Justiz, Frankfurt/M., Suhrkamp 1971, 432 S.

Murphy, Walter F./Tanenhaus, Joseph, ‚Public Opinion and the United States Supreme Court. Mapping of Some Prerequisites for Court Legitimation of Regime Changes', in: Law and Society Re-

Müller-Erzbach, Rudolf, Gefühl oder Vernunft als Rechtsquelle? Zur Aufklärung über die Interessenjurisprudenz, Stuttgart, F. Enke 1913, 31 S.

Nazarenko, Evgenija V., Sozialistisches Rechtsbewußtsein und Rechtsschöpfung, Berlin, Staatsverlag der DDR 1974, 137 S.

Pappe, H. O., ‚Sociological Aspects of ‚Natural Law' and ‚Obedience to Law'. Some Recent Trends', in: *Sawer, Geoffrey*, Studies in the Sociology of Law, Canberra 1961, pp. 197–233.

Pocar, Valerio, Diritto di famiglia e patrimonio: una ricerca sull'opinione del publico, in: Sociologia del diritto 1974, S. 377–404.

Podgórecki, Adam, ‚The Prestige of the Law (Preliminary Research Results)', in: Acta Sociologica, 10 (1966), pp. 81–96.

Pontes de Miranda, Francisco, Rechtsgefühl und Begriff des Rechts., München 1922.

Prell/Rose, Does the Punishment fit the Crime? A Study in social Valuations, in: American Journal of Sociology, 61 (1955), pp. 247–259.

Riezler, Erwin, Das Rechtsgefühl. Rechtspsychologische Betrachtungen, München/Berlin/Leipzig, J. Schweitzer 1921, 158 S.

Rümelin, Gustav, Rechtsgefühl und Gerechtigkeit, Frankfurt/M., V. Klostermann 1948, 44 S.

Schönfeld, Walther, Von der Rechtserkenntnis. Eine metaphysische Studie. Berlin, de Gruyter 1931, 120 S.

Silverman, Hirsch/Seidler, Bernard, ‚A Psychological Evaluation of the Law of Torts', in: American Bar Association Journal, 47 (1961): 180.

Stratton, John R., ‚Differential identification and Attitudes Toward Law', in: Social Forces, 46 (2) 1967, pp. 256–262.

Thibaut, John/ Walker, Laurens, Procedural Justice: A Psychological Analysis, New York, Halsted Press Division of Wiley 1975, 150 S.

Venzlaff, Friedrich, Über die Schlüsselstellung des Rechtsgefühls bei der Gesetzesanwendung, Frankfurt/M., Athenäum 1973, 65 S.

Vidmar, Neil/Ellsworth, Phoebe, Public opinion and the death penalty, in: Stanford Law Review, 26 (1974), S. 1245–1270.

Warschauer, Erich, Das Rechtsgefühl des Volkes mit besonderer Berücksichtigung des schwurgerichtlichen Gedankens, Hannover, Helwingsche Verlagsbuchhandlung 1912, 142 S.

5.23. Naturrecht

Ballweg, Otmar, Zu einer Lehre von der Natur der Sache (2. edition), Basel, Helbing & Lichtenhahn 1963, 75 p.

Bloch, Ernst, Natrurrecht und menschliche Würde, Frankfurt/M., Suhrkamp 1961, 367 p.

Borucka-Arctowa, Maria, ‚Sociology and the Contemporary Concepts of Law of Nature and the Rights of Man', in: Polish Round Table, 1968, pp. 57–78.

Brenner, Günter, Naturrecht und politische Ordnung, Mainz, v. Hase & Koehler 1968, 99 S.

Calliess, Rolf-Peter, Eigentum als Institution. Eine Untersuchung zur theologisch-anthropologischen Begründung des Rechts, Munich, Kaiser, 1962, 145 p.

Cathrein, Viktor, Recht, Naturrecht und positives Recht. Eine kritische Untersuchung der Grundbegriffe der Rechtsordnung, Freiburg/Br., Herder 1901, 184 S.

Cogley, John, Natural Law and Modern Society, Cleveland 1963.

Coing, Helmut, Naturrecht als wissenschaftliches Problem, Wiesbaden, F. Steiner Verlag 1965, 28 p.

Danzig, Richard, A Comment on the Jurisprudence of the Uniform Commercial Code (Llewellyn), in: Stanford Law Review, 27 (1975), pp. 621–635.

Davy, Georges, Le droit, l'idealisme et l'expérience, Paris, F. Alcan 1922, 168 S.

Diaz, E., ‚Introduccion a la Sociologia del Derecho Natural', in: *Kelsen, Hans*: Bobbio y Otros Critica del Derecho Natural, Madrid, 1966, pp. 9–27.

Evers, Hans Ulrich, Der Richter und das unsittliche Gesetz, Berlin, de Gruyter 1956, 154 S.

Feuerbach, Paul Johann Anselm, Kritik des natürlichen Rechts als Propädeutik zu einer Wissenschaft der natürlichen Rechte, Darmstadt, Wiss. Buchgem. 1963, 307 S. (unveränd. Nachdr. d. 1. Ausgabe Altona 1796).

Flückinger, Felix, Geschichte des Naturrechts (Bd. 1), Zolikon-Zürich, Evangel. Verlag 1954, 475 S.

Haesaert, Jean P. J. C., Naturrecht (2. Bde), Gent, Gestencild, Standaardboekhandel 1951, 225 S.

Jung, Erich, Das Problem des natürlichen Rechts, Leipzig, Duncker & Humblot 1912, 334 S.

Kaupen, Wolfgang, ‚Naturrecht und Rechtspositivismus. Ein soziologischer Versuch', in: Kölner Zeitschrift für Soziologie und Sozialpsychologie, 18 (1966), pp. 113–130.

Leroy, Maxime, La loi. Essai sur la théorie de l'autorité publique, Paris, Giard & Brière 1908, 351 S.

Lévy, Emmanuel, La Vision Socialiste du Droit, Paris, Marcel Giard 1926, 179 S.

Maihofer, Werner, ‚Ideologie und Naturrecht. Zugleich ein Beitrag zum Thema Ideologie und Rechtsprechung', in: *Maihofer, Werner*, Ideologie und Recht, Frankfurt/M., 1969, pp. 121–146.

Maihofer, Werner (Hrsg.), Naturrecht oder Rechtspositivismus?, Darmstadt, Wiss. Buchgesellschaft 1966, 644 p.

Matz, Ulrich, Rechtsgefühl und objektive Werte. Beitrag zur Kritik des wertethischen Naturrechts, Munich, C. H. Beck, 1966, 148 p.
Mead, Margaret, ‚Some Anthropological Considerations concerning Natural Law, in: Natural Law Forum, 6 (1961), pp. 51–64.
Messner, Johannes, Das Naturrecht. Handbuch der Gesellschaftsethik, Staatsethik und Wirtschaftsethik, Innsbruck 5. Aufl., Tyrolia-Verlag 1966, 1372 p.
Pappe, H. O., ‚Sociological Aspects of ‚Natural Law' and ‚Obedience to Law'. Some Recent Trends', in: *Sawer, Geoffrey*, Studies in the Sociology of Law, Canberra 1961, pp. 197–233.
Rosenbaum, Wolf, Naturrecht und positives Recht. Rechtssoziologische Untersuchung zum Einfluß der Naturrechtslehre auf die Rechtspraxis in Deutschland seit Beginn des 19. Jahrhunderts, Neuwied, Luchterhand 1972, 397 S.
Sanchez De La Torre, Posibilidad De Investigacion Sociologica En Problemas De Derecho Natural, Madrid, Centro de estudios juridicos hispanoamericanos, 1968, 44 p.
Schelauske, Hans Dieter, Naturrechtsdiskussion in Deutschland. Ein Überblick über zwei Jahrzehnte: 1945–1965, Cologne, J. P. Bachem 1968, 348 p.
Selznick, Philip, ‚Sociology and Natural Law', in: Natural Law Forum, 6 (1961), pp. 84–108.
Sprenger, Gerhard, Naturrecht und Natur der Sache, Berlin, Duncker & Humblot 1976, 160 S.
Tarde, G., Les Transformations du Droit. Etude Sociologique (5. Aufl.), Paris, Alcan 1906, 208 p.
Troller, Alois, Überall gültige Prinzipien der Rechtswissenschaft, Frankfurt/M., Metzer 1965, 314 p.
Urbaschek, Bruno, Empirische Rechtswissenschaft und Naturrecht. Der Beitrag Romeo Maurenbrechers zur Rechtslehre des 19. und 20. Jahrhunderts, Meisenheim am Glan, A. Hein 1966, 80 p.
Ven, Franz van der, Soziale Grundrechte, Cologne, Bachem, 1963, 164 p.
Weischedel, Wilhelm, Recht und Ethik. Zur Anwendung ethischer Prinzipien in der Rechtsprechung des Bundesgerichtshofes. 2. Aufl., Karlsruhe, C. F. Müller 1959, 36 S. (1. Aufl. 1956).
Welzel, Hans, Naturrecht und materiale Gerechtigkeit, (4. edition), Göttingen, Vandenhoeck & Ruprecht 1962, 257 p.
Wolf, Erik, Das Problem der Naturrechtslehre. Versuch einer Orientierung (3th edition), Karlsruhe, C. F. Müller, 1964, 219 p.

5.24. Recht und Ideologie (Klassenjustiz u. a.)

Berra, Xaver, Im Paragraphenturm. Eine Streitschrift zur Entideologisierung der Justiz, Berlin/Neuwied, Luchterhand 1966, 153 p.
Berthold, A., Volksjustiz oder Klassenjustiz? Proletarische Betrachtungen über Recht und Rechtspflege, Hamburg, Selbstverl. des Verfassers 1895, 48 S.
Bohne, Gotthold, Zur Psychologie der richterlichen Überzeugungsbildung, Köln, Universitätsverlag Balduin Pick 1948, 87 S.
Bozi, Alfred, Die Weltanschauung der Jurisprudenz, Hannover, Helwing 1907, 227 S.
Carlin, Jerome E./Howard, Jan, ‚Legal Representation and Class Justice', in: University of California Law Review, 12 No. 2 (1965), pp. 381–437.
Cassese, S., ‚Problemi delle ideologie dei giudici', in: Rivista trimestrale di diritto e procedura civile, 23 (2) 1969, pp. 413–445.
Dürrnberger, Adolf, Der Einfluß sozialistischer Postulate auf das Privatrecht, Wien, Konegen 1893, 75 S.
Evan, William M., ‚Organization Man and due Process of Law', in: American Sociological Review, 26 (1961), pp. 540–547.
Fechner, Erich, ‚Ideologie und Rechtspositivismus. Ideologische Elemente in positivistischen Rechtsanschauungen, dargestellt an Hans Kelsens „Reiner Rechtslehre", in: *Maihofer, Werner*, Ideologie und Recht, Frankfurt/M. 1969, pp. 97–120.

Hämmerle, Hermann, Zur Soziologie des Wirtschaftsrechts (3 Teile), in: Kölner Vierteljahreshefte für Sozialwissenschaften, 9 (1930/31), S. 29–60, 244–254, 430–447.

Henkel, Heinrich, Ideologie und Recht, Tübingen, J. C. B. Mohr 1973, 36 S.

Hill, Werner, Gleichheit und Artgleichheit, Berlin, Duncker & Humblot 1966, 309 p.

Hippel, Fritz von, Die Perversion von Rechtsordnungen, Tübingen, Mohr 1955, 213 S.

Hippel, Fritz von, Ideologie und Wahrheit in der Jurisprudenz, Frankfurt/M., Klostermann 1973, 344 S.

Hollerbach, Alexander, ‚Ideologie und Verfassung', in: *Maihofer, Werner*, Ideologie und Recht, Frankfurt/M. 1969, pp. 37–61.

Huvelin, Paul, Les tablettes magiques et le droit romain, in: Annales Internationales d'Histoire, Congrès de Paris 1900. 2. Section pp. 15–81.

Jones, Alfred Winslow, Life, Liberty and Property. A Story of Conflict and a Measurement of Conflicting Rights, New York, Octagon 1964, 397 p.

Kirchheimer, Otto, Political Justice: The Use of Legal Procedures for Political Ends, Princeton, Princeton University Press 1961, 452 p. German version: Politische Justiz. Verwendung juristischer Verfahrensmöglichkeiten zu politischen Zwecken. Neuwied/Berlin, Luchterhand 1965, 687 p.

König, René/Kaupen, Wolfgang, ‚Ideologie und Recht. Soziologische Anmerkungen zum Thema', in: Ideologie und Recht, hrsg. v. *Werner Maihofer*, Frankfurt/M. 1969, pp. 147–167, also in *Hirsch/Rehbinder*: Studien und Materialien zur Rechtssoziologie, Opladen 1967, pp. 356–372.

Kübler, Karl, ‚Der deutsche Richter und das demokratische Gesetz. Versuch einer Deutung aus richterlichen Selbstzeugnissen', in: Archiv für civilistische Praxis 162 (1963), pp. 104–128.

Leibholz, Gerhard, Ideologie und Macht in den zwischenstaatlichen Beziehungen des 20. Jahrhunderts, Göttingen, Fleischer 1949, 18 S.

Luhmann, Niklas, ‚Positives Recht und Ideologie', in: Archiv für Rechts- und Sozialphilosophie, 1967, pp. 531–571.

Maihofer, Werner (Hrsg.), Ideologie und Recht, Frankfurt/M., Klostermann, 1969, 176 p.

Maihofer, Werner, ‚Rechtssoziologie und Ideologiekritik', in: *Werner Maihofer*, Ideologie und Recht, Frankfurt/M. 1969, pp. XI–XVIII.

Maihofer, Werner, ‚Ideologie und Naturrecht. Zugleich ein Beitrag zum Thema Ideologie und Rechtsprechung', in: *Werner Maihofer*, Ideologie und Recht, Frankfurt/M. 1969, pp. 121–146.

Matthes, Joachim, Gesellschaftspolitische Konzeption im Sozialhilferecht. Zur soziologischen Kritik der neuen deutschen Sozialhilfegesetzgebung 1961, Stuttgart, F. Enke, 1961, 134 p.

Meister, Roland, Das Rechtsstaatsproblem in der westdeutschen Gegenwart, Berlin, Staatsverlag der DDR, 1966, 287 p.

Menger, Anton, Das bürgerliche Recht und die besitzlosen Volksklassen, Darmstadt, Wissenschaftliche Buchgemeinschaft 1968, 241 S. (Tübingen 1927, 5. Aufl.).

Moriondo, Ezio, L'ideologia della magistratura italiana, Bari, Laterza, 1967, 351 p.

Moser, Tilman, Jugendkriminalität und Gesellschaftsstruktur. Zum Verhältnis von soziologischen, psychologischen und psychoanalytischen Theorien des Verbrechens, Frankfurt/M., Suhrkamp 1972, 377 S.

Noll, Peter, ‚Ideologie und Gesetzgebung', in: *Werner Maihofer*, Ideologie und Recht, Frankfurt/M. 1969, pp. 63–82.

Opp, Karl-Dieter/Peuckert, Rüdiger, Ideologie und Fakten in der Rechtsprechung. Eine soziologische Untersuchung über das Urteil im Strafprozeß, München, Wilhelm Goldmann, 150 p.

Raiser, Thomas, Zum Problem der Klassenjustiz, in: Jahrbuch für Rechtssoziologie und Rechtstheorie Bd. 4 (1976), S. 123–136.

Rasch, Harold, Das Ende der kapitalisti-

schen Rechtsordnung, Heidelberg, L. Schneider 1946, 141 S.
Rasehorn, Theo, Recht und Klassen. – Zur Klassenjustiz in der Bundesrepublik, Neuwied, Luchterhand 1974, 210 S.
Ross, Alf, Kritik der sog. praktischen Erkenntnis. (aus dem dänischen übers. v. Hans Winkler u. Gunnar Leistikow), Leipzig, Meiner 1933, 456 S. (Kopenhagen: Levin & Munksgaard).
Rottleuthner, Hubert, ‚Klassenjustiz', in: Kritische Justiz, 1, (1968).
Rumpf, Helmut, Der ideologische Gehalt des Bonner Grundgesetzes, Karlsruhe, C. F. Müller 1958, 39 S.
Schönfeld, Walther, Die Geschichte der Rechtswissenschaft im Spiegel der Metaphysik, Stuttgart/Berlin, Kohlhammer 1943, 596 S.
Schorn, Hubert, Der Richter im Dritten Reich. Geschichte und Dokumente, Frankfurt/M., V. Klostermann 1959, 743 S.
Schubert, Glendon A., ‚Ideologies and Attitudes, Academic and Judicial', in: Journal of Politics, 29, (1967), pp. 3– 40.
Schubert, Glendon (ed.), Judicial Decision-Making, London, Free Press of Glencoe 1963, 278 p.
Schubert, Glendon, The Judicial Mind: The Attitudes and Ideologies of Supreme Court Justices 1946– 1963, *Evanston*, Northwestern University Press 1965, 295 p.
Sellnow, Werner, Gesellschaft – Staat – Recht. Zur Kritik der bürgerlichen Ideologien über die Entstehung von Gesellschaft, Staat und Recht. (Von der bürgerl. Aufklärung bis zum deutschen Positivismus des 19. Jahrhunderts), Berlin, Rütten & Löning 1963, 876 S.
Shklar, Judith N., Legalism, Cambridge/Mass., Harvard Univ. Press 1964, 246 p.
Sinzheimer, Hugo/Fraenkel, Ernst, Die Justiz in der Weimarer Republik. Eine Chronik, Neuwied/Berlin, Luchterhand 1968, 488 S.
Trappe, Paul, ‚Genossenschaftsrecht – Genossenschaftsideologie – Genossenschaftswirklichkeit', in: *Naucke/Trappe:* Rechtssoziologie und Rechtspraxis, Neuwied 1970, pp. 277– 334.
Treves, Renato, Giustizia e giudici nella società italiana, Bari, Laterza 1972, 190 p. 2. ed. 1973, 195 p.
Ver, Rudi, Demokratie und Rechtsstaat. Kritische Abhandlungen zur Rechtsstaatlichkeit in der Bundesrepublik, Berlin/ Neuwied, Luchterhand 1967, 83 p.
Viehweg, Theodor, ‚Ideologie und Rechtsdogmatik', in: *Maihofer, Werner*, Ideologie und Recht, Frankfurt/M. 1969, pp. 83–96.

5.241. Nationalsozialismus im Recht

Daut, Christian Heinz, Untersuchungen über den Einfluß nationalsozialistischer Anschauungen auf die Rechtsprechung des Reichsgerichts in Zivilsachen bei der Anwendung einiger nationalsozialistischer Gesetze. Diss. Göttingen 1965, 246 p.
Hempfer, Walter, Die nationalsozialistische Staatsauffassung in der Rechtsprechung des Preußischen Oberverwaltungsgerichts, Berlin, Duncker & Humblot 1974, 189 S.
Hildebrandt, Heinz, Rechtsfindung im Neuen Deutschen Staate. Beitrag zur Rezeption und den Rechtsquellen zur Auslegung und Ergänzung des Gesetzes, Berlin/ Leipzig, de Gruyter 1935, 105 S.
Johe, Werner, Die gleichgeschaltete Justiz, Organisation des Rechtswesens und Politisierung der Rechtsprechung 1933–1945 dargestellt am Beispiel des Oberlandesgerichtsbezirks Hamburg, Frankfurt/M., Europ. Verlagsanstalt 1967, p. 258.
Michaelis, Karl, Wandlungen des deutschen Rechtsdenkens seit dem Eindringen des fremden Rechts, Berlin, Junker & Dünnhaupt 1935, 57 S.
Nicolai, Helmut, Die rassengesetzliche Rechtslehre. Grundzüge einer nationalsozialistischen Rechtsphilosophie (3. Aufl.), München, F. Eher 1934, 59 S.
Schneider, Peter, Ausnahmezustand und Norm. Eine Studie zur Rechtslehre von Carl Schmitt, Stuttgart, Deutsche Verlagsanstalt 1957, 295 S.

Stolleis, Michael, Gemeinwohlformeln im nationalsozialistischen Recht, Berlin, Schweitzer 1974, 315 S.

Thoss, Peter, Das subjektive Recht in der gliedschaftlichen Bindung. Zum Verhältnis von Nationalsozialismus und Privatrecht, Frankfurt/M., Akademische Verlagsanstalt 1968, 155 p.

5.242. Marxismus im Recht

Adler, Max, Die Staatsauffassung des Marxismus. Ein Beitrag zur Unterscheidung von soziologischer und juristischer Methode, Wien 1922, Nachdr. Darmstadt, Wiss. Buchgemeinschaft 1964, 316 S.

Boguszak, Jiri, ‚Rechtsstaat und sozialistische Gesetzlichkeit. Grundlagen und praktische Ergebnisse', in: Die Tschechoslowakei, 1966, pp. 38–49, 50–54.

Dutoit, Bernard, Coexistence et droit international a la lumière de la doctrine soviétique, Paris, A. Pedone 1966, 182 p.

Fraenkel, Ernst, Zur Soziologie der Klassenjustiz und Aufsätze zur Verfassungskrise 1931–32. Mit einem Vorwort zum Neudruck, Darmstadt, Wiss. Buchgemeinschaft 1968, 103 S.

Hirsch, Ernst E., ‚Was bedeutet „Sozialistische Gesetzlichkeit"?', in: *Hirsch,* Das Recht im sozialen Ordnungsgefüge, Berlin 1966, pp. 275–291.

Karewa, M.P., Recht und Moral in der sozialistischen Gesellschaft, Berlin, Verlag Kultur und Fortschritt 1954, 182 S.

Klenner, Hermann, ‚Lenins „Empirokritizismus" und die Grundfrage der Rechtstheorie', in: Staat und Recht, 16 (1967), pp. 1615 – 1629.

Reich, Norbert, Sozialismus und Zivilrecht, Frankfurt/M., Athenäum Verlag 1972, 364 S.

Reich, Norbert, Marxistische Rechtstheorie: Histor. und aktuelle Diskussionen und Tendenzen, Tübingen, J. C. B. Mohr 1973, 39 S.

Reich, Norbert (Hrsg.), Marxistische und sozialistische Rechtstheorie, Frankfurt/M., Athenäum 1972, 235 S.

Schultz, S., ‚Der Einfluß der Marxistischen Soziologie auf das die Rechtsumwandlung widerspiegelnde Straf- und Familienrechtsschrifttum im Ostblock', in: Recht in Ost und West, 1967, pp. 59–68.

Stucka, Petr Ivanovic, Die revolutionäre Rolle von Recht und Staat. Hrsg. von Norbert Reich, Frankfurt/M., Suhrkamp 1969, 182 S.

Tuschling, Burkhard, Rechtsform und Produktionsverhältnisse: zur materialistischen Theorie des Rechtsstaates, Köln/ Frankfurt/M., Europäische Verlagsanstalt 1976, 138 S.

Wolf, Paul, Marxistische Rechtstheorie als Kritik des Rechts: Intention, Aporien und Folgen des Rechtsdenkens von Karl Marx, eine kritische Rekonstruktion, Frankfurt/M., Athenäum 1974, 184 S.

5.3. Auswirkungen sozialen Wandels auf das Recht

Anderson, James N. D. (ed.), Changing Law in Developing Countries, London, Allen and Unwin, 1963, 292 p.

Auerbach, Carl A., Law and Social Change in the United States, in: Los Angeles Law Review 6 (1959), pp. 516– 532.

Ball, Harry V. / Simpson, George Eaton / Ikeda, Kiyoshi, ‚Law and Social Change. Sumner Reconsidered', in: American Journal of Sociology, 67 (1962), pp. 532–540.

Below, Georg von, Die Ursachen der Rezeption des Römischen Rechts in Deutschland, München/ Berlin, R. Oldenbourg 1905, 166 S.

Davy, G., Droit et Changement Social, in: Transactions of the Third World Congress of Sociology, Internat. Association London 1956, Vol. 1, S. 33–46.

Dror, Jehezkel, Law and Social Change, in: Tulane Law Review 33 (1959), pp. 787–802.

Duguit, Léon, Les transformations du droit public, Paris 1913, 3. Aufl. Paris, Colin 1925, 285 p.

Duguit, Léon, Le droit social, le droit individuel et la transformation de l'état, Paris, Alcan 1908, 154 p.

Duguit, Léon, Les transformations générales du droit privé depuis le code Napoléon (2. Aufl.), Paris, F. Alcan 1920, 206 p.

Friedman, Lawrence M., Contract Law in America. A Social and Economic Case Study, Madison, University of Wisconsin Press, 1965, 280 p.

Friedmann, Wolfgang, Law in a Changing Society, 2. ed., Harmondsworth, Penguin, 1972, 580 p., German version: Recht und sozialer Wandel, Frankfurt/m. 1969 453 S.

Friedmann, Wolfgang, The Changing Structure of International Law. London, Stevens & Sons 1964, 410 p.

Ginsberg, Morris, Law and Opinion in England in the 20th Century. London, Stevens & Son 1959, 407 p.

Grossman, Joel B. / Grossman, M. H. (eds.), Law and Change in Modern America, Pacific Palisades, Cal., Goodyear Pub. Co. 1971, 420 p.

Hazard, G. C. jr. (ed.), Law in a Changing America, Englewood Cliffs, Prentice Hall 1968, 207 p.

Hazard, J. N., Law and Social Change in the U.S.S.R., London, Stevens 1953, 310 p.

Hedemann, Justus Wilhelm, Die Fortschritte des Zivilrechts im XIX. Jahrhundert. 2 Bde., Berlin, Carl Heymanns, Bd. I: Die Neuordnung des Verkehrslebens 1910, 151 S., Bd. II, 1: Die Entwicklung des Bodenrechts von der französischen Revolution bis zur Gegenwart: Das materielle Bodenrecht, 1930, 421 S., Bd. II, 2: Die Entwicklung ...: Die Entwicklung des formellen Bodenrechts, 1935, 406 S., Neudruck Frankfurt/M., Sauer & Auvermann 1968.

Hedemann, Justus Wilhelm, Das bürgerliche Recht und die neue Zeit, Jena, G. Fischer 1919, 37 S.

Jeffery, C. Ray, ‚Criminal Justice and Social Change', in: *Davis, F. J. (ed.):* Society and Law, Glencoe 1962, pp. 264– 310.

Jellinek, Georg, Der Kampf des alten mit dem neuen Recht, Heidelberg, Carl Winter 1907, 63 S.

Jerusalem, Franz Wilhelm, Die Zersetzung im Rechtsdenken, Stuttgart, Berlin, Köln, Kohlhammer 1968, 238 S.

Lemert, Edwin M., Social Action and Legal Change. Revolution within the Juvenile Court, Chicago, Aldine 1970, 248 p.

Macdonald, R. St. J. (ed.), Changing Legal Objectives, Toronto, University of Toronto Press 1963, 85 p.

Miller, A. S., ‚Science challenges law. Some interactions between scientific and legal changes', in: American Behav. Scientist, 13 (1970), pp. 585– 593.

Morin, Gaston, La Révolte des Faits contre le Code (4. Aufl.), Paris, Grasset 1920, 254 p.

Morin, Gaston, La loi et le contrat: la décadence de leur souveraineté, Paris, Alcan 1927, 171 p.

Nagel, Stuart S., ‚Overviews of law and social change', in: American Behav. Scientist, 13 (1970), pp. 485– 491.

Naschitz, A. M., ‚Les rapports entre le développement social et économique de la société et le développement du droit', in: Revue roumaine de sciences sociales. Séries sciences juridiques, 14 (1), 1970, pp. 3–16.

Peters, A. A. G., ‚Maatschappelijke verandering en rechtsontwikkeling', in: Recht als instrument van behoud en verandering, Festschrift für J.J.M. van der Ven, 1972, pp. 143– 156.

Pound, Roscoe, The Formative Era in American Law, Boston 1938, Neudruck Boston, Little 1963, 188 p.

Renner, Karl, Die Rechtsinstitute des Privatrechts und ihre soziale Funktion. Ein Beitrag zur Kritik des Bürgerlichen Rechts, Stuttgart, G. Fischer 1965, 291 S.

Ripert, Georges, Les Forces Créatrices du Droit, Paris, Librairie Generale de Droit et de Jurisprudence 1955, 429 p.

Rodgers, Harrell jr. / Bullock, Charles, Law and Social Change: Civil Rights Laws and their Consequences, New York, McGraw-Hill 1972, 230 S.

Savatier, R., Métamorphoses économiques et sociales du droit civil d'aujourd'hui (2. Aufl.), Paris, Dalloz 1952, 314 S.

Schluep, Walter R., ‚Die Beziehungen zwischen der wirtschaftlichen und sozialen

Entwicklung der Gesellschaft und der Entwicklung des Rechts', in: Recueil de travaux suisses présentés au VIIIè Congrès international de droit comparé, Basel 1970, pp. 41–64.
Schmidt, Reimer, ‚Rationalisierung und Privatrecht', in: Archiv für civilistische Praxis, 166 (1966), pp. 1–29.
Seagle, William, Weltgeschichte des Rechts. Eine Einführung in die Probleme und Erscheinungsformen des Rechts, München/ Berlin, Beck 1958, 569 S.
Seidman, Robert B., ‚Law and Development: A General Model', in: Law & Society Rev., 6 (1972), pp. 311–342.
Tangley, K.B.E., New Law for a new World?, London, Stevens & Sons 1965, 97 p.
Valkhoff, Johan, Recht, Mensch und Gesellschaft. Zur Transformation gesellschaftlicher Kräfte in Rechtsnormen, Berlin, Duncker & Humblot 1972, 199 p.
Wieacker, Franz, Das bürgerliche Recht im Wandel der Gesellschaftsordnungen, Karlsruhe, C.F. Müller 1960, 18 p.

5.31. Makrosoziologisch (Evolutionstheorie des Rechts)

Barton, John H., Behind the Legal Explosion, in: Stanford Law Review 27 (1975), S. 567–584.
Baxi, Upendra, Durkheim and Legal Evolution: Some Problems of Disproof, in: Law & Society Review 8 (1974), pp. 645–652.
Carbonnier, Jean, ‚Le grandi ipotesi della sociologia teorica del diritto', in: Quaderni di Sociologia, 14 (1965), pp. 267–283, German Version in *Hirsch/Rehbinder*, Studien und Materialien zur Rechtssoziologie, Cologne/ Opladen 1967, pp. 135–150.
Diamond, A.S., The Evolution of Law and Order, London, Watts 1951, 342 p.
Durkheim, Emile, Deux lois de l'évolution pénale, in: L'Année Sociologique 4 (1899/1900), S. 65–79.
Forer, Louis G., The Death of the Law, New York, David McKay 1975, 352 S.
Graveson, Ronald H., Status in the Common Law, London, Athlone Press 1953, 151 p.
Hurst, James Willard, Law and Social Progress in United States History, Ann Arbor, Univ. of Michigan Law School, 1960, 361 p.
Letourneau, Charles Jean Marie, L'Evolution juridique dans les diverses races humaines, Paris, Lecrosnier et Babé 1891, 540 S.
Luhmann, Niklas, ‚Evolution des Rechts', in: Rechtstheorie, 1 (1970), pp. 3–22.
Lukic, Radomir D., ‚La structure sociale et le dépérissment du droit et de l'état', in: Archiv für Rechts- u. Sozialphilosophie, Beiheft 38 (1960), pp. 39–56.
Maine, Henry Sumner, Ancient Law. Its Connections with the Early History of Society and its Relation to Modern Ideas; London 1861, Neuausgabe Boston, Beacon Press 1963, 462 p.
Pound, Roscoe, Interpretation of Legal History, Cambridge 1923, Neudruck Magnolia/Mass., P. Smith 1967, 171 p.
Rasch, Harold, Das Ende der kapitalistischen Rechtsordnung, Heidelberg, L. Schneider 1946, 141 S.
Rehbinder, Manfred, Status – Kontrakt – Rolle. Wandlungen der Rechtsstruktur auf dem Wege zur offenen Gesellschaft, in: Festschrift für Ernst E. Hirsch, Berlin 1968, S. 141–169, sowie gekürzt unter dem Titel: Wandlungen der Rechtsstruktur im Sozialstaat, in: *Hirsch/ Rehbinder*, Studien und Materialien zur Rechtssoziologie, Köln/ Opladen 1967, S. 197–222.
Schwartz, Louis B., ‚Institutional Size and Individual Liberty: Authoritarian Aspects of Bigness', in: North-Western University Law Review, 55 (1960), pp. 4–24.
Werner, Fritz, Über Tendenzen der Entwicklung von Recht und Gericht in unserer Zeit, Karlsruhe, C.F. Müller 1965, 27 p.

5.32. Mikrosoziologisch (Wandel einzelner Rechtsnormen)

Bonbright, James C., The Holding Company, its public significance and its regulation, New York/ London, McGraw 1932, 398 p.

Bonbright, James C., The Valuation of Property; a treatise on the appraisal of property for different legal purposes, New York/ London, McGraw 1937, 1271 pp.

Callies, Rolf-Peter, Eigentum als Institution. Eine Untersuchung zur theologisch-anthropologischen Begründung des Rechts. Munich, Kaiser 1962, 145 p.

Dörner, Heinrich, Industrialisierung und Familienrecht: die Auswirkungen des sozialen Wandels dargestellt an den Familienmodellen d. ALR, BGB und des franz. Code civil, Berlin, Duncker & Humblot 1974, 178 S.

Felix, Ludwig, Der Einfluß der Natur auf die Entwicklung des Eigentums, Leipzig, Duncker & Humblot 1883, 308 S.

Felix, Ludwig, Der Einfluß der Sitten und Gebräuche auf die Entwicklung des Eigenthums, Leipzig, Duncker & Humblot 1886, 462 S.

Fiedler, Wilfried, Sozialer Wandel, Verfassungswandel, Rechtsprechung, Freiburg/Br. / München, Verlag Alber 1972, 119 S.

Foster, Henry H., ‚Family Law in a Changing Society', in: *Davis, F.J. (ed.)*, Society and Law, Glencoe 1962, pp. 227–263.

Foster, Henry H., ‚Public Law and Social Change', in: *Davis, F.J. (ed.)*, Society and Law, Glencoe 1962, pp. 149–195.

Friedman, Lawrence M. / Percival, Robert V., Who Sues for Divorce? From Fault through Fiction to Freedom, in: Journal of Legal Studies 5 (1976), S. 61–82.

Friedman, Lawrence M., ‚Legal Rules and the Process of Social Change', in: Stanford Law Review, 19 (1967), pp. 786–840.

Friedman, Lawrence M. / Ladinsky, Jack, ‚Social Change and the Law of Industrial Accidents', in: Columbia Law Review, 67 (1967), pp. 50–82.

Gefaeller, Wolfgang, Entstehung und Bedeutungswandel der Arbeitsmündigkeit (§ 113 BGB), Berlin, Duncker & Humblot 1968, 110 p.

Gilmore, Grant, The Death of Contract, Columbus (Ohio), Ohio State University Press 1974, 151 S.

Hesse, Hans Albrecht, ‚Der Einzelne und sein Beruf: Die Auslegung des Art. 12, Abs. 1 GG durch das Bundesverfassungsgericht aus soziologischer Sicht', in: Archiv für Öffentliches Recht 95 (1970), pp. 449–474.

Hirsch, Ernst E., ‚Über die Gesellschaftsbezogenheit des Eides', in: Festschrift Heinitz, Berlin 1972, pp. 139–158.

Hurst, James Willard, The Legitimacy of the Business Corporation in the Law of the United States, 1780–1970, Charlottesville, Univ. Press of Virginia, 1970, 191 p.

Hurst, James Willard, Law and Economic Growth. The Legal History of the Lumber Industry in Wisconsin 1836 – 1915, Cambridge, Mass., The Belknap Press of Harvard University Press 1964, 946 p.

Jellinek, Georg, Der Kampf des alten mit dem neuen Recht. Heidelberg, Carl Winter 1907, 63 S.

Jellinek, Georg, Verfassungsänderung und Verfassungswandlung, Berlin, Häring 1906, 80 S.

Jerusalem, Franz Wilhelm, Die Zersetzung im Rechtsdenken, Stuttgart/ Berlin/ Köln, W. Kohlhammer 1968, 238 S.

Jülkenbeck, Hermann, ‚Die Regelung des Sorge- und Verkehrsrechts über Kinder aus geschiedenen Ehen', in: Soziologie, Festschrift René König, Opladen 1973, pp. 420–433.

Köbler, Gerhard, Erbrecht und Gesellschaft, Göttingen, Distler 1974, 141 S.

Kovalevsky, Maxime, Le tableau des origines et de l'évolution de la famille et de la propriété, Stockholm, Samson & Wallin 1890, 202 S.

Kruse, Fr. Vinding, Das Eigentumsrecht. (Aus dem Dänischen übers. v. *Knud Larsen*), Berlin/ Leipzig, de Gruyter 1931, 881 S.

Leroy, Maxime, Le code civil et le droit nouveau, Paris, Société nouvelle de librairie 1904.

Llewellyn, Karl N., Behind the Law of Divorce, in: Columbia Law Review 32 (1932), S. 1281–1308, 33 (1933), S. 249–294.

Llewellyn, Karl N., On Warranty of Quality and Society, in: Columbia Law Review 36 (1936), S. 699–744, 37 (1937), S. 341–409.

Macaulay, Stewart, Law and the Balance of Power. The Automobile Manufacturers and their Dealers, New York, Russell Sage Foundation 1966, 224 p.

Marmier, M.P., Sociologie de l'adoption. Etude de sociologie juridique, Paris, Pichon & Durand-Auzias 1969, 422 p.

Melsheimer, Klaus, Sicherungsübereignung oder Registerpfandrecht. Eine politologische Studie über den Kampf von Interessengruppen um die Reform des Kreditsicherungsrechts, Cologne/ Opladen, Westd. Verlag 1967, 136 p.

Menger, Anton, Das bürgerliche Recht und die besitzlosen Volksklassen (Tübingen 1927, 5. Aufl.), Darmstadt, Wissenschaftliche Buchgemeinschaft 1968, 241 S.

Nussbaum, Arthur, Lehrbuch des Deutschen Hypothekenwesens nebst einer Einführung in das allgemeine Grundbuchrecht (2. völlig umgearb. Aufl.), Tübingen, Mohr 1921, 291 S.

Raiser, Thomas, Das Arbeitsverhältnis aus der Sicht der Organisationssoziologie, in: ZRP 1973, S. 13–19.

Reich, Charles A., ‚The New Property', in: Yale Law Journal, 73 (1964), pp. 733–787.

Rheinstein, Max, Marriage Stability, Divorce, and the Law, Chicago, The University of Chicago Press 1972, 482 p.

Rümelin, Max, Erlebte Wandlungen in Wissenschaft und Lehre, Tübingen, J.C.B. Mohr 1930, 77 S.

Schiller, Theo, Stiftungen im gesellschaftlichen Prozeß. Ein politikwiss. Beitrag zu Recht, Soziologie und Sozialgeschichte der Stiftungen in Deutschland, Baden-Baden 1969, 233 p.

Simitis, Spiros / Zenz, Gisela (Hrsg.), Seminar Familie und Familienrecht, Frankfurt/M. Suhrkamp 1975, Bd. I 339 S., Bd. 2 342 S.

Stödter, Rolf, Geschichte der Konnossementsklauseln, Hamburg, Schroedter & Co. 1953, 100 S.

Strümpel, Burkhard, Steuersystem und wirtschaftliche Entwicklung. Funktion und Technik der Personalbesteuerung im sozioökonomischen Wandel, Tübingen, J.C.B. Mohr 1968, 249 S.

Weimar, Robert, Untersuchungen zum Problem der Produktenhaftung. Ein Beitrag zur soziologischen Rechtsforschung. Basel/ Stuttgart, Helbing & Lichtenhahn 1967, 102 S.

5.4. Typologie von Rechtssystemen (Recht und Kultur)

Asante, S.K.B., ‚Law and Society in Ghana', in: Wisconsin Law Review, 4 (1966), pp. 1113–1124.

Adamek, Stanislaw A., Die Ideologie des Rechts, Stockholm, Diakonistyr 1944, 443 S.

Baermann, Johannes, Typisierte Zivilrechtsordnung der Daseinsvorsorge. Eigenständigkeit und Überstaatlichkeit im Beispiel des Verkehrs, Karlsruhe, C.F. Müller 1948, 103 S.

Carlston, Kenneth S., Law and Structure of Social Action, London, Stevens & Sons 1956, 288 p.

Carlston, Kenneth S., Social Theory and African Tribal Organization: The Development of Socio-Legal Theory, Urbana, University of Illinois Press 1968, 462 p.

Carlston, Kenneth S., Law and Organization in World Society, Urbana, University of Illinois Press 1968.

Coissoró, Narana, The Customary Laws of Succession in Central Africa, Lisboa, Junta de Investigações do Ultramar 1966, 412 p.

Darmstaedter, Friedrich, Die Grenzen der Wirksamkeit des Rechtsstaates. Eine Untersuchung zur gegenwärtigen Krise des liberalen Staatsgedankens, Heidelberg, C. Winter 1930, 305 S.

Diederichsen, Uwe, Die Industriegesellschaft als Herausforderung an das bürgerliche Recht, in: NJW 1975, S. 1801–1807.

Edmunds, Palmer D., Law and civilization, Washington, Public Affairs Press 1959, 528 p.

Fallers, Lloyd A., Law without Precedent.

Legal Ideas in Action in the Courts of Colonial Busoga, Chicago, Univ. of Chicago Press, 1969, 365 p.

Friedman, Lawrence M., ‚Legal Culture and Social Development', in: Law and Society Review, 4 (1969), pp. 29–44.

Gessner, Volkmar, ‚Soziologische Überlegungen zu einer Theorie der angewandten Rechtsvergleichung', in: RabelsZ, 36 (1972), pp. 229 – 260.

Gluckman, Max, The Ideas in Barotse Jurisprudence, New Haven/ London, Yale University Press, 1965, 299 p.

Gluckman, Max (ed.), Ideas and Procedures in African Customary Law, London, Oxford University Press, 1969, 361 p.

Gluckman, Max, The Judicial Process among the Barotse of Northern Rhodesia, Manchester, University Press 1967, 469 p.

Goldschmidt, Walter, Sebei Law, Berkeley/ Los Angeles, University of California Press 1967, 303 p.

Graveson, Ronald H., Status in the Common Law. London, Athlone Press 1953, 151 p.

Guala Duca, R., ‚Modelli burocratici ed ordinamento processuale', in: Studi di sociologia, 7 1969, pp. 252 – 262.

Hagan, W. T., Indian Police and Judges: Experiments in Acculturation and Cotrol, New Haven, Yale University Press 1966, 194 p.

Harvey, W. B., Law and Social Change in Ghana, Princeton, Princeton University Press 1966, 453 p.

Hazard, John N., Communists and Their Law. A Search for the Common Core of the Legal Systems of the Marxian Socialist States, Chicago/ London, Univ. of Chicago Press, 1969, 560 p.

Hoebel, Edward Adamson, ‚Fundamental Cultural Postulates and Judicial Law-Making in Pakistan', in: American Anthropologist, 67 (1965), pp. 43–56.

Honigsheim, Paul,, Soziologie der Jurisprudenz, in: *Scheler, Max*, Versuche zu einer Soziologie des Wissens, München 1924, S. 263 – 272.

Karewa, M. P., Recht und Moral in der sozialistischen Gesellschaft, Berlin, Verlag Kultur und Fortschritt 1954, 182 S.

Kelsen, Hans, Zur Soziologie der Demokratie, in: Die Wiener rechtstheoretische Schule, 1968, S. 1729 – 1741.

Kötz, Hein, Über den Stil höchstrichterlicher Entscheidungen, Universitätsverlag Konstanz 1973, 36 S.

Kuper, Hilda and Leo, African Law. Adaptation and Development, Berkeley, Univ. of California Press, 1965, 275 p.

Lazar, Joseph, ‚Juridical Perspectives on National Character', in: Annals of the American Academy of Political and Social Science, 370 (1967), pp. 16–22.

Legaz y Lacambra, Luis, ‚Die soziale Struktur und die Formen des Rechts', in: Archiv für Rechts- u. Sozialphilosophie, Beiheft 38 (1960), pp. 15–37.

Lev, Daniel S., ‚The Law and the Banyan Tree; Civil-Law Change in Indonesia', in: American Journal of Comparative Law, 1965, pp. 282 – 307.

Lingat, Robert, Les Sources du Droit dans le Système Traditionnel del'Inde, La Haye, Mouton, 1967, 328 p.

Llewellyn, Karl N. / Hoebel, E. Adamson, The Cheyenne Way. Conflict and Case Law in Primitive Jurisprudence, Norman, University of Oklahoma Press 1961, 360 p.

Mazzarella, Giuseppe, Les types sociaux et le droit, Paris, Doin 1908, 457 S.

Mazzarella, Giuseppe, Gli elementi irriduttibili dei sistemi giuridici. 2 Bde., Catania, Giannotta 1918–20.

von Mehren, Arthur Taylor (ed.), Law in Japan: The Legal Order in a Changing Society, Cambridge, Mass., Harvard University Press 1963, 706 p.

Münch, Fritz, Kultur und Recht, Leipzig, F. Meiner 1918, 63 S.

Nader, Laura (ed.), Law in Culture and Society, Chicago, Aldine Publishing Company 1969, 454 p.

Nagel, Stuart Samuel, ‚Culture Patterns and Judicial Systems', in: Vanderbilt Law Review 16 (1962), pp. 147 – 157.

Pittioni, Richard, ‚Zur Frage der Sozialstruktur und Rechtsvorstellungen in der

Urzeit Europas', in: Österr. Zs. f. öff. Recht, 1970, pp. 189–201.
Poirier, Jean (ed.), Etudes de Droit Africain et de Droit Malgache, Paris, Editions Cujas, 1965, 529 p.
Poirier, Jean, ,Introduction à l'ethnologie de l'appareil juridique', in: *Poirier:* Ethnologie générale, Paris 1968, pp. 1091–1110.
Pospisil, Leopold, Anthropology of Law: A Comparative Theory, New York, Harper and Row, 1971, 385 p.
Rasch, Harold, Das Ende der kapitalistischen Rechtsordnung, Heidelberg, L. Schneider 1946, 141 S.
Rehbinder, Manfred, ,Status – Kontrakt – Rolle. Wandlungen der Rechtsstruktur auf dem Wege zur offenen Gesellschaft', in: Festschrift für Ernst E. Hirsch, Berlin 1968, pp. 141–169., also published under the title ,Wandlungen der Rechtsstruktur im Sozialstaat', in *Hirsch/ Rehbinder:* Studien und Materialien zur Rechtssoziologie, Cologne 1967, pp. 197–222.
Reid, John P., Law of Blood. The Primitive Law of the Cherokee Nation, New York, New York Univ. Press, 1970, 340 p.
Ripert, Georges, Aspects juridiques du capitalisme moderne (2. Aufl.), Paris, Pichon 1951, 354 p.
Robilant, Enrico di, Il Diritto Nella Societa'Industriale, in: Rivista Internazionale di Filosofia del Diritto 1973, S. 225–262.
Rocher, Ludo, ,Lawyers' in Classical Hindu Law', in: Law and Society Review, 3 (1969), pp. 383–402.
Rotter, Frank, Verfassung und sozialer Wandel. Studien zur systemtheoretischen Rechtssoziologie, Hamburg, Hoffmann & Campe 1974, 162 S.
Rowe, Peter, ,Indian Lawyers and Political Modernization. Observations in Four District Towns', in: Law and Society Review, 3 (1969), pp. 219–250.
Schmitthener, Samuel, ,A Sketch of the Development of the Legal Profession in India', in: Law and Society Review, 3 (1969), pp. 337–382.
Sorokin, Pitirim A., Social and Cultural Dynamics. Vol. II: Fluctuation of Systems of Truth, Ethics, and Law, American Book Comp., New York 1937.
van der Sprenkel, Sybille, Legal Institutions in Manchu China; a Sociological Analysis, London, Athlone Press; New York, Humanites Press, 1966, 186 p.
Thurnwald, Richard, Werden, Wandel und Gestaltung des Rechtes im Lichte der Völkerforschung, Berlin/ Leipzig, de Gruyter 1934, 232 S.
Vallet de Goytisolo, J., Sociedad de masas y derecho, Madrid, Taurus 1969, 658 p.
van der Ven, J. J. M., ,Eins – zwei – drei? Bürgerliches, öffentliches und soziales Recht', in: Festschrift für Rudolf Reinhardt zum 70. Geburtstag, Cologne 1972, pp. 167–177.
Wahl, Edward, Influences Climatiques sur l'Evolution du Droit en Orient et en Occident, in: Revue Internationale de Droit Comparé 1973, S. 261–276.
Wieacker, Franz, Industriegesellschaft und Privatrechtsordnung, Frankfurt/M., Athenäum Verlag 1974, 93 S.
Wigmore, John Henry, A Kaleidoscope of Justice Containing Authentic Accounts of Trial Scenes from all Times and Climes, Washington, Wash. Law 1941, 751 p.
Wilensky, H. L. / Ladinsky, Jack, ,From Religious Community to Occupational Group: Structural Assimilation among Professors, Lawyers and Engineers', in: American Sociological Review, 32 (1967), pp. 541–561.

6.0. Recht als Regulator des Soziallebens (operationale Rechtssoziologie)

Arnold, Thurman W., Bottlenecks of Business, New York 1940.
Arnold, Thurman W., Law Enforcement: An Attempt at Social Dessection, in: Yale Law Journal 42 (1932–33), pp. 1–24.
Baumann, Jürgen, ,Möglichkeiten und Grenzen für die Gesetzgebung und Rechtsprechung, durch Strafmaßnahmen die Verkehrssicherheit zu heben', in: Deutsches Autorecht, 1966, pp. 311–319.
Borucka-Arctowa, Maria, ,Sociological Problems of Legal Control', in: Archivum juridicum Cracoviense, 3 (1970), pp. 47–67.

Chambliss, William J. / Seidman, Robert B., Law, Order and Power, London, Addison-Wesley, 1971, 533 p.
Cohen, Julius/ Robson, Reginald A. H. / Bates, Alan, Parental Authority: The Community and the Law, New Brunswick, N. J., Rutgers 1958, 301 p.
Davis, F. James, ‚Law in Operation', in: *Davis (ed.)*, Society and Law, Glencoe 1962, pp. 64–92.
Davis, F. James, ‚Law as a Type of Social Control', in: *Davis (ed.)*, Society and Law, Glencoe 1962, pp. 39–63.
Field, Ruth / Simpson, S. P., Social Engineering through Law, in: New York University Law Quarterly Review 22 (1957), pp. 145– 193.
Greenberg, Jack, Race Relations and American Law, New York, Columbia University Press 1959, 481 p.
Jones, Harry, The Efficacy of Law, Evanston, Ill. Northwestern Univ. Press, 1969, 117 p.
Leoni, Bruno, Freedom and the Law, Princeton, Nostrand Comp. 1961, 204 p.
Noll, Peter, Gesetzgebungslehre, Reinbek b. Hamburg, Rowohlt Taschenbuch-Verlag 1973, 314 p.
Ott, Claus, ‚Die soziale Effektivität des Rechts bei der politischen Kontrolle der Wirtschaft', in: Jahrbuch für Rechtssoziologie und Rechtstheorie, 3 (1972), pp. 345– 408.
Parsons, Talcott, ‚The Law and Social Control', in: *Evan, W. M.*, Law and Sociology, 1962, pp. 56–72. Deutsch in *Hirsch/Rehbinder:* Studien und Materialien zur Rechtssoziologie, Cologne/ Opladen 1967, pp. 121– 134.
Perrault, A., Droit et la vie sociale, in: Revue du Barreau 14 (1954), S. 1–17.
Podgórecki, Adam, ‚Three Modifiers of the Operation of Law', in: The Polish Sociological Bulletin, 1966, pp. 38–47. Deutsch in *Hirsch/Rehbinder:* Studien und Materialien zur Rechtssoziologie, 1967, pp. 271– 283.
Podgórecki, Adam, ‚Law and Social Engineering', in: Human Organization, 21 (1962), pp. 177– 181.
Renner, Karl, Die Rechtsinstitute des Privatrechts und ihre soziale Funktion. Ein Beitrag zur Kritik des bürgerlichen Rechts, Stuttgart, G. Fischer 1965, 291 S.
Ripert, Georges, Les Forces Créatrices du Droit, Paris, Librairie Generale de Droit et de Jurisprudence 1955, 429 p.
Warren, George, Traffic Courts, Boston, Little 1942, 280 p.

6.1. Die Wirkungsweise des Rechts (Recht als Ordnungstyp)

Allen, Carleton Kemp, Law and disorders. Legal indiscretions, London, Stevens 1954, 162 S.
Aubert, Vilhelm, Likhet og rett, Oslo, Pax Förlag, 1964, 163 p.
Aubert, Vilhelm, ‚Courts and Conflict Resolution', in: Journal of Conflict Resolution, 11 (1967), pp. 40– 50.
Barkun, Michael, Law without Sanctions. Order in Primitive Societies and the World Community, New Haven/London, Yale University Press 1968, 179 p.
Barnes, J. A., ‚Law as politically active. An Anthropological View', in: *Sawer, Geoffrey*, Studies in the Sociology of Law, Canberra 1961, pp. 167– 196.
Benjamin, Michael, ‚Zur Anwendung mathematischer Methoden in der staatlichen Leitung und Rechtspflege', in: Staat und Recht, 1965, pp. 899– 921.
Benjamin, Michael, ‚Kybernetik und staatliche Führung', in: Staat und Recht, 16 (1967), pp. 1230– 1239.
Beyer, Wilhelm R., Recht und Rechtsordnung. Eine Grenzziehung, Meisenheim/Glan, Westkulturverlag Anton Hain 1951, 139 S.
Boasson, Ch., Sociological Aspects of Law and International Adjustment, Amsterdam, North-Holland Publish. Company 1950, 120 p.
Brecher, Fritz, Rechtsformalismus und Wirtschaftsleben, Saarbrücken 1968, 30 p. (Saarbrücker Universitätsreden, 9).
Bürchler, Urs, Kann das Strafrecht an die Verkehrssicherheit einen Beitrag leisten?, Zürich, Schulthess 1973, 76 S.
Carlston, Kenneth S., Law and Structure of

Social Action, London, Stevens & Sons 1956, 288 p.
Cezarini Sforza, Widar, ‚Regel, Norm und soziale Struktur', in: Archiv für Rechts- u. Sozialphilosophie Beiheft, 38 (1960), pp. 75– 85.
Chiba, Masaji, ‚Relations between the School District System and the Fundalistic Village Community in Nineteenth Century Japan. A Study of the Effect of Law upon Society', Law and Society Review, 2 (1968), pp. 229– 240.
Cowan, Thomas A., ‚What Law can do for Social Science', in: *Evan, W. M.*, Law and Sociology, 1962, pp. 91– 123.
Cowan, Thomas A., ‚Decision Theory in Law, Science and Technology', in: Rutgers Law Review, 17 (1963), pp. 499– 530.
Dahrendorf, Ralf, ‚Über Gestalt und Bedeutung des Rechts in der modernen Gesellschaft', in: Hamburger Jahrbuch, 7 (1962), pp. 126– 133.
Darmstaedter, Friedrich, Recht und Rechtsordnung. Ein Beitrag zur Lehre vom Willen des Gesetzgebers, Berlin, W. Rothschild 1925, 218 S.
Davis, F. James, ‚Law in Operation', in: idem (ed.): Society and Law, Glencoe 1962, pp. 64– 92.
Eckhoff, Torstein, Justice: Its Determinants in Social Interaction, Rotterdam, University Press 1974, 414 S.
Evan, William M., ‚Due Process of Law e organizzazione formale', in: Quaderni di Sociologia, 14 (1965), pp. 284– 304.
Evan, William M./Levin E. G., ‚Status Set and Role Set Conflict of the Stockbroker. A Problem in the Sociology of Law', in: Social Forces, 16 (1966), pp. 73– 83.
Evan, William M., Power, Bargaining and Law: A Preliminary Analysis of Labor Arbitration Cases, in: Social Problems, 7 (1959), pp. 4– 15.
Evan, William M./Schwartz, Mildred A., ‚Law and the Emergence of Formal Organization', in: Sociology and Social Research, 48 (1964), pp. 270– 280.
Fechner, Erich, Die soziologische Grenze der Grundrechte, Tübingen, J. C. B. Mohr 1954, 37 S.
Freedman, Warren A. B., Societal Behavior: New and unique Rights of the Person, Springfield, Ill., Ch. C. Thomas 1965, 337 p.
Friedman, Lawrence M., ‚Einige Bemerkungen über eine allgemeine Theorie des rechtsrelevanten Verhaltens', in: Jahrbuch für Rechtssoziologie und Rechtstheorie, 3 (1972), pp. 206– 224.
Galtung, Johan, ‚Institutionalized Conflict Resolution', in: Journal of Peace Research, 1965, pp. 348– 397.
Gessner, Volkmar, Recht und Konflikt: eine soziologische Untersuchung privatrechtlicher Konflikte in Mexiko, Tübingen, J. C. B. Mohr 1976, 290 S.
Grossman, Joel B., Political justice and system maintenance: An overview of some major variables, in: Jahrbuch für Rechtssoziologie und Rechtstheorie Bd. 4 (1976), S. 99– 121.
Gruter, Margaret, Die Bedeutung der Verhaltensforschung für die Rechtswissenschaft, Berlin, Duncker & Humblot 1976, 84 S.
Guala Duca, R., ‚Modelli burocratici ed ordinamento processuale', in: Studi di sociologia, 7 (1969), pp. 252– 262.
Haemmerle, Hermann, Zur Soziologie des Wirtschaftsrechts (3 Teile), in: Kölner Vierteljahreshefte für Sozialwissenschaften 9 (1930/31), S. 29– 60, 244– 254, 430– 447.
Haesaert, Jean Polydore, Contingences et régularités du droit positif, Paris, Champion 1933, 111 S.
Hammer, D. P., ‚Law Enforcement, Social Control, and the Withering of the State: Recent Soviet Experiences', in: Soviet Studies, 14 (1963), pp. 379– 397.
Hauriou, Maurice, Die Theorie der Institution und zwei andere Aufsätze, (hrsg. von Roman Schnur), Berlin, Dunkker & Humblot 1965, 122 S.
Hayek, Friedrich A. von, ‚Rechtsordnung und Handelsordnung', in: Zur Einheit der Rechts- und Staatswissenschaften, Karlsruhe 1967, pp. 195– 230.
Heider, Karl G., ‚Anthropological Models of Incest Laws in the United States', in:

American Anthropologist, 71 (1969), pp. 693–701.
Helfer, Christian, ,Über „Dienst nach Vorschrift" als rechtssoziologisches Problem', in: Kölner Zeitschrift für Soziologie und Sozial-Psychologie, 17 (1965), pp. 98–105.
Hogan, Robert/Henley, Nancy, ,Nomotics. The Science of Human Rule Systems', in: Law and Society Review, 5 (1970), pp. 135–146.
Honigsheim, Paul, Soziologie der Jurisprudenz, in: *Scheler, Max*, Versuche zu einer Soziologie des Wissens, München 1924, S. 263–272.
Jaffe, Louis L., ,Law as a system of control', in: Daedalus, 98 (1969), pp. 406–426.
Kasimirtschuk, W. P., ,Der soziale Mechanismus der Wirkung des Rechts', in: Staat und Recht, 20 (1971), pp. 284–295.
Kaufmann, Arthur, Analogie und ,Natur der Sache'. Zugleich ein Beitrag zur Lehre vom Typus, Karlsruhe, C. F. Müller Verlag 1965, 45 p.
Kaupen, Wolfgang, ,Naturrecht und Rechtspositivismus. Ein soziologischer Versuch', in: Kölner Zeitschrift für Soziologie und Sozialpsychologie, 18 (1966), pp. 112–130.
Kerimow, Djangir, Freiheit, Recht und Gesetzlichkeit in der sozialistischen Gesellschaftsordnung, Berlin, Dt. Zentralverlag 1962, 220 p.
Kietz, Herbert/Mühlmann, Manfred, Konfliktursachen und Aufgaben der Zivil- und Familienrechtspflege, Berlin, Staatsverlag d. DDR, 1969, 189 p.
Kininger, Ewald, Die Realität der Rechtsnorm, Berlin, Duncker & Humblot 1971, 230 p.
Koller, Arnold, Grundfragen einer Typuslehre im Gesellschaftsrecht, Freiburg (Switzerland) 1967, Universitätsverlag, 172 p.
Kramer, Ernst A., ,Integrative und repressive Wirksamkeit des Rechts', in: Jahrbuch für Rechtssoziologie und Rechtstheorie, 3 (1972), pp. 247–258.
Krislov, Samuel, Compliance and the Law: a multidisciplinary approach, Beverly Hills, Sage Publications, 1972, 391 p.
Lautmann, Rüdiger, ,Abbau von Vorurteilen durch Gesetze', in: Jahrbuch für Rechtssoziologie und Rechtstheorie, 3 (1972), pp. 187–204.
Legaz y Lacambra, Luis, ,Die soziale Struktur und die Formen des Rechts', in: Archiv für Rechts- u. Sozialphilosophie, Beiheft, 38 (1960), pp. 15–37.
Luhmann, Niklas, Grundrechte als Institution. Ein Beitrag zur politischen Soziologie, Berlin, Duncker & Humblot, 1965, 223 p.
Lukic, Radomir D., ,La structure sociale et le dépérissment du droit et de l'état, in: Archiv für Rechts- u. Sozialphilosophie Beiheft 38 (1960), pp. 39–56.
Macaulay, Stewart, ,Non-contractual Relations in Business: A preliminary Study', in: American Sociological Review, 28 (1963), pp. 55–67.
Manning, Bayless, ,Corporative Power and Individual Freedom; Some General Analysis and Particular Reservations', in: North-Western University Law Review, 55 (1960), pp. 38–53.
Maspetiol, R., ,Breves Reflexions sur la Regle de Droit en tant qu'Obstacle ou Stimulant du Developpement economique et social', in: Archives de Philosophie du Droit, 14 (1969), pp. 321–334.
Moore, Underhill/Callahan, Charles C., Law and learning theory: A study in legal control, in: Yale Law Journal 53 (1943), pp. 1–136.
O'Gorman, Hubert J., Lawyers and Matrimonial Cases. A Study of Informal Pressures in Private Professional Practice, New York, The Free Press 1963, 206 p.
Olivecrona, Karl, Der Imperativ des Gesetzes, Kopenhagen, Munksgaard 1942, 43 S.
Patterson, Edwin W., Law in a scientific Age, New York/London, Columbia Univ. Press 1963, 87 p.
Pekelis, A. H., Law and social action. Selected essays, London, Oxford Univ. Press 1951, 272 S.
Perelman, Chaim, Les Antinomies en Droit, Bruxelles, F. Bruylant 1965, 406 p.
Plager, S. J./Handler, Joel F., ,The Politics of Planning for Urban Redevelopment:

Strategies in the Manipulation of Public Law', in: Wisconsin Law Review 1966, pp. 724–775.

Posch, Martin, ‚Funktion und Struktur des Rechtssystems im gesellschaftlichen Regelprozeß', in: Staat und Recht, 1967, pp. 1700–1718.

Pound, Roscoe, Social Control through Law, New Haven 1942, 138 p. 2. Aufl. Hamden/Conn., Shoe String 1968.

Quensel, Stephan, ‚Soziale Fehlanpassung und Stigmatisierung. – Ein Test zum Messen der delinquenten Entwicklung', in: Jahrbuch für Rechtssoziologie und Rechtstheorie, 3 (1972), pp. 447–490.

Ramm, Thilo, ‚Zur Bedeutung der Rechtssoziologie für das Arbeitsrecht', in: *Naucke/Trappe*: Rechtssoziologie und Rechtspraxis, Neuwied 1970, pp. 154–187.

Rehbinder, Manfred, ‚Status – Kontrakt – Rolle. Wandlungen der Rechtsstruktur auf dem Wege zur offenen Gesellschaft', in: Festschrift für *Ernst E. Hirsch*, Berlin 1968, pp. 141–169, Also published under the title ‚Wandlungen der Rechtsstruktur im Sozialstaat', in *Hirsch/Rehbinder*: Studien und Materialien zur Rechtssoziologie, Cologne, 1967, pp. 197–222.

Renard, Georges, L'institution. fondement d'une rénovation de l'ordre social, Paris, Flammarion 1933, 225 p.

Renner, Karl, Die Rechtsinstitute des Privatrechts und ihre soziale Funktion. Ein Beitrag zur Kritik des bürgerlichen Rechts, Stuttgart, G. Fischer 1965, 291 S.

Schasching, Johann, ‚Rechtsnorm und soziale Kontrolle', in: Archiv für Rechts- u. Sozialphilosophie, Beiheft 38 (1960), pp. 87–102.

Schmidt, Joachim K. (Hrsg.), Planvolle Steuerung gesellschaftlichen Handelns. Grundlegende Beiträge zur Gesellschaftstechnik und Gesellschaftsarchitektur, Opladen, Westdeutscher Verlag 1975, 333 S.

Schnur, Roman (Hrsg.), Institution und Recht, Darmstadt, Wiss. Buchgemeinschaft 1968, 420 p.

Schwartz, Louis B., ‚Institutional Size and Individual Liberty: Authoritarian Aspects of Bigness', in: North-Western University Law Review, 55 (1960), pp. 4–24.

Schwartz, Richard D., Social Factors in the Development of Legal Control. A Case Study of Two Israeli Settlements, in: The Yale Law Journal 63 (1954), pp. 471–491.

Schwartz, Richard D./Skolnick, Jerome H., ‚Two Studies of Legal Stigma', in: Social Problems, 10 (1962), pp. 133–142.

Seagle, William, Law. The Science of Inefficiency, New York, Macmillan Company 1952, 177 p.

Sforza, Widar Cezarini, ‚Regel, Norm und soziale Struktur', in: Archiv für Rechts- u. Sozialphilosophie Beiheft 38 (1960), pp. 75–85.

Skolnick, Jerome H., ‚Social Control in the Adversary System', in: Journal of Conflict Resolution, 11 (1967), pp. 52–70.

Skolnick, Jerome H., Justice without Trial: Law Enforcement in Democratic Society, New York/London, Wiley & Sons 1966, 279 p.

Strümpel, Burkhard, Steuersystem und wirtschaftliche Entwicklung. Funktion und Technik der Personalbesteuerung im sozioökonomischen Wandel, Tübingen, J. C. B. Mohr 1968, 249 S.

Taubmann, Joseph, Law and Sociology in the Control of Small Groups, in: University of Toronto Law Journal, 13 (1959), pp. 23–33.

Thompson, Samuel M., ‚Impersonal Law and Personal Freedom', in: Ethics, 73 (1963), pp. 157–166.

Tsatsos, Themistokles, Der Staat als funktionelle Vereinigung von Gesellschaft und Recht, Heidelberg, C. Winter 1966, 98 P.

Weitbrecht, Hansjörg, Effektivität und Legitimität der Tarifautonomie. Eine soziologische Untersuchung am Beispiel der deutschen Metallindustrie, Berlin, Dunkker & Humblot 1969, 267 p.

Weyers, Hans-Leo, Unfallschäden. Praxis und Ziele von Haftpflicht- und Vorsorgesystemen, Frankfurt/M., Athenäum Verlag, 1971, 681 p.

Ziegert, Klaus A., Zur Effektivität der Rechtssoziologie. Die Rekonstruktion der Gesellschaft durch Recht, Stuttgart, Ferdinand Enke Verlag 1975, 293 S.

Zitscher, Wolfram, ‚Nichtintentionale Normwirkungen bei der Setzung von Recht als empirisches Problem der Rechtssoziologie', in: Jahrbuch für Rechtssoziologie und Rechtstheorie, 3 (1972), p. 289–304.

6.2. Die soziale Wirksamkeit des Rechts (das Verhalten der Rechtsunterworfenen)

Alex, Laszló/Heuser, Heinrich/Reinhardt, Helga, Das Berufsbildungsgesetz in der Praxis. Eine Repräsentativbefragung von Auszubildenden, Hrsg. v. Bundesminister für Bildung und Wissenschaft, Bonn 1973, München, Auersbach 1973, 219 S.

Apt, Max, Gutachten der Ältesten der Kaufmannschaft von Berlin über Gebräuche im Handelsverkehr. Neue Sammlung der bis zum 1. April 1907 erstatteten Gutachten (2 Bde.), Berlin, Carl Heymann 1907.

Arnold, Thurman W., The Folklore of Capitalism., New Haven, Yale University Press 1960, 400 p.

Aubert, Vilhelm, ‚Alcune funzioni sociali della legislazione', in: Quaderni di sociologia, 14 (3) 1965), pp. 313–338, ‚Some Social Functions of Legislation', in: Acta Sociologica, 10 (1966), pp. 98–120, ‚Einige soziale Funktionen der Gesetzgebung', in: *Hirsch/Rehbinder*: Studien und Materialien zur Rechtssoziologie, Cologne/Opladen 1967, pp. 284–309.

Ball, Harry, ‚Social Structure and Rent-Control Violations', in: American Journal of Sociology, 65 (1960), pp. 598–604.

Barth, T., ‚Perception and acceptance of Supreme Court descisions at the state and local level', in: Journal of Public Law, 17 (1968), pp. 308–350.

Bassenge, Friedrich, Ethik und Strafe, Brünn, Verlag Rohrer 1934, 83 S.

Bassenge, Friedrich, Das Versprechen, Berlin, Junker & Dünnhaupt 1930, 79 S.

Baumann, Erwin, ‚Psychologische und soziologische Aspekte der Bewährungshilfe', in: Bewährungshilfe, 1970, pp. 24–32.

Becker, Theodore (ed.), The Impact of Supreme Court Decisions, New York, Oxford University Press, 1969, 213 p.

Berman, H. J., ‚Law as an Instrument of Mental Health in the United States and Soviet Russia', in: University of Pennsylvania Law Review, 109 (1961), pp. 361–376.

Beutel, Frederick K., Some Potentialities of Experimental Jurisprudence as a New Branch of Social Science, Lincoln, University of Nebraska Press 1957, 440 pp. deutsch: Die experimentelle Rechtswissenschaft. Möglichkeiten eines neuen Zweiges der Sozialwissenschaft (übers. v. *U. Krüger*), Berlin, Duncker & Humblot 1971, 224 S.

Beutel, Frederick K./Medero, Tadeo, The Operation of the Bad-Check Laws of Puerto Rico, Rio Piedras, Editorial Universitaria Universidad de Puerto Rico 1967, 158 p.

Bley, Kurt, Tatsachen über Kredit und Kreditmißbrauch. Anregungen an den Gesetzgeber, Köln/Berlin, Heymanns Verlag 1954, 55 S.

Blume, Otto, Normen und Wirklichkeit einer Betriebsverfassung, Tübingen, J. C. B. Mohr 1964, 214 p.

Blumrosen, Alfred W./Zeitz, Leonard, ‚Antidiscrimination Laws in Action in New Jersey. A Law Sociology Study', in: Rutgers Law Review, 19 (1965), pp. 189–316.

Boergen, Rüdiger, Die vertragliche Haftung des Rechtsanwalts, Berlin, Dunkker & Humblot 1968, 178 p.

Bonbright, James C., The Holding Company, its public significance and its regulation, New York/London, McGraw 1932, 398 p.

Bonbright, James C., The Valuation of Property; a treatise on the appraisal of property for different legal purposes, New York/London, McGraw 1937, 2Vol., 1271 pp.

Boor, Cl. de, Über das hamburgische Hypothekenwesen, Hamburg, Parthes-Besser & Mauke 1860, 40 S.

Bortoli, G., Sociologie du Référendum dans la France Moderne, Paris, Librarie générale de droit et de jurisprudence, 1965, 412 p.

Bozi, Alfred, Im Kampfe um ein erfahrungswissenschaftliches Recht. Gemeinverständliche Aufsätze zur Juristenreform, Leipzig, Verlag Unesma 1917, 196 S.

Brand/Moore/Sussman, Legal and Institutional Methods Applied to Orders to Stop Payment of Checks, in: Yale Law Journal 42 (1933), pp. 817–862, 1198–1235.

Brusiin, Otto, Zum Ehescheidungsproblem. Eine rechtstheoretische Studie, Helsinki, Akadem. Buchhandlung 1959, 134 S.

Busquet, J., Le Droit de la Vendetta et les Paci Corses, Paris, A. Pedone 1920, 703 p.

Calliess, Rolf-Peter, Eigentum als Institution. Eine Untersuchung zur theologisch-anthropologischen Begründung des Rechts, Munich, Kaiser, 1962, 145 p.

Caplovitz, David, Consumers in Trouble: A Study of Debtors in Default, New York, Free Press 1974, 352 p.

Ch'Ü, (T'ung-tsu), Law and Society in Traditional China, Paris, Mouton, 1961, 304 p.

Clark, William/Douglas, William O./Thomas, Dorothy S., The Business Failures Project, in: Yale Law Journal 39 (1930), pp. 1013–1024, 40 (1931), pp. 1034–1054.

Colombotos, John, ‚Physicians and Medicare. A Before-After Study of the Effects of Legislation on Attitudes', in: American Sociological Review, 34 (1969), pp. 318–334.

Conard, Alfred F. et al., Automobile Accident Costs and Payments. Studies in the Economics of Injury Reparations, Ann Arbor, University of Michigan Press, 1964, 506 p.

Corstvet, E./Moore/Sussman, Drawing against uncollected Checks, in: Yale Law Journal 45 (1935), pp. 1–38, 260–292.

Cory, Hans, Sukuma Law and Custom, London, Oxford University Press 1953, 194 p.

Cuisenier, J., ‚Systèmes de succession et de dotation en Yougoslavie et en Turquie', in: L'homme, 7 (1967), pp. 25–47.

Davis, F. James, ‚Law in Operation', in: *Evan, W. M.*, Society and Law, Glencoe 1962, pp. 64–92.

Davy, Georges, La foi jurée. Etude sociologique du problème du contrat. La formation du lien contractuel, Paris, Alcan 1922, 379 p.

Diller, Robert, Farm Ownership, Tenancy, and Land Use in a Nebraska Community, Chicago, University of Chicago Press 1941, 192 p.

Desforges, Jacques, La divorce en France, Paris, Editions familiales de France 1947, 241 S.

Dolbeare, Kenneth, M., Trial Courts in Urban Politics, State Court Policy Impact and Functions in a Local Political System, New York/London/Sydney, J. Wiley & Sons 1967, 137 p.

Domke, Martin, Commercial Arbitration, Englewood Cliffs, Prentice-Hall 1965, 116 p.

Dunham, Allison, ‚The Method, Process and Frequency of Wealth Transmission at Death', in: University Chicago Law Review, 30 (1962/63), pp. 241–285.

Duplessis, Gérard, Les Mariages en France, Paris, Armand Colin 1954, 197 p.

Durand, Paul, Les résultats sociaux des règles de droit et leur intérêt au regard de la méthodologie juridique. Rapport. in: Annales de la Faculté de Droit de Toulouse, 1 (1958), pp. 61–75.

Durkheim, Emile, La prohibition de l'inceste et ses origines, in: L'Année Sociologique 1 (1896/97), S. 1–27.

Durkheim, Emile, La divorce par consentement mutuel, in: Revue Bleue N. S. 5 (1906), pp. 1–18.

Ehrlich, Eugen, Die Rechtsfähigkeit, Berlin, Puttkammer & Mühlbrecht 1909, 100 S.

Elle, Horst, Die rechtliche Sicherung der Ansprüche aus Industrieobligationen, Berlin, Duncker & Humblot 1966, 78 p.

Engels, Friedrich, Der Ursprung der Familie, des Privateigentums und des Staates, Neudruck Berlin, Dietz 1953, 200 S.

Erbach, Karl, Die bäuerliche Erbsitte im

rechtsrheinischen Bayern, Würzburg, K. Triltsch 1935, 70 S.
Fechner, Erich u. a., Probleme der Arbeitsbereitschaft. Arbeitsbereitschaft und verwandte Erscheinungen in der Ordnung der Arbeit, Tübingen, J. C. B. Mohr 1963, 212 p.
Felix, Ludwig, Entwicklungsgeschichte des Eigentums. Unter Kulturgeschichtlichem und Wirtschaftlichem Gesichtspunkt. 4 Teile in 6 Bänden, Neudruck der Ausg. Leipzig 1883–1903, Aalen, Scientia Verlag 1964, Teil 1 = 308 S., Teil 2 = 462 S., Teil 3 = 388 S., Teil 4 = 1. Hälfte 504 S., 2. Hälfte 623 S.
Grandke, Anita/Kuhrig, Herta/Weise, Wolfgang, ‚Die öffentliche Meinung in der Deutschen Demokratischen Republik zur Entwicklung der Familie und des Familienrechts und ihr Einfluß auf den Inhalt des Familiengesetzbuches', in: *Hirsch/Rehbinder*: Studien und Materialien der Rechtssoziologie, 1967, pp. 310–322.
Fedynskyj, Jurij, Rechtstatsachen auf dem Gebiete des Erbrechts im Gerichtsbezirk Innsbruck 1937–1941, Innsbruck, Universität Verlag Wagner 1968, 80 p.
Feest, Johannes, ‚Compliance with Legal Regulations. Oberservations of Stop Sign Behavior', in: Law and Society Review, 2 (1968), pp. 447–461.
Ferrari, Vincenzo, Successione per testamento e trasformazioni sociali, Milan, Edizioni di Comunità 1972, 182 p.
Franklin, Marc A./Chaning, Robert H./Mark, Irving, ‚Accidents, Money, and the Law: A Study of the Economics of Personal Injury Litigation', in: Columbia Law Review, 61 (1961), pp. 1–39.
Freedman, Warren A. B., Societal Behavior: New and unique Rights of the Person, Springfield, Ill., Ch. C. Thomas 1965, 337 p.
Friedberg, Emil, Das Recht der Eheschließung in seiner geschichtlichen Entwicklung, Aalen, Scientia Verlag 1965, 827 S., (Neudr. d. Ausg. Leipzig 1865).
Friedman, Monroe P., ‚Using Simulation Techniques to Predict the Behavioral Effects of New Laws: The Case of Truth-in-Lending Legislation and the Consumer', in: Journal of Applied Psychology, 54 (1970), pp. 297–301.
Friedman, Lawrence M., ‚The Law of the Living, the Law of the Dead: Property, Succession, and Society', in: Wisconsin Law Review, 2 (1966), pp. 340–378.
Gans, Eduard, Das Erbrecht in weltgeschichtlicher Entwicklung. Eine Abhandlung der Universalgeschichte. Bd. 1–4. Berlin 1824–1835, Neudruck Aalen, Scientia 1963, Das römische Erbrecht, Bd. 1 416 S., Das römische Erbrecht, Bd. 2 471 S., Das Erbrecht des Mittelalters, Th. 1 480 S., Das Erbrecht des Mittelalters, Th. 2 714 S.
Garrn, Heino, ‚Rechtswirksamkeit und faktische Rechtsgeltung', in: Archiv für Rechts- und Sozialphilosophie, 55 (1969), pp. 161–181.
Gesche, Bernardo, Investigacion de la paternidad ilegitima, Concepcion, Facultad de Ciencias Juridicas y Sociales 1967, 257 p.
Glaser, Daniel, The Effectiveness of a Prison Parole System, New York, Bobb-Merrill C. 1964, 596 p.
Gluckman, Max, The Judicial Process among the Barotse of Northern Rhodesia, Manchester, University Press 1967, 469 p.
Goldblatt, Harold/Cromien, Florence, ‚The Effective Social Reach of the Fair Housing Practices Law of the City of New York', in: Social Problems, 9 (1962), pp. 365–70.
Goldstein, Josef/Katz, Jay, The Family and the Law. Problems for decision in the family law process, New York, Collier-Macmillan, 1965, 1229 p.
Górecki, Jan, Divorce in Poland. A Contribution to the Sociology of Law, Paris, Mouton 1970, 156 p.
Grandke, Anita, ‚Familienrecht und Soziologie', in: Staat und Recht, 7 (1965), pp. 1054–1061.
Grasserie, Raoul de la, Les Principes Sociologiques du Droit Civil, Paris, Giard & Brière 1906, 434 S.
Greenberg, Jack, Race Relations and Ame-

rican Law, New York, Columbia University Press 1959, 481 p.
Grodin, Joseph R., Union Government and the Law. British and American Experiences, Los Angeles, Institute of Industrial Relations, 1961 208 p.
Grossmann-Doerth, Hans, Das Recht des Überseekaufs, Mannheim, Bensheimer 1930, 468 S.
Gutmann, Bruno, Das Recht der Dschagga. Mit einem Nachwort des Hrsg. Zur Entwicklungspsychologie des Rechts, München, C. H. Beck 1926, 777 S.
Hagelberg, Ernst, Entwicklung und Probleme der neueren Hypothekenpraxis, Tübingen, J. C. B. Mohr 1926, 105 S.
Hall, Jerome, Theft, Law, and Society, Indianapolis, Bobbs-Merrill Comp. 1952, 398 p.
Harbury, C. D., ‚Inheritance and the distribution of personal wealth in Britain', in: The Economic Journal, 1962, pp. 845–868.
Harper, Fowler, V., Myth of the Void Divorce, in: Law and Contemporary Problems 2 (1935), pp. 335–347.
Heldrich, Andreas, ‚Höchstrichterliche Rechtsprechung als Triebfeder sozialen Wandels. – Betrachtungen zur Entwicklung und Auswirkung der Judikatur des amerikanischen Obersten Gerichtshofs in der Rassenfrage', in: Jahrbuch für Rechtssoziologie und Rechtstheorie, 3 (1972), pp. 305–344.
Hennis, Wilhelm, Verfassung und Verfassungswirklichkeit. Ein deutsches Problem, Tübingen, J. C. B. Mohr 1968, 38 p.
Heuskin, L./Gubbels, R./Berger Kiermarsch, J., ‚L'Adoption En Belgique', in: Revue de l'Institut de Sociologie, 1 (1967), pp. 61–114.
Hölzler, Heinrich, Der Einfluß des Gesellschaftsrechts auf die Konzentration in den USA, Tübingen, J. C. B. Mohr 1974, 255 S.
Hopson, Dan, ‚The Economics of a Divorce. A Pilot Empirical Study at the Trial Court Level', in: Kansas Law Review, 11 (1962), pp. 107–155.
Isay, Hermann, Rechtsgeschäft und wirtschaftliche Machtverschiedenheit, Berlin, Vahlen 1902, 34 S.
Jacob, Herbert, Debtors in Court. The consumption of Government services, Chicago, Rand mcNally, 1969, 244 p.
Jacob, Herbert (ed.), Law, Politics and the Federal Court, Boston, Little Brown 1967, 236 p.
Jacobson, Paul H., American Marriage and Divorce, New York, Rinehart 1959, 188 p.
Jones, Alfred Winslow, Life, Liberty and Property. A Story of Conflict and a Measurement of Conflicting Rights, New York, Octagon 1964, 397 p.
Johnson, Richard M., ‚Compliance and Supreme Court Decision-Making', in: Wisconsin Law Review, 67 (1967), pp. 170–185.
Jones, Ernest M., ‚Impact Research and Sociology of Law: Some Tentative Proposals', in: Wisconsin Law Review, 1966, pp. 331–339.
Kleefeld von Wüstenhoff, Hans-Erhard, ‚Der Kampagnearbeiter. Eine Untersuchung über die tatsächliche Stellung des Kampagnearbeiters unter besonderer Berücksichtigung des Kampagnearbeiters der Zuckerfabriken', Diss. Würzburg 1966, 138 p.
Kliemt, Gundolf, Die Praxis des Betriebsverfassungsgesetzes im Dienstleistungsbereich. Aus der Sicht des Betriebsratsvorsitzenden, Tübingen, Mohr 1971, 222 S.
Klotz, Klaus Ulrich, Die rechtstatsächliche und rechtspolitische Bedeutung der Vorschriften über die Anlage von Mündelgeld, Berlin, Duncker & Humblot 1966, 123 p.
Köpcke, Günther, Typen der positiven Vertragsverletzung, Stuttgart, Kohlhammer 1965, 170 p.
Kohler, Josef, Zur Urgeschichte der Ehe, Stuttgart, F. Enke 1897, 167 S.
Kohler, Klaus, Die moderne Praxis des Schiedsgerichtswesens in der Wirtschaft. Ergebnisse einer Untersuchung in Frankfurt/M., Berlin, Duncker & Humblot 1967, 154 p.
Krusche, Dieter, Marktverhalten und Wett-

bewerb. Eine Untersuchung zum Gesetz gegen Wettbewerbsbeschränkungen, Berlin, Duncker & Humblot 1961, 104 p.

Kruse, Fr. Vinding, Das Eigentumsrecht. (Aus dem Dänischen übers. v. Knud Larsen), Berlin/Leipzig, de Gruyter 1931, 881 S.

La Fave, Wayne, ‚Improving Police Performances through the Exclusionary Rule', in: Missouri Law Review, 30 (1965), pp. 391–458, 566–610.

Lasswell, Harold D., ‚Towards Continuing Appraisal of the Impact of Law on Society', in: *David Haber/Julius Cohen*, The Law School of Tomorrow, 1968, pp. 87–127.

Latham, Earl, ‚The Commonwealth of the Corporation', in: North-Western University Law Review, 55 (1960), pp. 25–37.

Laveleye, Emile de, Das Ureigentum, hrsg. v. Karl Blücher, Leipzig, F. A. Brockhaus 1879, 534 S.

Leist, Burkard Wilhelm, Die Natur des Eigentums, Jena, Formmann 1859, 322 S.

Lempert, Richard, ‚Strategies of Research Design in the Legal Impact Study. The Control of Plausible Rival Hypotheses', in: Law and Society Review, 1 (1966), pp. 111–132.

Lempert, Richard/Ikeda, Kiyoski, ‚Evictions from Public Housing: Effects of Independent Review', in: American Sociological Review, 35 (1970), pp. 852–860.

Leroy, Maxime, La coutume ouvrière. Doctrines et institutions (2 Bde), Paris, Giard et Brière 1913, 934 p.

Letourneau, Charles Jean Marie, L'évolution de la propriété, Paris, Lecrosnier et Babé 1889, 521 S.

Lévy-Bruhl, Henri, Les résultats sociaux des règles de droit et leur intérêt au regard de la méthodologie juridique, in: Annales de la Faculté de Droit de Toulouse, 1 (1958), pp. 77–86.

Lewis, Norman, The Honored Society. A searching look at the Mafia, New York, Putnam 1964, 318 p.

Limbach, Jutta, Theorie und Wirklichkeit der GmbH. Die empirischen Normaltypen der GmbH und ihr Verhältnis zum Postulat von Herrschaft und Haftung, Berlin, Duncker & Humblot 1966, 128 p.

Littmann, Georg, Das Bankguthaben, Tübingen, J. C. B. Mohr 1931, 92 S.

Llewellyn, Karl N./Hoebel, E. Adamson, The Cheyenne Way. Conflict and Case Law in Primitive Jurisprudence, Norman, University of Oklahoma Press 1961, 360 p.

Löcsei, P., ‚Rechtlich Geschiedene und tatsächlich Geschiedene im II. Budapester Bezirk', in: Kölner Zeitschrift für Soziologie und Sozialpsychologie, 19 (4) 1967, pp. 672–697.

Löwenfeld, Günther, Die Anweisung in Gesetz und Verkehr, Berlin, Springer 1922, 46 S.

Logan, Ben H./Sabl, John J., The Great Green Hope: The Implied Warranty of Habitability in Practice, in: Stanford Law Review 28 (1976), S. 729–777.

Loidl, Volker, Die GmbH ohne erwerbswirtschaftliche Zielsetzung. Eine rechtstatsächliche Untersuchung, Köln, O. Schmidt, 1970, 125 p.

Macauley, Stewart, ‚Non-contractual Relations in Business: A preliminary Study', in: American Sociological Review, 28 (1963), pp. 55–67.

MacDonald, W. D., Fraud on the Widow's Share, Ann Arbor, Univ. of Michigan Law School, 1960, 477 p.

Maine, Henry Sumner, Lectures on the Early History of Institutions, New York 1875, 7. Aufl. New York, Kennikat Press 1966, 412 p.

Malinowski, Bronislaw, The Foundation of Faith and Morals, New York, Oxford University Press 1936, 62 p.

Manwaring, D. R./Reich, D. R./Wasby, S. L., ‚The Supreme Court as Policy-Maker: Three Studies of the Impact of Judicial Decisions, Carbondale, Southern Illinois Univ., Public Affairs Research Bureau, 1968, 116 p.

Mason, Edward S. (ed.), The Corporation in Modern Society, Cambridge, Mass., Harvard University Press 1961, 335 p.

Maunier, René, Coutumes Algériennes, Paris, Loviton 1935, 203 p.

Maunier, René, Loi francaise et coutume indigène en Algérie, Paris, F. Loviton et Cie. 1932, 173 S.

Maunier, René, Introduction au folklore juridique, Paris, Les Editions d'art et d'histoire 1938, 38 p.

Mauss, Marcel, Essai sur le don. Forme et raison de l'échange dans les sociétés archaiques, in: L'Année Sociologique 2 (1923/24), S. 30–38.

Mayhew, Leon H., Law and Equal Opportunity. A Study of the Massachusetts Commission Against Discrimination, New York, Harvard University Press 1967, 313 p.

Melsheimer, Klaus, Sicherungsübereignung oder Registerpfandrecht. Eine politologische Studie über den Kampf von Interessengruppen um die Reform des Kreditsicherungsrechts, Cologne/Opladen, Westd. Verlag 1967, 136 p.

Milner, Neal A., Court and Local Law Enforcement: The Impact of Miranda, Beverly Hills, Cal., Sage Publications, 1971, 268 p.

Milner, Neal, ‚Comparative Analysis of Patterns of Compliance with Supreme Court Decisions', in: Law and Society Review, 5 (1970), pp. 119–134.

Monahan, Thomas P., ‚State Legislation and Control of Marriage', in: Journal of Family Law, 2 (1962), pp. 30–42.

Moore, Underhill, An Institutional Approach to the Law of Commercial Banking, in: Yale Law Journal, 38 (1928), pp. 703–719.

Morin, Gaston, La loi et le contrat: la décadence de leur souveraineté, Paris, Alcan 1927, 171 p.

Nagel, Stuart S., ‚Testing the Effects of Excluding illegally seized Evidence', in: Wisconsin Law Review, 1965, pp. 183–310.

Nussbaum, Arthur, Die Zwangsversteigerung und Zwangsverwaltung, Tübingen, Mohr 1916, 310 S.

Nussbaum, Arthur, Deutsches Hypothekenwesen. Ein Lehrbuch, Tübingen 1913, 2. Aufl. Tübingen, J. C. B. Mohr 1921, 291 S.

Nussbaum, Arthur, Die Rechtstatsachenforschung. Programmschriften und praktische Beispiele. (hrsg. von *Manfred Rehbinder*), Berlin, Duncker & Humblot 1968, 166 S.

Nussbaum, Arthur, Tatsachen und Begriffe im deutschen Kommissionsrecht, Berlin, J. Springer 1917, 111 S.

Nussbaum, Arthur, Das Nießbrauchrecht des BGB. Unter den Gesichtspunkten der Rechtstatsachenforschung. Zugleich ein Beitrag zur Kritik des BGB, Berlin, Springer 1919, 114 S.

O'Gorman, Hubert J., Lawyers and Matrimonial Cases. A Study of Informal Pressures in Private Professional Practice, New York, The Free Press 1963, 206 p.

Papantoniou, Nik., Die soziale Funktion des Erbrechts, in: AcP Nr. 5 (1973), S. 385–401.

Paulsen, Andreas, Zur Praxis des außergerichtlichen Vergleichs, Leipzig, Industrie- und Handelskammer 1931, 75 S.

Pigliaru, Antonio, La vendetta barbaricina come ordinamento giuridico, Milano, Giuffré 1959, 282 S.

Pinna, G., Il Pastore Sardo E La Giustizia Taccuino D' Un Penalista Sardo, Cagliari, Fossataro, 1967, 287 p.

Plateris, Alexander, ‚The Impact of the Amendment of Marriage Laws in Mississippi', in: Journal of Marriage and the Family, 28 (1966), pp. 206–212.

Powell, Richard R./Looker, Charles, Descendants' Estates. Illustration from Probate and Tax Records, in: Columbia Law Review 30 (1930), S. 919.

Püttner, Günter, Das Depotstimmrecht der Banken, Berlin, Duncker & Humblot 1962, 174 p.

Reich, Charles A., ‚The New Property', in: Yale Law Journal, 73 (1964), pp. 733–787.

Renner, Karl, Die Rechtsinstitute des Privatrechts und ihre soziale Funktion. Ein Beitrag zur Kritik des bürgerlichen Rechts, Stuttgart, G. Fischer 1965, 291 S.

Rheinstein, Max, Marriage Stability, Divorce, and the Law, Chicago, Univ. of Chicago Press 1972, 482 p.

Richter, M., Die Arbeitsverhältnisse in den Gast- und Schankwirtschaften nach den Berichten der deutschen Gewerbeaufsichtsbeamten für das Jahr 1928, Berlin, Zentralverband d. Hotel- und Restaurant-Angestellten 1928, 400 S.

Robertson, Leon S., An Instance of Effective Legal Regulation: Motorcyclist Helmet and Daytime Headlamp Laws, in: Law & Society Review 10 (1976), S. 467–477.

Rosenthal, Heinz, Die Auszahlung. Ein Beitrag zum Recht des internationalen Zahlungsverkehrs. Tübingen, Mohr 1927, 50

Roth, Günter H./Lorbacher, Michael/Merkel, Wolfgang, Die Mitbestimmung des Arbeitnehmers in der Praxis – Ergebnisse einer empirischen Untersuchung –, in: Zeitschrift für Unternehmens- und Gesellschaftsrecht, Nr. 3 (1974), S. 317–342.

Rostek, Holger, Der rechtlich unverbindliche Befehl. Ein Beitrag zur Effektivitätskontrolle des Rechts. Berlin, Duncker & Humblot, 121 p.

Savatier, René, Sociologie et droit de la famille. Rapport, in: Annales de la Faculté de Droit de Toulouse, 1 (1958), pp. 89–109.

Schmidt, Wilhelm, Das Eigentum auf den ältesten Stufen der Menschheit (2 Bde.), Münster, Aschendorf, Bd. I: Das Eigentum in den Urkulturen 1937, 343 S.; Bd. II: Das Eigentum im Primärkulturkreis der Herdenviehzüchter Asiens, 1940, 338 S.

Schuyt, Cees J. M./Ruys, Joop C. M., ‚Die Einstellung gegenüber neuen sozialökonomischen Gesetzen – Eine vorher-nachher-Untersuchung normativer Wirkungen der Einführung der Mehrwertsteuer', in: Jahrbuch für Rechtssoziologie und Rechtstheorie, 3 (1972), pp. 565–597.

Schwarz, Bernhard (ed.), Protection of Public Morals through Censorship, New York, Univ. School of Law 1953.

Schwarz, Richard D. (ed.), ‚Affirmative Integration. Studies of Efforts to Overcome De Facto Segregation in the Public Schools', in: Law and Society Review, II 1 (1967), pp. 11–165.

Schwartz, Richard D./Miller, James C., ‚Legal Evolution and Societal Complexity', in: American Journal of Sociology, 70 (1964), pp. 159–169.

Shaffer, Thomas, Death, Property, and Lawyers: A Behavioral Approach, New York, Dunellen, 1970, 292 p.

Shay, Robert, ‚The Impact of the Uniform Consumer Credit Code Upon the Market for Consumer Installment Credit', in: Law and Contemporary Problems, 33 (1968), pp. 752–764.

Spiegel, Hans Wilhelm, Der Pachtvertrag der Kleingartenvereine. Tübingen, Mohr 1933, 56 S.

Stanley, David T./Girth, Marjorie, Bankruptcy: Problem, Process, Reform, Washington, Brookings Institution, 1971, 270 p.

Stjernquist, Per, Law in the Forests: A Study of Public Direction of Swedish Private Forestry. Lund, CWK Gleerup 1973, 216 S.

Stödter, Rolf, Geschichte der Konnossementsklauseln. Hamburg, Schroedter & Co. 1953, 100 S.

Sussman, Marvin B./Cates, Judith N./Smith, David T., The Family and Inheritance. New York, Russell Sage Foundation 1970, 367 p.

Tagányi, Karl, Lebende Rechtsgewohnheiten und ihre Sammlung in Ungarn. Berlin/Leipzig, de Gruyter 1922, 128 S.

Tarde, G., Les Transformations du Droit. Etude Sociologique (5. Aufl.), Paris, Alcan 1906, 208 p.

Tenbroek, J. (ed.), The law of the poor, San Francisco, Chandler Publishing Company 1966, 690 p.

Thery, René, ‚Le concubinage en France', in: Revue trimestrielle du droit civil, 58 (1960), pp. 33–52.

Toennies, Ferdinand, Das Eigentum, Wien, Braumüller 1926, 50 S.

Trappe, Paul, ‚Genossenschaftsrecht – Genossenschaftsideologie – Genossenschaftswirklichkeit', in: *Naucke/Trappe*: Rechtssoziologie und Rechtspraxis, Neuwied 1970, pp. 277–334.

Vollmer, Howard M., Employee Rights and the Employment Relationship. Berkeley, University of California Press 1960, 175 p.

Ward, Edward H./Beuscher, J. H., The In-

heritance Process in Wisconsin, in: Wisconsin Law Review 1950, p. 393.
Wasby, Stephen L., The Impact of the United States Supreme Court. Some Perspective. Homeword, Ill., Dorsey Press, 1970, 305 p.
Wasby, Stephen L., ‚The Supreme Court's Impact. Some Problems of Conceptualization and Measurement', in: Law and Society Review, 5 (1970), pp. 41–60.
Way, H. F. jr., ‚Survey research on judicial decisions: The prayer and Bible reading cases', in: Western Pol. Q., 21 (1968), pp. 189–1205.
Whitford, William C., ‚Law and the Consumer Transaction: A Case Study of the Automobile Warranty', in: Wisconsin Law Review, 1968, p. 1006.
Witmer, Helen L./Herzog/Weinstein/Sullivan, Independent Adoptions. A Follow-Up Study, New York, Russel Sage Foundation, 1963, 463 p.
Wolf, Ernst/Lüke, Gerhard/Hax, Herbert, Scheidung und Scheidungsrecht. Grundfragen der Ehescheidung in Deutschland. Untersucht an Hand der Statistiken. Tübingen, Mohr 1959, 487 S.
Wolff, Martin/Segall, Martin, Das Bürgerliche Recht und die Lebensgewohnheiten, in: JW 1906, S. 697–700, und Archiv für Bürgerl. Recht 32 (1908), S. 410–458.
Wüstendorfer, Hans, Tatsachen und Normen des Seeschiffbaues. Hamburg, P. Hartung 1920, 154 S.
Zimmermann, Werner G., Valtazar Bogisić 1834–1908. Ein Beitrag zur südslavischen Geistes- und Rechtsgeschichte im 19. Jahrhundert. Wiesbaden, F. Steiner, 1962, 530 p.

6.3. Voraussetzung für die Wirksamkeit des Rechts

Barkun, Michael (ed.), Law and the Social System, New York, Lieber-Atherton 1973, 128 p.
Carbonnier, Jean, Effectivité et ineffectivité de la règle de droit, in: L'Annèe Sociologique 1957/58, pp. 3–17.
Derlien, Hans-Ulrich, Die Erfolgskontrolle staatlicher Planung: eine empirische Untersuchung über Organisation, Methode und Politik der Programmevaluation. Baden-Baden, Nomos-Verlagsgesellschaft 1976, 216 S.
Diehl, Dieter, Rationale Administration als Voraussetzung einer erfolgreichen Entwicklungspolitik, (Ein Beitrag zur Verwaltungsökonomie), Wiesbaden, in Kommission bei O. Harrassowitz, 1971, 325 p.
Diekershoff, Karl-Heinz/Kliemt, Gundolf/Diekershoff, Sybille, Jugendarbeitsschutz aus der Sicht Jugendlicher: eine Repräsentativuntersuchung, 2. Aufl., Essen, Verlag für Wirtschaft und Verwaltung 1972, 209 S.
Frei, Daniel, Zur Regelung der Gewaltanwendung. Sozialwissenschaftliche Ansätze zur Erklärung der Effektivität kriegsvölkerrechtl. Normen – ein Überblick, Zürich, Forschungsstelle für politische Wissenschaft an der Universität Zürich 1972, 45 S.
Gschwind, Martin, ‚Anthropologische (bewußte und unbewußte) Voraussetzungen des Rechtserlebnisses und Rechtsverhaltens', in: Jahrbuch für Rechtssoziologie und Rechtstheorie, 3 (1972), pp. 12–24.
Hirsch, Ernst E., ‚Ueber die Gesellschaftsbezogenheit des Eides', in: Festschrift Heinitz, Berlin 1972, pp. 139–158.
Kaupen, Wolfgang, ‚Das Verhältnis der Bevölkerung zur Rechtspflege – Empirische Materialien zur Frage der Effektivität von Recht', in: Jahrbuch für Rechtssoziologie und Rechtstheorie, 3 (1972), pp. 555–563.
Koeppen, Sheilah R., ‚Children and Compliance: A Comparative Analysis of Sozialization Studies', in: Law and Society Review, 4 (1970), pp. 545–564.
Leonardi, Franco, Il Cittadino e la giustizia, Padua, Marsilio 1968, 301 p.
Lévy-Bruhl, Henry, Aspects sociologiques du droit. Paris, Rivière 1955, 189 p. deutsch: Soziologische Aspekte des Rechts (übers. v. *W. Hromadka*), Berlin, Duncker & Humblot 1970, 136 S.
Podgorecki, Adam/Kaupen, Wolfgang/Van Houtte, J./Vinke, P./Kutchinsky, Berl, Knowledge and Opinion about Law,

London, Martin Robertson Comp. Ltd. 1973, 139 p.
Podgórecki, Adam/Zawadski, ‚Konkret-soziologische Forschungen über die Wirksamkeit des Rechts', in: Staat und Recht, 19 (1970), pp. 471–482.
Rehbinder, Manfred, ‚Rechtskenntnis, Rechtsbewußtsein und Rechtsethos als Probleme der Rechtspolitik', in: Jahrbuch für Rechtssoziologie und Rechtstheorie, 3 (1972), pp. 25–46.
Ryffel, Hans, ‚Bedingende Faktoren der Effektivität des Rechts', in: Jahrbuch für Rechtssoziologie und Rechtstheorie, 3 (1972), pp. 225–246.

6.31. Rechtskenntnis (Lernen von Rechtsnormen)

Alex, Laszló/Heuser, Heinrich/Reinhardt, Helga, Das Berufsbildungsgesetz in der Praxis. Eine Repräsentativbefragung von Auszubildenden; Hrsg. v. Bundesminister für Bildung und Wissenschaft, Bonn 1973, München, Auersbach 1973, 219 S.
Callahan, Charles C./Moore, Underhill, Law and Learning Theory: A Study in Legal Control, in: Yale Law Journal 53 (1943), pp. 1–136.
Carbonnier, Jean/Terré François, „Attitudes des Français à l'égard des successions', in: Sondages, No. 4 (1970), 120 S.
Cottino, Amadeo, Un sondaggio sulla conoscenza della legge sul divorzio nell'area piemontese, in: Sociologia del diritto 1974, S. 127–142.
Kúlcsár, Kálmán, ‚The Law and the Public in Hungary. Research on the Knowledge of Legal Rules', in: Acta Juridica Academiae Scientiarum Hungaricae, 10 (1968), pp. 37–62.
Kúlcsár, Kálmán, ‚La connaissance du droit en Hongrie. Présentation d'une enquête de sociologie juridique', in: L'Année Sociologique, 1967, pp. 429–450.
Kutschinsky, Berl, ‚Advances in Scandinavian Studies on Knowledge and Opinion about Law', in: *Maeijer, J. M. M.* et al., Rechtssociologie en jurimetrie, Deventer 1970, pp. 71–82.
Kutschinsky, Berl, ‚Knowledge and Attitudes Regarding Legal Phenomena in Denmark', in: Scandinavian Studies in Criminology, 2 (1968), pp. 125–159.
Mayer-Maly, Theo, Rechtskenntnis und Gesetzesflut, Salzburg, Pustet, 1969, 91 p.
Oppeln-Bronikowski, Hans Christoph von, Zum Bild des Strafrechts in der öffentlichen Meinung. Göttingen, Schwartz, 1970, 168 p.
Reuter, Lothar, Methodische Aspekte der Rechtspropaganda in der UdSSR, in: Neue Justiz 18 (1973), S. 545–547.
Schwartz, Richard D./Skolnick, Jerome H., ‚Televised Communication and Income Tax Compliance', in: *Arons/May*, Television and Human Behavior, New York 1963, pp. 155–165.
Steinbach, Emil, Die Rechtskenntnisse des Publikums. Wien, Manz 1878, 55 S.
Tapp, June Louin/Levine, Felice J., Legal Socialization: Strategies for an Ethical Legality, in: Stanford Law Review 27 (1974), S. 1–72.
Williams, Martha/Hall, Jay, ‚Knowledge of the Law in Texas: Socioeconomic and Ethnic Differences', in: Law & Society Rev., 7 (1972), pp. 99–118.

6.32. Rechtsethos (Achtung vor dem Recht)

Adelson, Joseph/Beall, Lynette, ‚Adolescent Perspectives on Law and Government', in: Law and Society Review, 4 (1970), pp. 495–504.
Adelson, Joseph/Green, B./O'Neil, R., ‚The growth of the idea of law in adolescence', in: Developmental Psychology, 1 (1969), pp. 327–332.
Borucka-Arctowa, Maria, ‚Legalism Vs. Conformity and Opportunism', in: Polish Round Table, 1967, pp. 131–144.
Gerstein, Robert S., ‚The Practice of Fidelity to Law', in: Law and Society Review, 4 (1970), pp. 479–493.
Koch, Hartmut/Zenz, Gisela, ‚Erfahrungen und Einstellungen von Klägern in Mietprozessen', in: Jahrbuch für Rechtssoziologie und Rechtstheorie, 3 (1972), pp. 509–528.

Rostow, Eugene V. (ed.), Is Law Dead? New York, Simon and Schuster, 1971, 416 p.

Thompson, Samuel M., ‚The Authority of Law', in: Ethics, 75 (1964), pp. 16–24.

Zeitz, Leonhard, ‚Survey of Negro Attitudes toward Law', in: Rutgers Law Review, 19 (1965), pp. 288–316.

6.33. Legitimitätsglaube

Casey, Gregory, The Supreme Court and Myth: An Empirical Investigation, in: Law & Society Review 8 (1974), pp. 385–419.

Koch, Hartmut/Zenz, Gisela, ‚Erfahrungen und Einstellungen von Klägern in Mietprozessen', in: Jahrbuch für Rechtssoziologie und Rechtstheorie, 3 (1972), pp. 509–528.

Luhmann, Niklas, Legitimation durch Verfahren, Neuwied, Luchterhand, 1969, 261 p.

6.34. Die Bedeutung rechtlicher Sanktionen

Andenaes, J., ‚The General Preventive Effects of Punishment', in: University of Pennsylvania Law Review, 114 (7) 1966, pp. 949–983.

Arens, Richard/Lasswell, Harold D., In Defense of public Order. The Emerging Field of Sanction Law. New York, Columbia Univ. Press, 1961, 314 p.

Ball, Harry V./Friedman, Lawrence M., ‚The Use of Criminal Sanctions in the Enforcement of Economic Legislation: A Sociological View', in: Stanford Law Review, 17 (1965), pp. 197–223.

Bamberger, Michael A./Lewin, Nathan, ‚The Right to Equal Treatment. Administrative Enforcement of Antidiscrimination Legislation' in: Harvard Law Rev., 74 (1961), pp. 526–589.

Blankenburg, Erhard, ‚Die Selektivität rechtlicher Sanktionen. Eine empirische Untersuchung von Ladendiebstählen', in: Kölner Zeitschrift für Soziologie und Sozialpsychologie, 21 (1969), pp. 805–829.

Chambliss, William J., ‚Types of Deviance and the Effectiveness of Legal Sanctions', in: Wisconsin Law Review, 1967, pp. 703–719.

Feeley, Malcolm, ‚Coercion and Compliance: A New Look at an Old Problem', in: Law and Society Review, 4 (1970), pp. 505–519.

Frank, John/Endicott, John, ‚Defenses in Equity and ‚Legal Rights' ', in: Louisiana Law Review, 14 (1954), p. 380.

Geerken, Michael R./Gove, Walter R., Deterrence: Some Theoretical Considerations, in: Law & Society Review 9 (1975), pp. 497–513.

Gibbs, Jack P., ‚Sanctions', in: Social Problems, 14 (1966), pp. 147–159.

Grant, Sally, ‚Resort to the Legal Process in Collecting Debts from High Risk Credit Buyers in Los Angeles – Alternative Methods for Allocating Present Costs', in: UCLA Law Review, 14 (1967), pp. 879–910.

Johnston, Norman Bruce/Savitz, Leonhard/Wolfgang, Marvin E. (eds.), The Sociology of Punishment and Correction, New York, Wiley, 1962, 349 p.

Kadish, Sanford H., ‚Some Observations on the Use of Criminal Sanctions in Enforcing Economic Regulations', in: University of Chicago Law Review, 31 (1963), pp. 423–450.

Kaiser, Günther/Metzger-Pregizer, Gerhard (Hrsg.), Betriebsjustiz. Untersuchung über die soziale Kontrolle abweichenden Verhaltens in Industriebetrieben. Berlin, Duncker & Humblot 1976, 477 S.

Lasswell, Harold D./Arens, Richard, ‚The Role of Sanction in Conflict Resolution', in: Journal of Conflict Resolution, 11 (1) 1967, pp. 27–39.

Passell, Peter, The Deterrent Effect of the Death Penalty: A Statistical Test, in: Stanford Law Review 28 (1975), S. 61–80.

Peters, Dorothee, Richter im Dienst der Macht. Zur gesellschaftlichen Verteilung der Kriminalität, Stuttgart, Enke Verlag 1973, 189 S.

Popitz, Heinrich, Über die Präventivwirkung des Nichtwissens. Dunkelziffer,

Norm und Strafe, Tübingen, J. C. B. Mohr 1968, 25 S.

Quensel, Stephan, ,Soziale Fehlanpassung und Stigmatisierung.– Ein Test zum Messen der delinquenten Entwicklung', in: Jahrbuch für Rechtssoziologie und Rechtstheorie, 3 (1972), pp. 447–490.

Schuchman, Philip, ,Profit on Default: An Archival Study of Automobile Repossession and Resale', in: Stanford Law Review, 22, Nov. 1969, p. 20.

Schumann, Karl F., Zeichen der Unfreiheit. Zur Theorie und Messung sozialer Sanktionen, Freiburg/Br., Rombach, 1968, 181 p.

Schwartz, Richard D./Orleans, Sonya, ,On Legal Sanctions', in: University of Chicago Law Review, 34 (1967), pp. 274–300.

Spittler, Gerd, Norm und Sanktion. Olten, Walther 1967, 153 p.

Tittle, Charles R./Logan, Charles H., Sanctions and Deviance, in: Law & Society Review 7 (1973), S. 371–392.

Tittle, Charles R., ,Crime rates and legal sanctions', in: Social Problems, 16 (1969), pp. 409–432.

Weitnauer, Hermann, ,Vereinsstrafe, Vertragsstrafe und Betriebsstrafe', in: Festschrift für Rudolf Reinhardt zum 70. Geburtstag, Cologne, 1972, pp. 179–196.

6.35. Die Absicherung durch außerrechtliche Normen

Gruter, Margaret, Die Bedeutung der Verhaltensforschung für die Rechtswissenschaft, Berlin, Duncker & Humblot 1976, 84 S.

Selznick, Philip, ,Legal Institutions and Social Controls', in: Vanderbild Law Review, 17 (1963), pp. 87–90.

Stein, Albert, ,Zur gegenwärtigen Problematik des Zeugeneides', in: Zeitschrift für Evangel. Ethik, 1961, pp. 65–72.

6.4. Gründe für die Unwirksamkeit des Rechts

Cohen, C., Civil Disobedience: Conscience, Tactics and the Law. New York, Columbia University Press, 1971, 222 p.

Friedman, Lawrence M., Draft Resistance and Civil Disobedience. New York 1969.

Kaplan, John, Marijuana – The New Prohibition, New York, World Pub. Co., 1970, 387 p.

Levine, James P./Becker, Theodore L., ,Toward and beyond a Theory of Supreme Court Impact', in: American Behav. Scientist ,13 (1970), pp. 561–573.

Morris, Pauline/White, Richard/Lewis, Philip, Social Needs and Legal Action, London, Martin Robertson Comp. Ltd. 1973, 97 S.

Noll, Peter, ,Gründe für die soziale Unwirksamkeit von Gesetzen', in: Jahrbuch für Rechtssoziologie und Rechtstheorie, 3 (1972), pp. 259–270.

Pound, Roscoe, the Causes of Popular Dissatisfaction with the Administration of Justice, in: American Law Review 40 (1906), pp. 729–749.

Ross, H. Laurence, ,Traffic Law Violation: A Folk Crime', in: Social Problems, 8 (1961), pp. 231–241.

Winter, Gerd, Das Vollzugsdefizit im Wasserrecht: ein Beitrag zur Soziologie des öffentlichen Rechts, Berlin, E. Schmidt 1975, 74 S.

6.41. Grenzen der Wirksamkeit des Rechts

Bohannan, Paul J./Huckleberry, Karan, ,Institutions of Divorce. Family and the Law', in: Law and Society Review, 1, 2 (1967), pp. 81–102.

Hepple, B. Race, Jobs, and the Law in Britain, London, The Penguin Press 1968, 256 p.

Nagel, Stuart S., Improving the Legal Process: Effects of Alternatives, Lexington, Lexington Books 1975, 394 S.

Pound, Roscoe, The Limits of Effective Legal Action, in: International Journal of Ethics 27 (1917), pp. 150–167.

Seagle, William, Law ,the Science of Inefficiency, New York, Macmillan Company 1952, 177 p.

Wanner, Craig, The Public Ordering of Private Relations, in: Law & Society Review

8 (1974), S. 421–440 und 9 (1975), S. 293–306.

6.42. Recht und abweichendes Verhalten

Adler, Mortimer J./Michael, Jerome, Crime, Law and Social Science, New York (Harcourt)/London (Routledge)/Toronto (Carswell) 1933, 440 p.

Alexander, Franz/Staub, Hugo, The Criminal, the Judge and the Public. A Psychological Analysis. New York, Collier Books 1962, 255 p.

Arens, Richard/Lasswell, Harold D., In Defense of Public Order. The Emerging Field of Sanction Law. New York, Columbia University Press 1961, 314 p.

Arnold, Thurman W., Law Enforcement: An Attempt at Social Dessection, in: Yale Law Journal 42 (1932/33), pp. 1–24.

Ball, Harry, ‚Social Structure and Rent-Control Violations', in: American Journal of Sociology, 65 (1960), pp. 598–604.

Becker, Gary S., ‚Crime and Punishment: An Economic Approach', in: Journal of Political Economy, 76 (1968), pp. 169–217.

Becker, Howard S., Outsiders. Studies in the Sociology of Deviance. New York/London, Free Press, 1963, 179 p.

Bekaert, Herman, ‚L'impunité', in: Revue de l'Institut Sociologique Solvay, 1 (1963), pp. 133–160.

Berman, H. J., ‚Law as an Instrument of Mental Health in the United States and Soviet Russia', in: University of Pennsylvania Law Review, 109 (1961), pp. 361–376.

Bowers, William J./Salem, Richard G., ‚Severity of Formal Sanctions as a Repressive Response to Deviant Behavior', in: Law & Society Rev., 6 (1972), pp. 427–442.

Brooks, James, Compensating Victims of Crime: The Recommendations of Program Administrators, in: Law & Society Review 7 (1973), S. 445–471.

Cassinelli, C. W., ‚Criminal Law: The Rules of the Polity', in: Ethics, 75 (1965), pp. 240–258.

Chambliss, William, ‚A Sociological Analysis of the Law of Vagrancy', in: Social Problems, 12 (1964), pp. 67–77.

Cicourel, Aaron V., The Social Organization of Juvenile Justice. New York/London/Sydney, Wiley & Sons 1968, 345 p.

Cohen, Albert K., Abweichung und Kontrolle, Munich, Juventa Verlag 1968, 212 p.

Davidovitch, A./Boudon, A. R., ‚Les Mecanismes Sociaux des Abandons de Poursuites. Analyse Experimentale par Simulation', in: L'Année Sociologique, 3 (1964), pp. 111–247.

Day, Frank D., Criminal Law and Society, Springfield, Ill., Thomas, 1964, 117 p.

Dreitzel, Hans Peter, Die gesellschaftlichen Leiden und das Leiden an der Gesellschaft. Vorstudien zu einer Pathologie des Rollenverhaltens. Stuttgart, F. Enke, 1968, 418 p.

Durkheim, Emile, Deux lois de l'évolution pénale, in: L'-Année Sociologique 4 (1899/1900), S. 65–79.

Erikson, Kai T., Wayward Puritans. Study in the Sociology of Deviance, New York, Wiley, 1966, 228 p.

Geis, Gilbert (ed.), White-Collar Criminal. The Offender in Business and the Professions. New York, Atherton Press, 1968, 448 p.

Gibbons, Don/Jones, Joseph, ‚Some Critical Notes on Current Definitions of Deviance', in: Pacific Sociological Rev. ,14 Jan. 1971, p. 20–37.

Gibbs, Jack P., Crime, Punishment, and Deterrence, New York, Elsevier Scientific Publishing Co. 1975, 259

Gibbs, Jack P., ‚Crime and the Sociology of Law', in: Sociology and Social Research, 51 (1966), pp. 23–38.

Glueck, Sheldon and Eleanor, Predicting Delinquency and Crime. Cambridge, Mass., Harvard Univ. Press, 1960, 283 p.

Glueck, Sheldon & Eleanor, Delinquents and Nondelinquents in Perspective, Cambridge, Mass., Harvard University Press 1968, 268 p.

Goldschmidt, Verner, ‚Primary Sanction Behaviour', in: Acta Sociologica, 10 (1966), pp. 173–190.

Grohmann, Gisela, Strafverfolgung und

Strafvollzug – Eine ökonomische Analyse, Göttingen, Vandenhoeck & Ruprecht 1973, 285 S.

Guttmacher, Manfred S./Weihofen, Henry, Psychiatry and the law. New York, Norton 1952, 476 p.

Hall, Jerome, Theft, Law and Society, Indianapolis, Bobbs-Merrill Comp. 1952, 398 p.

Heintz, Peter/König, René (Hrsg.), Soziologie der Jugendkriminalität, 4. Aufl. Köln/Opladen, Westdeutscher Verlag 1968, 188 S.

Helfer, Christian, ‚Das Kavaliersdelikt', in: Monatsschrift für Kriminologie und Strafrechtsreform, 50 (1967), pp. 175–192.

Herren, Rüdiger, Freud und die Kriminologie: Einführung in die psychoanalytische Kriminologie, Stuttgart, Enke Verlag 1973, 281 S.

Johnson, Earl jr., ‚Organized Crime: Challenge to the American Legal System, Part I-III', in: Journal of Criminal Law, Criminology and Police Science, 53 (1962), pp. 399–425, 54 (1963, pp. 1–29, 127–145;

Johnston, Norman Bruce/Savitz, Leonhard/Wolfgang, Marvin E. (eds.), The Sociology of Punishment and Correction, New York, wiley, 1962, 349 p.

Karlsson, Georg, ‚First-Time Legal Deviation as a Stochastic Process', in: Acta Sociologica, 7 (1963), pp. 89–94.

Kerner, Hans-Jürgen, Verbrechenswirklichkeit und Strafverfolgung, Erwägungen zum Aussagewert der Kriminalstatistik, München, Goldmann 1973, 265 S.

Lemert, Edwin McCarthy, Human Deviance, Social Problems and Social Control, Englewood Cliffs, N. J., Prentice-Hall, 1967, 211 p.

Leonard, William N./Weber, Marvin Glenn, ‚Automakers and Dealers: A Study of Criminogenic Market Forces', in: Law and Society Review, 4 (1970), pp. 407–424.

Lisiecki, Dieter, Reaktionsformen von Betrieben auf innerbetriebliche kriminelle Vorgänge. Diss. Hamburg 1965, 199 p.

Llewellyn, Karl N., On Crime, Social Science, and Rationalism, in: Columbia Law Rev. 34 (1934), S. 277–291.

Mahoney, Anne Rankin, The effect of labeling upon youths in the juvenile justice system: a review of the evidence, in: Law & Society Review 8 (1974), S. 583–614.

Mannheim, H. Criminal Justice and Social Reconstruction. London, K. Paul, Trench, Trubner Ltd. 1946, 290 S.

Matza, David, Delinquency and Drift. New York, Wiley, 1964, 199 p.

Mays, John Barron, Crime and the Social Structure, London, Faber, 1963, 256 p.

Morris, Norval, The Habitual Criminal, University of London, Cambridge Harv. Univ. Press 1951, 395 p.

Moser, Tilmann, Jugendkriminalität und Gesellschaftsstruktur. Zum Verhältnis von soziolog., psycholog. und psychoanalyt. Theorien des Verbrechens, Frankfurt/M., Suhrkamp 1972, 377 S.

Nice, R. W. (ed.), Crime and Insanity, New York, Philosophical Library 1958, 280 p.

Opp, Karl-Dieter, Abweichendes Verhalten und Gesellschaftsstruktur, Neuwied, Luchterhand 1974, 302 S.

Opp, Karl-Dieter, Kriminalität und Gesellschaftsstruktur. Eine kritische Analyse soziologischer Theorien abweichenden Verhaltens. Neuwied, Luchterhand, 1968, 176 p.

Packer, Herbert, The Limits of the Criminal Sanction, Stanford, Calif., Stanford Univ. Press, 1968, 385 p.

Platt, Anthony, The Child Savers. The Invention of Delinquency. Chicago, Univ. of Chicago, 1969, 230 p.

Quensel, Stephan, Sozialpsychologische Aspekte der Kriminologie. Handlung, Stituation und Persönlichkeit, Stuttgart, Enke, 1964, 187 p.

Robertson, Leon S./Rich, Robert F./Ross, H. Laurence, Jail sentences for driving while intoxicated in Chicago: a judicial policy that failed, in: Law & Society Review 8 (1973), S. 55–67.

Ross, H. Laurence, ‚Traffic Law Violation: A Folk Crime', in: Social Problems, 8 (1961), pp. 231–241.

Roucek, Joseph S. (ed.), Sociology of Crime, London, P. Owen Ltd. 1962, 551 p.

Sack, Fritz, Probleme der Kriminalsoziologie', in: *René König* (Hrsg.), Handbuch der empirischen Sozialforschung, Bd. 2, Stuttgart 1969, pp. 961–1049.

Sack, Fritz/König, René (Hrsg.), Kriminalsoziologie, Frankfurt, Akademische Verlagsanstalt, 1968, 528 p.

Salem, Richard G./Bowers, William J., ‚Severity of Formal Sanctions as a Deterrent to Deviant Behavior', in: Law and Society Review, 5 (1970), pp. 21–40.

Schur, Edwin, Crimes without Victims, Englewood Cliffs, Prentice-Hall, 1965.

Shoham, Shlomo, Crime and Social Deviation, Chicago, H. Regnery Co., 1966, 267 p.

Szabo, Denis (ed.), Deviance et Criminalité, Paris, A. Colin, 1970, 378 p.

Tappan, Paul W., Crime, Justice and Correction. New York, McGraw Hill, 1960, 781 p.

Vaccaro, Michelangelo, Genesi e funzione delle leggi penali, Ricerche sociologiche. Torino, Bocca 1908, 232 p.

Weinstock, N., ‚Strafrecht en maatschappij', in: Tijdsschrift voor sociale wetenschappen, 4 (1966), pp. 375–399.

Wolfgang, Marvin E./Savitz, Leonard/Johnston, Norman (ed.), The Sociology of Crime and Delinquency, New York, Wiley, 1962, 423 p.

Wolfgang, Marvin Eugene (ed.), Crime and Culture. Essays in Honour of Thorsten Sellin. New York, Chichester, Wiley, 1969, 262 p.

Würtenberger, Thomas, ‚Strafrechtsdogmatik und Soziologie', in: Zur Einheit der Rechts- und Staatswissenschaften, Karlsruhe 1967, pp. 123–146.

6.5. Insbesondere: Recht als Hebel sozialer Veränderungen

Arnold, Thurman W., The Symbols of Government. New York, Harbinger 1962, 278 p.

Aubert, Vilhelm, ‚Alcune funzioni sociali della legislazione', in: Quaderni di sociologia, 14 (3) 1965), pp. 313–338. ‚Some Social Functions of Legislation', in: Acta Sociologica, 10 (1966), pp. 98–120. ‚Einige soziale Funktionen der Gesetzgebung', in: *Hirsch/Rehbinder*: Studien und Materialien zur Rechtssoziologie, Cologne/Opladen 1967, pp. 284–309.

Auerbach, Carl A., Law and Social Change in the United States, in: Los Angeles Law Review 6 (1959), pp. 516–532.

Auerbach, Jerold S., Unequal Justice: Lawyers and Social Change in Modern America. New York, Oxford University Press 1976, 395 S.

Ayiter, Kudret, ‚Die Übertragbarkeit abendländischer Staatsordnung auf islamische Länder', in: Zeitschrift f. vergl. Rechtswissenschaft, 69 (1968), pp. 129–137.

Ball, Harry V./Simpson, George Faton/Ikeda, Kiyoshi, ‚Law and Social Change: Sumner Reconsidered', in: American Journal of Sociology, 67 (1962), pp. 532–540.

Bentzon, Agnete Weis, ‚The Structure of the Judicial System and its Function in a Developing Society', in: Acta Sociologica, 10 (1966), pp. 121–146.

Berger, Morroe, Equality by Statute: Legal Controls over Group Discrimination. New York, Doubleday 1952, revised edition 1967, 253 p.

Berman, H. J., ‚Law as an Instrument of Mental Health in the United States and Soviet Russia', in: University of Pennsylvania Law Review, 109 (1961), pp. 361–376.

Davy, G., Droit et Changement Social, in: Transactions of the Third World Congress of Sociology, Vol. 1 London, Internat. Association 1956, pp. 33–46.

Dienes, C. T., ‚Judges, legislators, and social change', in: Amer. Behav. Scientist, 13 (1970), pp. 511–521.

Dror, Yehezkel, ‚Law as a tool of directed social change. A framework for Policymaking', in: Amer. Behav. Scientist, 13 (1970), pp. 553–559.

Durand, Paul, Les résultats sociaux des règles de droit et leur intérêt au regard de la méthodologie juridique. Rapport, in: Annales de la Faculté de Droit de Toulouse, 1 (1958), pp. 61–75.

Edmunds, Palmer D., Law and civilization.

Washington, Public Affairs Press 1959, 528 p.

Evans, William M., ,Law as an Instrument of Social Change', in: *Gouldner, A. W./Miller, S. M.*, Applied Sociology. Opportunities and Problems, New York 1965, pp. 285–293.

Felix, Ludwig, Der Einfluß von Staat und Recht auf die Entwicklung des Eigentums. Leipzig, Duncker & Humblot 1889, 776 S.

Fitzgerald, Jeffrey M., The Contract Buyers League and the Court: A Case Study of Poverty Litigation, in: Law & Society Review 9 (1975) pp. 165–195.

Foster, Henry H., ,Public Law and Social Change', in: *Evan, W. M.*, Society and Law, Glencoe 1962, pp. 149–195.

Galanter, Marc, Why the „Haves" come out ahead: Speculations on the Limits of Legal Change, in: Law & Society Review 9 (1974), pp. 95–160.

Greenberg, Jack, Race Relations and American Law. New York, Columbia University Press 1959, 481 p.

Grossman, Joel B., ,The Supreme Court and social change. A preliminary inquiry', in: Amer. Behav. Scientist, 13 (1970, pp. 535–551.

Grossman, Joel, B./Grossman, M. H. (eds.), Law and Change in Modern America. Pacific Palisades, Cal., Goodyear Pub. Co., 1971, 420 p.

Haemmerle, Hermann, Zur Soziologie des Wirtschaftsrechts (3 Teile), in: Kölner Vierteljahreshefte für Sozialwissenschaften 9 (1930/31), S. 29–60, 244–254, 430–447.

Handler, Joel F., Social reform groups and the legal system: Enforcement problems, in: Jahrbuch für Rechtssoziologie und Rechtstheorie Bd. 4, 1976, S. 218–243.

Hannigan, A. St. J., ,The Imposition of Western Law Forms upon Primitive Societies', in: Comparative Studies in Society and History, 4, 1 (1961), pp. 1–9.

Hazard, J. N., Law and Social Change in the U.S.S.R., London, Stevens 1953, 310 p.

Heldrich, Andreas, ,Höchstrichterliche Rechtsprechung als Triebfeder sozialen Wandels. – Betrachtungen zur Entwicklung und Auswirkung der Judikatur des amerikanischen Obersten Gerichtshofs in der Rassenfrage', in: Jahrbuch für Rechtssoziologie und Rechtstheorie, 3 (1972), pp. 305–344.

Hirsch, Ernst E., ,Die Rezeption fremden Rechts als sozialer Prozeß', in: *Hirsch*: Das Recht im sozialen Ordnungsgefüge, Berlin 1966, pp. 89–105.

Hirsch, Ernst E., ,Vier Phasen im Ablauf eines zeitgenössischen Rezeptionsprozesses. Ein Beitrag zur Rechtsvergleichung zwischen Mutter- und Tochterrecht', in: Zeitschr. f. vergl. Rechtswissenschaft, 69 (1968), pp. 182–223.

Jellinek, Georg, Der Kampf des alten mit dem neuen Rechte. Heidelberg, Carl Winter 1907, 63 S.

Jorion, Edmond, ,L'avenir du droit', in: Revue de l'Institut de Sociologie (Solvay) 1970, pp. 233–241.

Karewa, M. P., Recht und Moral in der sozialistischen Gesellschaft. Berlin, Verlag Kultur und Fortschritt 1954, 182 S.

Kirchheimer, Otto, Political Justice: The Use of Legal Prodecures for Political Ends. Princeton, Princeton University Press 1961, 452 p. german version: Politische Justiz. Verwendung juristischer Verfahrensmöglichkeiten zu politischen Zwecken. Neuwied/Berlin, Luchterhand 1965, 687 p.

Leist, Alexander, Privatrecht und Kapitalismus im 19. Jahrhundert. Eine rechtgeschichtliche Voruntersuchung. Tübingen, Mohr 1911, 288 S.

Lévy-Bruhl, Henri, Les résultats sociaux des règles de droit et leur intérêt au regard de la méthodologie juridique. Rapport, in: Annales de la Faculté de Droit de Toulouse, 1, (1958), S. 77–86.

Lukic, Radomir D., ,La structure sociale et le dépérissement du droit et de l'état', in: Archiv für Rechts- und Sozialphilosophie, Beiheft 38 (1960), pp. 39–56.

Massell, G. J., ,Law as an Instrument of Revolutionary Change in a Traditional Milieu. The Case of Soviet Central Asia', in: Law and Society Review, 2 (1968), pp. 179–228.

Maunier, René, Loi française et coutume indigène. en Algèrie ,Paris, F. Loviton et Cie. 1932, 173 S.

Menger, Anton, Das bürgerliche Recht und die besitzlosen Volksklassen. (Tübingen 1927, 5. Aufl.), Darmstadt, Wissenschaftliche Buchgemeinschaft 1968, 241 S.

Nagel, Stuart S., ‚Overviews of law and social change', in: Amer. Behav. Scientist, 13 (1970), pp. 485–491.

Meyer, Jürgen A. E., ‚Der Rechtsbegriff der sozialen Adäquanz – ein Vehikel des sozialen Wandels?', in: Jahrbuch für Rechtssoziologie und Rechtstheorie, 3 (1972), pp. 139–186.

Persson Blegvad, Britt-Mari/Moller Nielsen, Jette, ‚Recht als Mittel des sozialen Wandels. – Eine Fallstudie', in: Jahrbuch für Rechtssoziologie und Rechtstheorie. 3 (1972), pp. 428–446.

Peters, A. A. G., ‚Maatschappelijke verandering en rechtsontwikkeling', in: Recht als instrument van behoud en verandering, Festschrift für J. J. M. van der Ven, 1972, pp. 143–156.

Pound, Roscoe, Interpretation of Legal History. Cambridge 1923, Neudruck Magnolia/Mass., P. Smith 1967, 171 p.

Pye, A. Kenneth, ‚The Role of Legal Services in the Antipoverty Program', in: Law and Contemporary Problems, 31 (1966), pp. 211–249.

Raiser, Thomas, ‚Sozialer Wandel durch Recht, dargestellt am Beispiel der Aktiengesellschaft' in: Jahrbuch für Rechtssoziologie und Rechtstheorie, 3 (1972), pp. 409–426.

Rodgers, Harrell jr./Bullock, Charles, Law and Social Change: Civil Rights Laws and their Consequences, New York, McGraw-Hill 1972, 230 S.

Rose, A. M., The Use of Law to induce Social Change, in: (Transactions of the Third World Congress of Sociology, Vol. VI, London), International Sociological Association 1956, pp. 52–63.

Rotter, Frank, ‚Verfassungsrechtliche Möglichkeiten der Institutionalisierung sozialen Wandels – Ein wirtschafts- und ein kommunikationssoziologisches Beispiel' –, in: Jahrbuch für Rechtssoziologie und Rechtstheorie, 3 (1972), pp. 87–138.

Ruete, Hans Helmut, Der Einfluß des abendländischen Rechtes auf die Rechtsgestaltung in Japan und China. Bonn, Röhrscheid Verlag 1940, 122 S.

Sauser-Hall, Georges, La Réception des droits européens en Turquie, in: Recueil de Travaux de la Faculté de droit de Genève 1938, pp. 323–360.

Schelsky, Helmut, ‚Das Jhering-Modell des sozialen Wandels durch Recht – Ein wissenschaftsgeschichtlicher Beitrag' –, in: Jahrbuch für Rechtssoziologie und Rechtstheorie, 3 (1972), pp. 47–86.

Schröder, Heinrich J., ‚Zur Erfolgskontrolle der Gesetzgebung', in: Jahrbuch für Rechtssoziologie und Rechtstheorie, 3 (1972), pp. 271–288.

Schwank, Eberhard, ‚Sozialer Wandel durch Nichtehelichenrecht?', in: FamRZ, 1971, pp. 239–242.

Schwartz, Richard D./Miller, James C., ‚Legal Evolution and Societal Complexity', in: American Journal of Sociology, 70 (1964), pp. 159–169.

Seidman, Robert B., ‚Law and Development: A General Model', in: Law and Society Rev., 6 (1972), pp. 311–342.

Stillich, Oskar, Die Lösung der sozialen Frage durch die Reform des Erbrechts. Leipzig, Oldenburg o. J., 83 S.

Starr, June/Pool, Jonathan, The Impact of a Legal Revolution in Rural Turkey, in: Law & Society Review 8 (1974), S. 533–560.

Stjernquist, Per, ‚How are Changes in Social Behaviour Developed by means of Legislation?', in: Festschrift Frede Castberg, 1963, pp. 153–169.

Terré, François, La signification sociologique de la réforme des régimes matrimoniaux, in: L'Année Sociologique 16 (1965), S. 3–83.

Tsatsos, Themistokles, Der Staat als funktionelle Vereinigung von Gesellschaft und Recht. Heidelberg, C. Winter 1966, 98 p.

Wang Tze-chièn, ‚Die Aufnahme des europäischen Rechts in China', in: Archiv für civilistische Praxis, 166 (1966), pp. 343–351.

Winter, Gerd, Sozialer Wandel durch Rechtsnormen. Erörtert an der sozialen Stellung unehelicher Kinder. Berlin, Duncker & Humblot 1969, 64 p.

Wolf, Ernst/Lüke, Gerhard/Hax, Herbert, Scheidung und Scheidungsrecht. Grundfragen der Ehescheidung in Deutschland. Untersucht an Hand der Statistiken. Tübingen, Mohr 1959, 487 S.

Autorenregister

FSC
www.fsc.org
MIX
Papier | Fördert
gute Waldnutzung
FSC® C083411

Kolibri 360 GmbH
Ferdinand-Jühlke-Straße 7
99095 Erfurt, Deutschland
produktsicherheit@kolibri360.de